삼국지
생존법

결단을 내리고 과감하게 행동하면
귀신도 방해하지 못한다.

- 사마천 -

삼국지 생존법

불확실한 오늘을 돌파하는 힘

안 계 환 지음

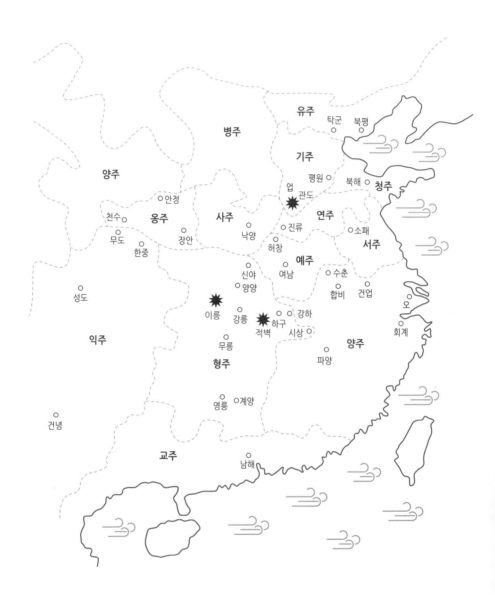

유주

병주

탁군　북평

양주

기주

안정

평원　북해　청주

천수

옹주

업　관도

무도

장안

사주

연주

낙양　진류

소패

한중

허창

서주

예주

신야　양양

여남

수춘

건업

성도

이릉　강릉

합비

오

적벽　하구

강하

회계

익주

무릉

시상

양주

형주

파양

영릉　계양

건녕

교주

남해

역사와 소설에서의 삼국지

동아시아 최고 인기 콘텐츠, 소설 〈삼국지〉

세상에는 책이 하늘의 별만큼 많지만, 한국 사람이라면 꼭 한번은 읽었으리라 짐작되는 것이 있습니다. 바로 〈삼국지〉입니다. 만화로 된 것이든 장편소설이든 역사책이든 말이죠. 어린 시절에는 만화로 처음 〈삼국지〉를 접합니다. 성인이 되면 본격적으로 장편소설에 맛들이지요. 요즘에는 드라마로 방영되었고 온라인게임으로도 즐길 수 있습니다. 그게 바로 베스트셀러 〈삼국지〉입니다. 때로는 소설적 내용을 배제한 역사서를 탐독하기도 합니다. 덕분에 삼국지 덕후[오타쿠]들도 많고 유관장(유비, 관우, 장비) 삼형제와 조조와 동탁, 여포의 활약에 대해 줄줄이 꿰는 사람들도 있습니다. 그래서 삼국지에 대해 잘못 이야기했다가는 큰코다치는 경우가 있죠.

물론 이는 우리나라에 국한된 것이 아닙니다. 본래 이야기가 탄생한 중국에서 〈삼국지〉에 대한 관심은 우리의 예상을 훨씬 넘어섭니다. 주요 도시마다 사당이나 비석, 관련 건축물들이 무수히 많고 중국 사람들은 인물의 이야기를 줄줄 읊습니다. 중국은 물론 타이완에도, 심지어 홍콩에도 있는 도교사원에서는 관우신에게 재물을 비는 모습을 흔히 볼 수 있죠. CCTV 등 중국 주요 방송국에서는 소설에서 가져온 줄거리들을 각색해 드라마로 제작 방영합니다. 오랜 역사에서 발굴할 수 있는 콘텐츠가 많지만, 〈삼국지〉는 특히 좋은 소재죠. 강소성(江蘇省, 장쑤성) 우석(无錫, 우쉬)에는 영화 세트장이 마련되어 수많은 관광객들을 끌어들이고 있습니다. 문화대혁명으로 인해 전해 내려오던 다수의 기념물들이 파괴되었지만, 이제 중국인들은 이를 다시 세우고 있습니다.

이웃나라 일본은 〈삼국지〉에 대한 관심과 인기가 한국보다 더 높다고 해도 과언이 아닙니다. 다양한 형식의 삼국지 관련 출판물이 탄생하고 있는데 그 숫자는 한국을 훨씬 뛰어넘습니다. 출판시장의 크기가 일본이 훨씬 크기도 하지만 다양성에서도 비교하기 어려울 정도로 그 종류가 많습니다. 명나라 시대 때 조선에 소설 〈삼국지〉가 전해진 것처럼 일본에도 비슷한 시기에 수입되었는데요. 명대 복건성에서 출판된 〈삼국지〉 판본 중 가장 많이 남아 있는 곳이 일본이랍니다. 중국에서는 전란으로 인해 귀중한 인쇄본이 다수 사라졌지만 외부 침략이 없던 일본에서는 잘 보존되었던 것이죠. 이후 삼국지는 일본 사회에서 많은 이들이 즐기는 중요한 콘텐츠로 자리잡았습니다. 어쩌면 일본식 사무라이 정신과 〈삼국지〉에 나오는 의義 정신이 어느 정도 통하기 때문일 수도 있습니다.

〈삼국지〉는 다분히 정치적이고 남성적인 성격을 갖고 있는 콘텐츠입니다. 가장 중요한 장면이 장수 간의 힘겨루기나 책사들의 두뇌싸움이고, 사건의 주요 변곡점이 세력 간 전쟁일 만큼 다이내믹하죠. 그러다 보니 등장인물 거의 대부분이 남자이고, 남자들이 좋아하는 구도를 잘 갖추고 있습니다. 정치가 안정된 평화시가 아니라 기존 체제가 무너지고 새로운 시대로 가기 위한 혼란기 이야기라는 점에서 특히 흥미를 끌지요.

길고 긴 중국 역사에서는 기존 체제가 수명을 다하는 시점에 인물들이 등장해 나라의 안정을 위해, 때로는 일신의 영달을 위해 쟁투를 벌였습니다. 상대에 맞서 목숨을 걸고 싸웠고, 자신이 가진 역량을 최대한 발휘하기 위해 애썼습니다. 그들이 했던 국가에 대한 충성, 주군에 대한 의리, 전쟁에 승리하기 위한 책략과 권모술수 등이 역사에 기록되었습니다. 그리고 오랜 세월이 지나 역사기록은 민중들을 위한 재미있는 소설로 만들어졌습니다. 정치가들은 국민들에게 〈삼국지〉 인물을 배우도록 지원했는데, 그 안에 담긴 충忠. 의義 정신이 본받을 만했기 때문입니다.

〈삼국지〉는 서기 184년에 일어난 '황건적의 난'에서부터 시작해 280년 오나라가 멸망할 때까지의 이야기를 다룹니다. 그래서 흔히 '90년의 시대'라고 언급되지만, 정작 삼국이 병립했던 역사시대는 40여 년밖에 되지 않습니다. 동한말의 혼란기 이야기부터 시작하지만 위魏나라(220~265)가 세워진 때부터 촉蜀나라(221~263), 오吳나라(222~280)까지 40여 년간이었던 것입니다. 이 기간은 3,000년이 넘는 거대한 중국사에서 잠깐의 시간이었다고 말할 수밖에 없습니다. 그럼에도 불구하고 이 짧은 시대의 이야기가 중국을 넘어 한국과 일본에서까지 사랑을 받는 이유가 무엇일까요?

통일과 분열의 역사

〈삼국지〉를 이해하려면 중국사의 전개 과정에 약간이나마 지식이 필요합니다. 장구한 역사의 흐름 속에서 〈삼국지〉의 모습이 꾸준히 변해 왔습니다. 저처럼 역사를 좋아하는 사람이 아니라면 중고교 시절 중국사를 배우면서 '하夏. 은殷. 주周. 진秦. 한漢. 수隨. 당唐. 송宋. 원元. 명明. 청淸'을 순서대로 기억하기 위해 애썼을 겁니다. 여기서 하夏나라는 요순시대 이후 황하를 다스렸던 우禹가 세운 나라로, 역사시대가 아닌 전설의 국가라 할 수 있습니다. 또한 주나라는 서주와 동주로 나뉘는데, 동주는 다시 '춘추 · 전국'으로 분리됩니다. 여기에 한나라 말의 '5호16국, 위진남북조'를 함께 외웠지요. 당나라가 멸망하면서 등장했던 '5대10국'과 북송과 경쟁했던 북방 유목민의 나라 요遼 · 금金을 추가할 수 있겠습니다.

조금은 복잡하지만 중국사의 중요한 특징 중 하나는 통일왕조 사이사이에 분열 시기가 반드시 있었다는 겁니다. 그래서 〈삼국지〉 서문에 이를 잘 표현해 주는 글귀가 있습니다.

天下大勢 分久必合 合久必分
천 하 대 세   분 구 필 합   합 구 필 분

'천하의 큰 흐름은 나누어지면 반드시 합해지고 합해지면 또한 나누어진다'는 뜻인데요. 중국은 거대한 평원을 가진 지리적 특성으로 인해 유럽과 비교해 보면 통일제국이 만들어지기 쉽습니다. 또 그만큼 외부 침입자를 방어하기 어렵기 때문에 분열 가능성도 높습니다. 그래서 통일제국이 만들어진 시기와 분열기가 반복하여 진행되었죠.

분열기를 만든 가장 큰 원동력은 북방 유목민의 존재였습니다. 중원 평원의 북쪽에는 멀리 몽골고원까지 이어지는 해발 800미터 이상의 고원지대가 있는데요. 그곳에는 양과 말을 키우면서 물과 초원을 찾아 이동하는 유목민이 살고 있었습니다. 그들은 정기적으로 남쪽으로 내려와 중원 평야지대를 공격했고, 때로는 대규모 세력이 남하하는 경우도 있었습니다. 5호 16국, 남북조시대가 만들어진 것도 유목민으로 인해서였고, 북송이 중원을 잃고 남송이 되었던 것, 몽골족과 여진족이 중원 천하를 얻은 것도 그로 인해서였습니다.

　중원의 역사는 작은 나라들로부터 시작되었습니다. 그게 바로 춘추전국시대죠. 그러다가 서쪽 변방의 진秦나라가 부국강병의 개혁을 진행했고, 마침내 진시황(秦始皇, 기원전 259~기원전 210)이 첫 통일제국을 세웁니다. 하지만 진나라는 오래가지 못했고, 유방(劉邦, 기원전 247~기원전 195)과 초나라의 후예 항우(項羽, 기원전 232~기원전 202)의 쟁투 결과 오늘날의 중국을 상징하는 한漢나라가 등장합니다. 이를 역사가들은 전한 또는 서한이라 부르는데요. 서기 8년부터 23년까지 외척 왕망(王莽, 기원전 45~서기 23)이 세운 신新왕조가 한나라 시대 중간에 자리하고 있기 때문입니다. 왕망의 신왕조를 무너뜨리고 다시 유씨의 한나라를 일으켜 세운 이는 광무제 유수(劉秀, 기원전 4~서기 57)였습니다. 이 나라를 후한 또는 동한이라 부릅니다. 서쪽 관중평원의 장안長安에 수도를 두었기에 '서한'이라 부르고, 동쪽 지역에 있는 낙양洛陽을 수도로 삼아서 '동한'이라 부릅니다.

　왕망 이후의 혼란기를 정리하고 세워진 동한은 짧은 치세를 거친 후 외척과 환관의 전횡으로 흔들리기 시작했습니다. 제4대 임금인 화제부터 지속적으로 어린 황제가 등극했기 때문에 불가피하게 외척이 힘을 썼고, 이에 반발한 황제가 환관에게 힘을 실어주었기 때문인데요. 이때 지배층 사족들은 매관매직을 일삼고 백성들의 고혈을 뽑아 자신들의 잇속을 차리기 바빴습니다. 토지를 소유한 농민은 점점 줄어들었고 민중들은 살길을 찾아 유랑하기 시작했습니다. 전형적인 정권 말기의 모습이 등장하기 시작한 것이죠. 유랑민들은 살아남기 위해, 백성의 고혈을 뽑는 호족세력을 타도하기 위해 황건적이 되었습니다. 하지만 중앙 조정은 나라의 혼란을 바로잡을 능력이 없었습니다.

이때 각지의 인물들은 혼란한 시대에서 살아남기 위해 치열하게 경쟁했습니다. 한복, 도겸, 원소, 원술, 동탁 등이 그들이었습니다. 그러다 유비와 조조, 그리고 손권이 최후의 승자로 살아남았습니다. 중원을 차지하고 위나라를 세운 조조가 끝내 황제에 오르지 못하고 죽자 그의 아들 조비(曹조, 187~226)가 서기 220년에 헌제(獻帝, 181~234)로부터 선양을 받아 위 왕조가 탄생했습니다. 그리고 차례로 촉한과 동오는 역사의 무대에서 사라지죠. 그사이 위나라 사마의는 천하 권력을 차지하고 손자 사마염(司馬炎, 236~290)에 이르러 새로운 왕조가 이어졌는데 바로 진晉나라입니다.

사마염, 즉 진무제는 황제 자리를 빼앗았으므로 자신과 같은 이가 생겨나지 않도록 사마씨 일족을 각 지역의 제후왕으로 봉했는데, 이것이 멸망의 시초가 될 줄은 몰랐습니다. 사마씨들은 황제 자리를 두고 다퉜는데, 이를 '8왕의 난'이라 부릅니다. 이로 인해 중원은 다시 전쟁터로 변했고, 사마씨가 용병으로 끌어들였던 유목민 전사들에게 정권을 빼앗기는 혼란한 세상이 이어집니다. 이때를 역사가들은 5호16국 시대라 부릅니다. 중원을 잃어버린 사마씨와 사족들은 강동으로 피난을 떠나 왕조를 세우는데, 이것이 동진(東晉, 317~420)입니다. 이후 남조의 역사는 동진-송宋-제齊-양梁-진陳으로 이어지며, 역사가들은 손권의 오나라를 포함하여 6조 시대라 부르기도 합니다.

시간이 흘러 중원은 다시 수나라, 당나라의 통일시대로 이어집니다. 북방 유목민이 주축세력이었던 수당은 화려한 중원문명을 꽃피웠죠. 하지만 수당의 영화도 그리 오래가지 못했습니다. 북방인들은 또다시 중원에 들어왔고 5대10국의 혼란기가 찾아옵니다. 이어서 북송의 짧은 통일기, 여진족의 금과 대치한 남송의 시대가 열립니다. 이렇게 중원은 통일과 분열을 반복했습니다. 중원에 살던 이들과 북방 유목민간의 치열한 대결의 결과였죠. 결정적으로 몽골고원에 살던 이들이 남하해서 중원을 차지한 원元나라 시대부터 통일기는 길고 분열기는 짧아졌습니다.

소설 〈삼국지〉의 탄생

중원 사족들은 새 왕조가 시작되면 이전 왕조의 역사를 기록하는 문화를 만들었습니다. 그렇게 고대로부터 역사가 기록된 서적을 25사서史書라 부릅니다. 역사서 〈삼국지三國志〉가 기록된 것도 이런 문화의 연장선에 있었습니다. 흔히 사마천(司馬遷, 기원전 145~기원전 86)의 〈사기史記〉, 반고의 〈한서漢書〉, 범엽의 〈후한서後漢書〉, 진수의 〈삼국지三國志〉, 이렇게 네 사서를 통틀어 전사서前四史라 부르는데요. 고대사를 알려주는 가장 중요한 4권의 역사서입니다. 그 중에서 진수의 〈삼국지〉는 소설 〈삼국지〉의 기반이 되었습니다.

그런데 25사서의 하나일 뿐인 역사서 〈삼국지〉의 이야기가 재미있는 소설로 만들어진 계기는 중원을 유목민에게 빼앗긴 뒤부터였습니다. 서진이 멸망하고 중원에서 물러난 남조 사람들은 북방지역을 되찾기 위한 노력을 기울였습니다. 동진의 환온이나 유유 같은 이는 직접 북벌을 시도했고, 후경* 같은 전투력이 탁월한 북방 사람을 대장군으로 기용하기도 했습니다. 그 과정에서 지도자들은 민중을 교화할 영웅 찾기에 골몰했고, 그들로부터 교훈을 얻기 원했습니다. 사서에 기록된 것과 비교해 유비와 관우, 그리고 제갈량의 능력과 이미지가 과장되고, 조조에 관한 좋지 않은 일화가 기록되기 시작한 것도 이때부터였습니다. 특히 조조의 이미지는 시대가 갈수록 점점 나빠졌습니다.

세월이 흘러 남송에 이르면 남조사람들처럼 또다시 중원을 빼앗긴 피난정권이 세워집니다. 여진족 금나라가 수도 개봉開封을 함락시키자 많은 이들이 장강長江 남쪽 지역, 특히 새 수도 항주(杭州, 항저우)로 떠나야 했지요. 북송과 남송은 이전 시대와 비교해 문화가 꽃피우고 좀더 자유로운 문화세계였습니다. 민중들의 터전인 시장에는 옛이야기를 재미있게 들려주던 이야기꾼들이 자리를 잡고 있었는데요. 수도 항주에서는 이야기꾼들이 장사치들이나 인근에 사는 아이들을 대상으로 〈삼국지〉의 명장면을 그린 그림을 펼쳐놓았습니다. 이들이 침을 튀겨가며 들려주던 것이 〈화본話本〉, 지금의 우리말로 풀면 이야기책쯤 되는 텍스트였

---

* 북방 갈족 출신으로 양무제에게 귀순했다. 동위와의 싸움에 참여했으나 양나라 건강성을 공격해 난을 일으켰다.

습니다. 고대 그리스에서 호메로스가 사람들을 모아놓고 트로이 이야기를 전해주던 것이나 헤로도토스가 아테네에서 페르시아 전쟁기를 들려주던 것과 유사했습니다. 동서양 어디에서나 사람들은 비슷한 모습으로 옛이야기를 듣기 원했던 것입니다. 저도 예전에 항주에 갔을 때 시 외곽에 있는 송나라 테마파크에 들렀더니 비슷한 장면이 연출되고 있는 것을 보았습니다. 그때에는 〈금병매〉에 나오는 반금련의 남편 '무대'가 떡을 파는 장면이 펼쳐지더군요.

남송 시장판에서 가장 인기 있던 주제가 바로 삼국 인물들의 활약상이었습니다. 사람들은 유비, 관우, 장비 삼형제가 여포와 실력을 겨루고 적벽대전에서 제갈량이 동남풍을 불러오는 이야기에 귀를 기울였습니다. 아이들도 돈이 생기면 이곳에 몰려들어 재미있는 이야기에 푹 빠지곤 했지요. 유비가 패하면 얼굴을 찡그리거나 눈물을 줄줄 흘리다가도 조조가 패하는 이야기를 들으면 언제 그랬냐는 듯이 환한 표정이 되어 이야기꾼들이 들려주는 노래를 신이 나서 따라 불렀습니다. 당시부터 이미 유비를 편들고 조조를 못마땅하게 여기는 풍조가 도시의 골목, 동네 아이들 사이에 널리 퍼져 있었다는 것입니다.

그 뒤 몽골족이 세운 원나라가 북방 일대를 점령하면서 유비와 조조 그리고 손권, 세 영웅의 이야기들은 당시 수도이던 대도(大都, 지금의 베이징)를 중심으로 연극 잡극의 한 장르가 되었습니다. 사람들의 관심을 끌던 잡극의 유명한 레퍼토리에는 〈삼국지〉 관련 이야기가 40~50여 종류에 달하는데요. 이것을 책으로 정리한 거리 서점에서 판매되기 시작했습니다. 이때 우리에게도 익숙한 '도원결의', '오관육참장', '삼고초려', '적벽대전' 등의 이야기가 얼개를 갖추었던 것입니다.

오늘날 우리가 보는 본격 소설의 모양새를 갖춘 〈삼국통속연의〉는 원명교체기에 나관중(羅貫中, ?~1400)이 정리한 책입니다. 나관중의 본명은 본本인데 '관중貫中'은 자字이자 필명입니다. '중국을 관통한다'는 뜻을 가진 '관중'이라는 이름은 중국의 정통을 계승한다는 의미를 가지는데요. 당시는 중원을 지배하던 몽골족이 점차 약해져 빈발하는 한족의 반란 진압에 골머리를 앓던 시기였습니다. 때문에 그는 중국의 정통성을 소설에 실어 민중들의 힘을 북돋기 위해 이런 필명을 쓰지 않았을까 싶습니다. 다시 말해 정통성이란 한고조 유방으로부터 유비로 이어지는, 한족 중심주의의 면모였습니다. 이민족 몽골의 통치를 극복하고 한족 천하를 세우겠다는 창작의도가 나관중의 텍스트에 깊이 아로새겨져 있는 것입니다.

이렇게 발간된 소설은 많은 이들의 관심을 받았습니다. 글을 모르는 이들은 시장에서 이야기꾼이나 연극을 통해 접했지만, 책으로 발간되자 지식인들의 주목을 받았던 것입니다. 이는 백화소설白話小說이라 불리는 소설 출간과 출판 붐을 촉발했습니다. 우리가 아는 〈수호전〉, 〈동주열국지〉 같은 책들이 이때 탄생했던 것이죠. 나관중은 생몰연대가 확실하지 않습니다. 산서성山西省 태원 출신이라고도 하고 다른 지역 출신이라는 설도 있습니다. 그가 지었다는 〈삼국통속연의〉도 명나라를 거치면서 다양한 판본이 생겨났습니다. 그리고 원나라 때부터 이어졌던 잡극에서의 줄거리도 계속 변화될 수밖에 없었습니다.

이후 청나라에 이르러서 모륜, 모종강 부자는 나관중 판본을 중심으로 시중에 떠돌던 이야기를 재차 정리하고 문장을 가다듬어 새로운 텍스트로 각색했습니다. 지나치게 신비롭게 그린 허황된 이야기들은 삭제하고 영웅의 본 모습을 그리려 애썼습니다. 결국 모종강이 정리해 남긴 소설이 많은 사람들에게 읽혔고, 이것이 현재 우리가 알고 있는 이문열이나 황석영 〈삼국지〉의 기본 모태가 되었습니다.

촉한 정통론은 무엇인가?

〈삼국지〉를 제대로 이해하기 위해서는 〈수호전〉이나 〈금병매〉 등 다른 소설과 다른 '정통론' 관점을 이해할 필요가 있는데요. 소설이지만 역사와의 관련성이 높기 때문입니다. 정사 〈삼국지〉는 서기 285년, 서진이 오나라를 멸하고 삼국을 통일한 시기에 진수*가 10여 년 동안 각고의 노력 끝에 완성한 기전체의 정통 역사서입니다. 「위서魏書」 30권, 「촉서蜀書」 15권, 「오서吳書」 20권을 합하여 모두 65권으로 이루어져 있는데요. 「위서-동이전」에는 부여, 고구려, 옥저 등에 관한 기록이 실려 있어 우리 역사에도 아주 중요한 사서이기도 합니다.

그런데 이 책은 삼국의 역사서이니만큼 구성이 비슷할 것 같지만, 실제로는 위나라의 역사를 중심에 두고 촉나라와 오나라를 기술하고 있습니다. 「위서」는 분량도 많거니와 「촉서」나 「오서」에 비해 근본적인 차이가 있는데요. 중국 역사서의 구성방식은 대부분 사마천의 〈사기〉가 처음 시작한 기전체紀傳體를 따릅니다. 〈삼국지〉 「위서」는 위나라 창업자 조조의 무제 시대, 조비의 문제 시대, 명제 시대, 그리고 소제 시대를 싣고 있습니다. 그리고 여러 인물들의 이야기인 '열전'이 포함되어 있죠. 다만 〈사기〉에 비해 통치제도·문물·경제·자연현상 등을 내용별로 분류해 쓴 지志와 연표年表 등이 없어 부실한 편입니다. 사마천은 전국을 여행하며 직접 자료를 모으기까지 했는데, 진수는 그렇게 하지 못했습니다.

또한 「촉서」와 「오서」는 오로지 인물 열전만을 담고 있는데요. 그러니까 진수가 보기에 유비와 손권은 제왕이 아니라 인물이었다는 이야기입니다. 위나라가 왕조의 중심이고, 유비의 촉한과 손권의 동오는 지방할거 정권이었다고 역사가는 판단한 것입니다. 이런 역사인식은 어쩌면 당연한 일일 것입니다. 진수는 본래 촉나라에서 태어나 일찍 벼슬을 하기도 했지만 촉나라가 멸망한 이후 진나라에 오게 됩니다. 그리고 진나라에서 실력을 인정받아 저작랑 벼슬에 올라 사서를 쓸 수 있었습니다. 그가 살았던 진나라는 조조가 세운 위나라로부터 사마의의 손자 사마염이 국권을 선양받아 이룩한 국가였습니다. 그러니 국가의 녹을 먹는 관리로서 역사서를 쓰는 진수가 조조의 위나라를 정통으로 삼아 역사를 기술한 것은 지극히 당연한 일이었을 것입니다.

흔히 말하는 '정통론正統論'이란 통일왕조가 멸망하고 새로운 왕조가 등장하는 과정에서 여러 왕조가 난립한 경우 기존 왕조가 가졌던 정당성을 어느 왕조가 계승하고 있는지에 대한 역사적·정치철학적 담론을 말합니다. 정통론이 무슨 의미가 있느냐 할 수 있겠지만 동양 정치사상의 근본이 되는 유가儒家에서는 상당히 중요한 의미를 갖습니다. 이는 공자가 말한 '대일통大一統'에서 그 유래를 찾을 수 있는데요. 만약 한 시대에 둘 이상의 왕조가 동시에 존재할 경우 천하에는 오직 하나의 정통만

* **진수**(陳壽, 233~297)
  사천 남충(南充) 사람. 서진의 사학가로 10년에 걸쳐 거저(巨著) 〈삼국지(三國志)〉를 완성함.

이 인정된다는 생각에서 비롯되었습니다. 말하자면 하늘이 내린 천자 국天子國은 어디인가 하는 것입니다. 전국시대를 마감하고 등장한 진秦나라에 이어 곧바로 한漢나라가 등장한 경우에는 정통성 시비가 없었습니다. 그런데 동한이 멸망하고 삼국이 형성되었던 서기 220년 이후 어떤 곳이 한나라를 계승한 천자국인가 하는 논의가 생겼습니다. 물론 〈삼국지〉의 저자 진수는 한나라의 제위를 이은 위나라를 정통으로 봤던 것입니다.

그런데 시대가 바뀌어 남조에 이르자 사람들은 다른 생각들을 하기 시작했습니다. 당연히 사족들 사이의 생각인데, 위나라가 아니라 촉한이 정통을 가진 게 아닌가 하는 주장 말입니다. 조조의 아들 조비가 서기 220년 헌제로부터 선양을 받았지만 이는 무효라는 것입니다. 또한 나라를 빼앗긴 헌제도 안양후로 강제로 봉해졌을 뿐 살해되지 않았습니다. 오히려 유비가 한漢나라의 제위에 올랐다고 주장했으니, 이것이 바로 '촉한 정통론'입니다. 당연히 이름만 보면 촉한이 한나라를 계승한 게 맞습니다(촉한은 역사가가 붙인 이름이고 원래 유비의 나라는 한漢 또는 계한季漢이었다). 유비는 전한 경제(景帝, ?~기원전 141)의 후손으로 혈통의 우위를 앞세워 정통성을 주장했습니다. 또한 유비는 평생을 두고 한나라의 부흥을 위해 노력했고 새로운 나라를 창건하겠다는 생각을 갖지 않았습니다. 또 위나라가 삼국을 통일하지 못하고 나라를 빼앗긴 후 진나라가 전국을 통일했으므로 위나라가 한나라의 정통한 계승자라고 말하기도 어려운 게 현실입니다.

동진의 역사가 습착치는 '위 정통론'에 이의를 제기했는데, 그는 〈한진춘추漢晉春秋〉에서 촉한이 정통이라는 주장을 폈습니다. 그가 이런 주장을 하게 된 이유는 당시 정치상황 때문이었습니다. 강력한 권력을 쥐었던 환온이 동진의 제위를 넘보자 습착치는 동한 광무제부터 시작해 서진 민제까지의 역사를 기술하면서 조조의 아들 조비가 헌제로부터 선양을 받은 것은 찬탈이라 규정했습니다. 그래서 사서의 제목이 〈한진춘추〉가 되었고, 촉한이 동한을 계승했기에 정통이라 말했던 것이죠. 이는 환온에게 제위를 넘보지 말라는 정치적 메시지이기도 했습니다.

〈삼국지〉를 읽을 때 절대 빼놓을 수 없는 역사가가 있는데요. 역사서 〈삼국지〉에 주석을 단 배송지(裴松之, 372~451)입니다. 그는 간략하게 쓰기로 유명한 춘추필법을 사용한 이 사서에 여러 자료를 추가했습니다. 진수가 미처 다루지 못했던 다양한 기록들을 추가함으로써 삼국시대의 많은 이야기들을 우리가 알게 된 것입니다. 특히 진수가 제대로 기록하지 못한 촉나라 사람들과 조조의 좋지 않은 일화들을 많이 다뤘는데, 여기에는 그의 정치적 의도가 많이 담겼습니다. 역사가는 자신이 처한 환경을 완전히 배제한 글을 쓸 수는 없습니다. 습착치가 〈한진춘추〉를 쓴 것도 그렇고, 배송지의 상황도 서진의 진수와는 다른 환경이었던 것입니다.

배송지는 동진 다음 왕조인 유송사람입니다.* 그의 선조는 하동군 문희(聞喜, 지금의 산서성 운성현) 출신입니다. 그러니까 관우와 같은 고향 사람인데요. 그의 조부 배미裴眛는 동진에서 광록대부의 직위에 있었는데, 아마도 중원에서 난리를 겪고 피난 내려온 당사자였을 것입니다. 사마씨들끼리 황권을 다툰 엉터리 같은 싸움을 거쳐 남쪽으로 내려왔던 동진의 사족들에게는 고토 회복이 가장 큰 염원이었습니다. 유송 정권

---

* 역사가들은 조광윤(趙匡胤, 927~976)이 세운 통일제국인 송나라(960~1279)와 구별하기 위해, 건국자인 유유(劉裕)의 성씨를 따라 유송(劉宋)이라 부른다.

은 장수 유유가 북벌을 시도해 장안을 공격하고 돌아와 황제 자리를 빼앗아 만들어졌습니다. 그러기에 사회 분위기는 중원을 탈환하고자 하는 의지에 불타 있었을 것입니다.

이런 때 유송의 문제로부터 역사를 기록하라는 명을 받은 배송지는 어떤 목적으로 책을 썼을까요? 우리는 역사서를 객관적이고 사실적으로 기록된 것으로 이해하지만, 실제 대부분의 역사서는 그렇지 않습니다. 특히 국가기관에 속한 자가 기록한 역사는 모두 집필 의도가 숨어 있었던 것입니다. 배송지는 역사책을 집필할 때 각종 사료와 선조들로부터 삼국 이후의 혼란 상황을 접하게 되었고 중원을 빼앗긴 설움과 울분을 담아내게 됩니다. 배송지의 역사기록 목적은 오랑캐로부터 중원을 탈환하는 데 있었습니다. 그러니 한나라를 뒤이은 왕조는 촉한이고 그 다음은 진나라라는 생각이 은연중에 반영될 수밖에 없고, 조조를 간웅으로 표현하는 것은 당연한 일인 것이었습니다.

촉한 정통론에 가장 큰 영향력을 발휘한 이는 남송의 주희(朱熹, 1130~1200)였습니다. 당시 남송은 금나라에 쫓겨 강남에 피난정권을 세우는데 사람들은 금나라를 북조로, 남송을 동진이라 불렀습니다. 주희는 북송시대에 편찬된 〈자치통감〉의 사관을 강력하게 비판하면서 이를 재편집하여 〈자치통감강목〉을 지었습니다. 여기서 그는 촉한 정통론을 강력하게 주장한 것이죠. 후대인들에게 주자朱子라는 존칭을 받는 그의 사상은 조선에 전해져 조선 사대부에게도 촉한 정통론이 대세로 자리 잡게 되었습니다.

민중들도 역사가의 생각과 다르지 않았습니다. 남송 사람들 중 상당수가 중원을 떠나 피난 온 사람들이었기에 고향땅을 회복하려는 욕구가 강할 수밖에 없었습니다. 이런 생각들은 유관장 삼형제에게 투영되었고 그들은 민중의 소망을 대변하게 되어 각종 이야기로 만들어졌습니다. 이것이 원말에 이르러 나관중의 통속소설 〈삼국지〉로, 청나라의 모종강 판본인 〈삼국지통속연의〉로 발전함으로써 유비와 촉한 세력이 한나라의 후계라는 인식이 확정되었던 것입니다.

삼국지 어떻게 읽어야 할까?

'〈삼국지〉를 세 번 이상 읽은 사람과는 말을 붙이지 마라.'라는 우스갯소리가 있습니다. 저는 삼국지 강연장에서 이 말로 시작하는데요. "혹시 어떤 저자의 〈삼국지〉를 세 번 이상 읽은 분 계신가요?" 그러면 가끔 손을 드는 사람이 있습니다. 남성들이 많은 강연장에는 그런 분이 반드시 있는데요. 어릴 적부터 무협지나 〈삼국지〉에 빠져 열심히 읽었던 저 같은 사람 말입니다. 그렇다면 〈삼국지〉를 세 번 이상 읽은 사람과 말을 붙이지 말아야 하는 이유는 뭘까요? 어떤 책이든 세 번이나 읽는다는 것은 보통 일이 아닙니다. 더구나 〈삼국지〉처럼 방대한 내용의 소설을 끝까지 한번 읽기도 쉽지 않은데 세 번이라니요. 웬만한 인내심을 갖지 않고서는 어려우니 그가 아주 독한 사람일 것이므로 가까이 하지 말라는 거죠. 오해하지 마세요. 그저 웃자고 하는 소립니다.

하지만 독하지 않고는 〈삼국지〉를 세 번 이상 읽기 어렵다는 것도 틀린 말은 아닙니다. 〈삼국지〉는 수천 년 역사의 아주 짧은 순간인 90여 년을 다룹니다. 하지만 그 속에 엄청나게 많은 등장인물과 지명이 등장하지요. 소설에 등장하는 사람만 해도 자그마치 1,188명입니다. 그 가운데 역사서에 등장하는 실제 인물은 1,039명이고 소설에만 나오는, 말하자면 순수하게 창작된 인물은 149명입니다. 여기에 기주, 유주, 병주, 사주, 옹주, 예주, 형주 등 넓디넓은 중국 땅 14개 주에 걸쳐 수많은 지명이 등장하니 머리 아프고 읽기 어려운 건 당연합니다.

　세 번 이상 읽은 사람과 말을 붙이지 말아야 한다는 우스갯소리의 또 다른 의미는 소설 〈삼국지〉는 엄청나게 다양한 버전이 있다는 것을 독자가 때로 간과한다는 점에 있습니다. 도서관의 〈삼국지〉 코너에 가보면 여러 종류의 소설을 발견할 수 있습니다. 한국 사람들이 가장 많이 읽은 이문열의 〈삼국지〉부터 고우영의 〈만화 삼국지〉, 모종강 본에 충실해 쓴 황석영의 〈삼국지〉, 나관중 본을 참조해 쓴 김경한의 〈삼국지〉도 있습니다. 이것들은 한국 사람이 쓴 〈삼국지〉 소설이고, 최근 중국에서 발간된 것을 한글로 번역한 소설들도 여럿 있습니다.

　따라서 특정 저자의 소설을 몇 번 읽으면 자신이 알고 있는 〈삼국지〉 내용이 역사적 사실이며 정확한 것이라고 주장하는 경우가 있습니다. 마치 역사적 진실을 자신이 알고 있다고 착각하는 겁니다. 하지만 〈삼국지〉는 역사적 사실을 기반으로 창작된 소설입니다. 더구나 이 소설의 줄거리는 어떤 특정 작가가 창작해 낸 게 아닙니다. 삼국시대 이후 천년 동안 민중들에 의해 줄거리와 에피소드가 구성되었고, 원말명초의 작가 나관중이 정리 기록하여 인쇄되었습니다. 이후 청나라 모종강에 이르기까지 수많은 사람들이 참여해 다양한 버전의 〈삼국지〉가 만들어졌습니다. 한국인 이문열은 바로 모종강 본을 기반으로 소설을 써서 엄청난 판매고를 기록했고, 대만계 일본인 진순신은 정사를 기반으로 전혀 다른 〈삼국지 이야기〉를 펴내기도 했습니다. 그러다 보니 조금씩 다른 이야기가 소설에 등장합니다. 어쩌면 이렇게 다양함이 존재하는 게 바로 소설 〈삼국지〉의 매력이기도 합니다.

청나라 문인 장학성은 "삼국지는 칠실삼허七實三虛다."라고 일갈했습니다. 그러니까 이 소설은 실제 역사적 내용이 70%이고 소설적 허구가 30%를 차지한다는 말입니다. 소설에 등장하는 인물과 사건은 거의 대부분 역사적 근거를 갖고 있지만, 상당한 장면에서 사실이 아닌 소설 구성으로 바뀌었습니다. 특히 독자들에게 재미를 주기 위해 관우와 제갈량을 뛰어난 전투력을 가진 인물, 신비한 능력을 보유한 인재로 포장해놓았습니다. 우리는 흔히 명나라 때 탄생한 〈수호지〉, 〈서유기〉, 〈금병매〉, 〈삼국지〉를 4대 기서라고 부릅니다. 하지만 〈삼국지〉를 빼고 나머지 소설들은 90% 이상 가공된 허구라고 할 수 있습니다. 중국인들이 가장 사랑한다는 소설 〈홍루몽〉은 역사적 힌트가 없지 않지만 등장인물이나 줄거리 모두 허구입니다.

그렇다면 방대한 내용과 복잡한 구성을 가진 삼국지를 어떻게 접근하면 좋을까요? 일단 각자에 맞는 쉬운 접근법이 우선입니다. 아이들이라면 재미있는 만화책부터 읽히면 좋고, 한두 권으로 축약된 버전을 선택할 수도 있습니다. 한국에서 가장 많이 팔렸다는 이문열의 〈삼국지〉는 발간된 지 오래되어 글자 크기도 작고 읽기 편하지 않습니다. 어쩌면 이 책은 조금 과대평가된 경향이 있는데요. 책이 발간될 즈음, 입시에 논술평가가 도입되어 이 책을 읽으면 논술에 도움 된다는 소문이 퍼졌기 때문에 많이 팔렸습니다. 대만계 일본인 진순신의 〈삼국지 이야기〉는 도교의 관점에서 삼국지를 그리고 있어 특색이 있습니다.

만약 역사의 진실 또는 역사와 소설의 차이는 무엇일까 관심을 둔다면 중국인 작가 이중톈의 〈삼국지 강의 1, 2〉 편을 참조하면 좋습니다. 이 저자는 중국 CCTV의 '백가강단'에서 엄청나게 인기를 끈 강연의 대본을 책으로 펴냈습니다. 역사적 사실 중심의 〈삼국지〉에 대해 제대로 파헤쳤기 때문에 많은 이들의 사랑을 받았던 것이죠. 최근 중국에서 발간된 책들은 삼국지의 역사성에 더 관심을 두는 편입니다. 아무래도 중국 사회에서 조조에 대한 평가가 달라졌기 때문일 듯합니다.

이웃나라 일본사람들의 삼국지 사랑도 만만치 않습니다. 일본에서는 삼국지를 모태로 한 모바일게임이 거의 한 달에 하나꼴로 탄생하고 있을 정도입니다. 이렇게 삼국지는 비록 중국에서 탄생한 것이지만 한중일 모두 엄청나게 많은 독자들을 거느리고 있습니다.

이 책은 삼국지를 재미있게 즐길 수 있도록 하는 데 주안점을 두었습니다. 등장하는 수많은 인물과 여러 장면들을 쉽게 이해할 수 있도록 도표와 그림을 넣었습니다. 저는 소설 이야기의 전개보다는 각 인물들이 실제 어떤 사람이었는지에 대해 관심이 많습니다. 그런 관점에서 삼국지를 공부했고 정사 중심으로 시대를 살폈습니다. 하지만 소설 이야기를 아주 배제하지는 않고 소설과 역사는 어떻게 다른지 구분하려 애썼습니다.

그래서 1장과 2장에서는 우리가 꼭 알고 있어야 할 삼국지의 주요 장면을 시간 순으로 구성했습니다. 특히 실제 역사 이야기와 소설에만 나오는 이야기를 적절히 섞었습니다. 3장에서는 삼국지의 등장인물들에게서 무엇을 배울 수 있을지를 정리해 봤습니다. 소설 속에 포장되지 않은 역사인물로서 그들에게 무엇을 배우고 무엇을 버려야 할지를 정리했습니다. 특히 리더십 관점에서 제갈량, 조조, 유비를 읽고 깨달음을 얻으려 했습니다.

삼국지를 전혀 읽지 않은 독자부터 리더십에 관심 있는 사람까지 모두가 읽고 즐길 수 있게 쉬운 단어로 편하게 읽힐 수 있도록 애썼습니다. 만약 소설 〈삼국지〉의 기본 스토리를 잘 알고 있고 인물들의 리더십에 관심이 있다면 3장을 중심으로 읽으시면 좋겠습니다. 여기 등장하는 정사에 기록된 삼국지의 내용은 휴머니스트 출판사에서 편찬하고 김원중 교수가 번역한 〈정사 삼국지〉를 참조했음을 밝혀둡니다.

제1장

천하 혼란의 시대

왕조의 몰락

망해가는 동한제국

이제 삼국 이야기를 시작해 보겠습니다. 동한*은 왜 혼란기에 접어들었을까요? 중국 왕조의 역사를 보면 생각보다 수명이 짧다는 걸 알 수 있습니다. 가장 오랜 왕조가 300여 년을 유지한 송末나라인데, 이마저도 북송과 남송으로 나뉩니다. 왕조가 오랜 기간을 유지하지 못한 이유는 중국 땅의 자연 지리적 특성 때문입니다. 지도를 들여다보면 서북부는 고원지대이고 동남부에는 황하와 장강 유역에 걸친 광야가 있습니다. 북방 유목민들은 수시로 남쪽으로 침입을 거듭했고 그때마다 왕조는 멸망했습니다. 평지가 많은 동남부의 땅은 산지와 반도가 많은 유럽과 비교해 보면 통일하기 쉬운 만큼 분열 가능성도 높습니다.

---

* 한나라를 한국에서는 전한과 후한으로 나눠 부르는 경우가 많지만 중국에서는 서한(西漢)과 동한(東漢)이라 칭한다. 후대에 남한(南漢), 북한(北漢)이라 정의된 국가가 있었기에 구분하기 쉽다. 서쪽 장안에 수도가 있던 때를 서한, 동쪽 낙양에 있던 때를 동한이라 부른다.

여기에 내부관리의 문제도 늘 상존하는데요. 절대권력을 가진 황제를 중심으로 정치가 이루어지다 보니 무능한 지도자, 또는 나이 어린 리더가 있을 경우 내부갈등이 심각해진다는 것입니다. 그래서 초반에는 번영을 누리다가도 시간이 흐르다 보면 외척과 환관이 정치를 좌우하는 특징을 보이는 것이 중국 왕조였습니다. 특히 아버지 황제가 일찍 죽고 나이 어린 아들이 황제로 등극하면 이런 현상들이 나타났지요. 동한 왕조도 비슷한 과정을 거쳤습니다.

광무제 유수가 호족들과 연합해 세운 동한은 처음 3대까지는 비교적 번영을 누렸습니다. 채륜이 세계 최초의 종이인 '채후지'를 만들었고, 장형(張衡, 78~139)이 천문관측기인 혼천의와 지진을 측정하는 '지동의'를 만드는 등 문화가 번창했습니다. 또 반초가 서역의 여러 나라와 교역로를 열어 실크로드가 다시 소생했습니다. 그런데 4대 황제인 화제和帝가 아홉 살 어린 나이로 즉위하면서 나라의 기틀이 무너지기 시작했는데요. 황제가 어리니 스스로 정사를 돌볼 수 없어 이를 대신한 황후 집안, 즉 외척들이 득세하게 되었습니다. 시간이 흘러 황제가 성인이 되면 그동안 세력을 잡은 외척들을 어떻게 몰아낼 것인가 고민하는 가운데 가장 가까운 측근인 환관에게 기댑니다. 황제가 환관의 도움을 받아 외척을 몰아내면 이번에는 환관들이 권력을 잡습니다. 그러다 불행하게도 황제가 일찍 죽고 또 어린 황제가 제위에 오르면서, 이렇게 외척과 환관이 권력을 잡는 일이 반복되었습니다.

이때 발생한 일이 두 차례에 걸친 '당고(당파싸움)의 화禍'입니다. 이는 환관과 외척이 서로 권력을 쟁취하려는 과정에서 필연적으로 탄생할 수밖에 없었는데요. 1차 당고의 화는 환제 때인 166년에 일어났는데,

환관의 전횡에 반대하여 3만여 명의 태학생을 비롯한 사례교위 이응*, 태위 진번 등이 조정을 비판하고 환관을 처형했습니다. 하지만 환관의 우두머리였던 십상시+常侍들은 죽지 않았는데, 이들이 힘을 모아 이응과 태학사들을 몰아낸 사건이었습니다.

2차 당고의 화는 영제 때인 169년에 일어났는데, 조정을 장악한 외척 두무**는 진번을 중용했고 이응과 두밀의 관직을 돌려주었습니다. 그 후 진번이 태후에게 환관을 처단하라는 글을 올렸는데, 이것이 환관 조절에게 발각되었습니다. 결국 환관들은 진번을 처단하라고 두무를 압박했고, 결국 진번은 살해되었습니다. 이후 환관들은 여러 당인黨人들을 공격해 이응과 두밀 등 많은 인사들이 죽임을 당했습니다. 이때 무고한 백성과 지식인을 포함해 600~700여 명이 억울한 옥살이를 해야 했습니다.

또한 당시에는 자연재해가 끊이지 않았습니다. 지진, 홍수, 가뭄, 우박 그리고 메뚜기 떼에 이르기까지 온갖 재해가 백성들의 삶을 덮쳤습니다. 하지만 이를 해결해야 할 관료 사대부들은 살아남기 위해 외척과 환관이 거머쥔 권력에 빌붙었고, 정권이 바뀔 때마다 참혹한 처형 사건이 일어날 수밖에 없었죠. 결국 나라를 이끄는 유능한 인재들이 점차 정가에서 축출·제거되어 국가관리 능력이 현저히 저하되었습니다. 그러다 보니 사라진 인재를 대신해 매관매직은 일상화되고 이에 따른 민중 수탈이 빈번해지면서 백성들의 삶도 피폐해졌습니다. 한마디로 나라가 망해가는 과정이 자연스럽게 이어졌지요.

*이응(李膺, 110~169)
하남 양성(襄城) 사람. 정치가로 당시에 천하의 모범이라고 불렸음. '당고의 화'로 피살됨.

**두무(竇武, ?~168)
함양 사람. 두융의 현손(玄孫)으로 황제의 장인. 이응을 기용하여 환관에 대립했다가 환관에게 죽임을 당함.

황천당립, 황건적의 난

이러한 때에 자연스럽게 백성들의 마음을 사로잡은 건 전통 종교집단이었습니다. 이들은 전통신앙에서 출발한 태평도太平道를 창시한 장각을 주축으로 치료와 포교를 겸하는 방식으로 세력을 넓혔는데요. 태평도는 전국시대부터 이어져온 참위설·음양오행설과 잡다한 민간신앙을 가미하고 노자와 장자의 도가道家사상을 끌어와 이론을 보강했습니다. 그리고 184년(갑자년)에 본격적으로 활동을 개시하니, 이 사건이 바로 '황건적의 난'입니다. 황건적은 머리에 누런 두건을 썼기 때문에 이 집단을 부르는 명칭이 되었는데요.

〈삼국지〉에서는 황건적을 나라를 좀먹는 나쁜 무리들로 그려졌기 때문에 이미지가 좋지 않지만 이들은 살아남기 위해 애쓰던 보통 백성들이었습니다. 자연재해와 정권 말의 혼란으로 먹고살기 위해 어쩔 수 없이 나설 수밖에 없었던 것이지요. 훗날 명나라 건국의 계기가 된 '홍건적의 난', 19세기의 '태평천국의 난' 등 종교집단이 일으킨 역성혁명이 많이 등장하는데요. 그 첫 시작이 황건적이었던 것이죠.

황건적이 내세운 구호는 소설 〈삼국지〉를 읽어본 사람이라면 다 아는 '창천이사 황천당립 세재갑자 천하대길(蒼天已死 黃天當立 歲在甲子 天下大吉)'입니다. '창천은 이미 죽고 황천이 크게 일어나니 갑자년에 크게 길해지리라.'는 뜻인데요. 소설 〈삼국지〉에서는 각 집 대문에 백토로 '갑자甲子'라는 글자를 써놨다고 하는데, 이 글자는 십간십이지의 처음인 만큼 세상이 바뀐다는 의미가 담겨 있습니다. 집 대문에 갑자를 써 붙여놓은 집은 황건군을 지지한다는 의미도 포함되어 있겠죠. 이 사건은 오늘날에도 중국 민중의 정신적 지주 역할을 하는 장생불사長生不死*를 지지하는 도교가 만들어지는 계기가 되었습니다.

'황건적의 난'은 비록 실패한 농민혁명으로 끝났지만, 그 조직의 수가 적거나 약해서가 아니었습니다. 대두목 장각이 십수 년을 활동하면서 제자 8명을 양성해 전국 각 지역에 파견했는데, 이때 모은 신도 수가 36만 명이 넘었습니다. 이들의 주 활동영역은 당시 14개 주 중에서 오늘날 하북성의 기주와 유주, 산동성의 청주와 연주, 하남성 및 호북성, 호남성에 걸쳐 있는 예주와 형주, 그리고 강소성의 양주 등 8개 주에 이릅니다. 그러니까 중원 평야지대의 거의 전부라 할 만큼 대부분의 농민들이 황건군에 관심을 두었다고 볼 수 있습니다. 또한 조정에 속한 환관들에게까지 이들의 영향력이 미쳤습니다. 단순한 농민조직이 아니라 전통신앙에 기반을 둔 종교단체였기 때문이지요.

동한 조정에서는 나라의 혼란을 일으키는 이런 무리들을 두고 볼 수 없었습니다. 황건적에게 즉시 해산을 명령했으나 이들은 군사 봉기를 계획했고, 그해 음력 2월 전국 각지에서 대반란이 일어났습니다. 고향인 기주에 머물렀던 장각은 스스로를 천공장군이라 칭하고 동생 장보를 지공장군, 장량을 인공장군이라 불렀습니다. 세상을 상징하는 천지인天地人의 개념을 따온 것이죠. 그리고 전국에 방을 내려 일제히 봉기하며 무리들을 구분하기 위해 노란 두건을 두르도록 했습니다. 황건의 무리들은 지방관아에 몰려가 건물을 불태우고 식량을 탈취했습니다. 백성의 고혈을 뽑던 지방관들을 처형했음은 물론이지요.

* 한국에서는 불로장생(不老長生)이란 사자성어를 많이 쓰지만, 도교문화에서는 오래 사는 상징인 신선이 늙었지만 죽지 않는 존재로 그려진다. 따라서 장생불사가 정확한 용어다.

황건적의 세력이 들불처럼 일어나자 낙양 조정에서는 대책을 세웠습니다. 외척 하진*을 대장군으로 삼고 낙양 주위에 병사를 배치하는 등방어 태세를 갖추었습니다. 그리고 전국에서 정예병을 선발하고, 세 명의 중랑장을 기주와 예주에 파견해 장각의 무리들을 토벌하게 했습니다. 기주에는 북 중랑장 노식, 예주에는 좌 중랑장 황보숭과 우 중랑장 주준**이 활약했습니다. 당시 상황을 보면 한편에서는 농민 봉기군이 기치를 높이 들고 세력을 키우고 있었고, 다른 한편에서는 고을마다 무장을 하고 일부 야심가들이나 신분 상승을 노리는 사람들이 기회를 찾고 있었습니다.

하지만 수개월 뒤 대두목 장각이 병사하자 황건군은 급속도로 무너졌고, 1년이 채 안 되어 주력집단은 사라졌습니다. 황건군이 이렇게 허망하게 무너진 것은 숫자만 많았지 그들이 제대로 된 군사집단이 아니었기 때문입니다. 대장격이었던 장각과 그의 두 동생 장보와 장량은 그저 부적을 갖고 주문을 외고 아픈 사람을 치료하는 흉내만 냈을 뿐 조직의 리더로서 역량이 없었습니다. 무리에 속한 다른 이들도 마찬가지로 농토를 잃은 백성이었을 뿐, 세상을 뒤집겠다는 의지나 능력이 있는 것도 아니었습니다.

결국 황건의 무리들은 사방으로 흩어졌고 천하를 떠도는 무리가 되었는데요. 184년부터 10여 년간 천하에는 황건의 잔당들이 남아 있었

*하진(何進, ?~189)
하남 남양 사람으로 하(何)황후의 오빠. 대장군과 총진경사(總鎭京師)를 역임했는데, 환관에게 죽임을 당함.

**주준(朱儁, ?~195)
절강 상우(上虞) 사람. 명장으로 황건을 격파한 공으로 서향후(西鄕侯)에 봉해짐. 나중에 부하 곽범(郭氾)의 손에 죽음.

습니다. 그리고 그들 중 일부는 한중漢中으로 흘러들어가 오두미도*를 형성했고, 또 일부는 조조의 세력 중 하나가 됩니다. 그런데 이러한 혼란 정국은 꿈은 있으나 아직 큰 뜻을 펼쳐보지 못한 남자들에게 이름을 떨칠 수 있는 기회를 제공해 주었습니다. 바로 유비(劉備, 161~223), 관우(關羽, ?~219), 장비(張飛, ?~221) 같은 사람들 말입니다.

---

* 입도자에게 다섯 두의 쌀을 바치게 했기 때문에 이러한 명칭이 붙게 되었다. 장각이 일으킨 태평도처럼 도교의 시초가 되었다. 교주의 칭호를 따서 '천사도天師道'라고도 부른다.

삼국지에 나타나는 도교의 흔적들

장각*은 태평도의 시조를 황제黃帝와 노자老子라고 주장하며 〈태평경太平經〉
을 토대로 전도를 시작했다. 그는 자신을 '대현양사'라고 자칭하며 부적符籍
과 부수符水를 갖고 사람들의 병을 치료하며 인심을 얻었다. 소설에서는 장
각과 그 형제들이 '마법사'의 모습을 갖추고 있는데, 장각은 우연히 남화신
선을 만나 〈태평요술太平要術〉 세 권을 얻었다고 한다. 그리하여 장각은 법
력을 갖게 되어 주문을 외우고 부적을 쓰면 바람과 비를 마음대로 부리는
능력자가 되었다. 훗날 동생 장보가 유관장 삼형제와 싸울 때 요술을 부려
거센 바람을 일으키고 종이로 만든 병사들이 등장해 맞섰다. 하지만 이에
대적하는 유비도 만만치 않아 이들을 간단히 해치운다.

그렇다면 장각이 만난 남화신선은 누구일까? 장각에게 〈태평요술〉을 전해
준 이는 전국시대 사상가 장자莊子라고 한다. 왜 장자일까? 도교에서는 황
제와 노자가 시조라지만 장자도 도교의 탄생에 큰 역할을 했다. 그의 책
〈장자-소요유〉에는 신선에 관한 대목이 등장한다. '먼 고야산에 신인이 살
고 있는데 피부는 얼음이나 눈과 같고 처녀처럼 나긋나긋하다. 오곡을 먹
지 않고 바람을 호흡하며 이슬을 마셨도다. 구름을 타고 용을 몰며 세상 밖
에서 논다.' 장자가 말한 신인들은 곡식을 먹지 않고도 오래 사는 이들인데
그는 사람들에게 신선의 존재가 있음을 믿게 했다.
당태종 이세민은 자신의 집안이 노자 이이李耳의 후손이라고 자칭하며 도
교를 국교로 삼았다. 그의 후손 현종 이융기는 장자를 '남화진인南華眞人'으

로 봉하고 그의 책 〈장자〉를 '남화진경南華眞經'으로 불렀다. 소설 〈삼국지〉를 읽다 보면 도처에 도교적 신비로운 서술을 많이 찾을 수 있다. 민중의 도교적 생각이 책의 줄거리에 많이 반영되어 있는 것이다.

* **장각**(張角, ?~184)
하북 평향(平鄕) 사람. 태평도(太平道)의 창시자이자 황건 봉기의 수령.

천하의 나쁜 놈 동탁의 등장

중랑장인 황보숭과 주준, 그리고 지방호족인 동탁 등이 황건의 무리를 쫓았습니다. 주모자 장각이 사망하자 황건적은 빠른 시간 안에 진압되었습니다. 하지만 이 과정에서 중앙정부군의 무능이 드러났고, 여러 지방에서 활개 치던 황건 잔존세력을 진압한 지방호족의 세력화는 점점 강해졌습니다. 이들은 점차 독자적 군대를 거느리고 중앙조정의 명을 듣지 않는 군벌로 변해갔습니다. 이런 때에 황실은 환관에 권력을 기대고 있었는데, 열 명의 주요 환관들을 십상시라고 불렀습니다.

13세에 제위에 올라 혼란스런 정치를 이어가던 동한의 12대 황제 영제靈帝가 서기 189년 4월, 33세 나이로 병사했습니다. 후계자도 확실하게 정해두지 못한 갑작스러운 사망이었는데요. 영제에게는 두 아들이 있었는데 하나는 열네 살의 유변으로 하황후의 소생이었고, 다른 하나는 아홉 살의 황자 유협(劉協, 181~234)으로 왕미인王美人의 소생이었습니다. 협은 어머니 왕미인이 일찍 세상을 떠났기에 영제의 모친 동태후의 슬하에서 자랐습니다.

영제가 사망하자 정권을 쥐고 있던 십상시들은 황제의 죽음을 비밀로 한 채 대장군 하진을 입궁하도록 했습니다. 자신들의 권력을 공고히 하기 위해 외척 하진을 제거하기 위해서였죠. 하지만 이 음모를 알아챈 하진은 역공을 펼치는데, 원소와 조조 등을 이끌고 궁에 들어옵니다. 그리고 열네 살의 태자 유변을 13대 황제로 추대했는데, 자신의 세력을 공고히 해줄 하황후의 소생이었기 때문입니다. 그리고 배다른 동생 유협을 진류왕에 봉합니다. 자연스럽게 하황후는 어린 소제를 대신해 섭정하게 되었고 하진은 동한의 정권을 쥐게 됩니다.

그런데 하황후와 하진은 환관세력이 만만치 않음을 깨닫습니다. 그들의 힘을 빼앗지 않고는 정권을 유지할 수 없다고 본 것이죠. 그래서 하진은 원소의 의견을 들어 십상시들을 처단하기 위해 하내(河內, 오늘날 하남성 황하 이북의 땅)에 머물고 있던 동탁의 힘을 빌리려 했습니다. 그에게 군사를 이끌고 조정으로 들어오라는 명을 내린 것이죠. 그러나 십상시들은 먼저 이 움직임을 알아챘고, 그해 8월 동탁이 낙양에 도착하기 전에 하진을 유인해 처단했습니다. 이런 혼란한 상황 가운데 환관 장양과 단규 등은 한소제 유변과 진류왕 유협을 데리고 북궁 덕양전으로 도망쳤다가 아예 궁을 나가 달아났습니다.

　이때 등장하는 인물이 바로 '천하의 가장 나쁜 놈'으로 일컬어지는 동탁이었습니다. 역사가 진수는 "동탁은 사람이 흉악하고 잔인하며 포학하고 비정했으니 문자로 역사를 기록한 이래로 이와 같은 자는 아마 없었을 것이다."라고 말하고 있습니다. 역사 이래로 동탁만큼 나쁜 이가 없었다고 하니 정말 그랬을까요? 그는 도대체 무슨 짓을 해서 역사상 가장 나쁜 이로 평가받을까요?

　동탁은 일단 운이 아주 좋은 사람이었습니다. 보병과 기병을 합쳐 겨우 3천의 군사를 가졌을 뿐인 변방 출신 장수가 조정으로 들어와 권력을 쥘 수 있었으니까요. 그는 조정의 명을 받자 즉각 군대를 이동해 낙양성 안으로 들어와 궁문 밖에 주둔시켰습니다. 군사 숫자가 적다는 것을 감추려고 밤에는 병사들을 사람들 몰래 성 밖으로 내보냈다가 낮에는 요란하게 행군해 성으로 들어오는 쇼를 펼치기도 했다는군요. 그리고 궁 안으로 들어와 군사력의 힘을 믿고 정권을 좌지우지하기 시작했습니다. 말하자면 권력의 공백기, 무주공산에 들어와 어부지리로 권력

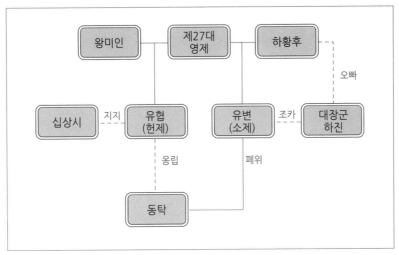

천하의 나쁜 놈 '동탁'이 출현하게 된 배경

을 얻은 셈이지요.

　그렇다면 하진과 원소는 왜 동탁의 진군을 허락했을까요? 그들은 동탁이 싸움만 잘할 뿐 전략이 없는 사람이라고 오판했다고 볼 수 있습니다. 그러나 동탁은 드라마 〈삼국지〉에 등장하는 모습처럼 뚱뚱하고 멍청한 사람은 아니었습니다. 그는 천하가 돌아가는 상황을 읽을 수 있었고, 자신에게 올 기회를 찾아 기다릴 줄도 아는 사람이었습니다. 본래 그는 서량西涼 지역 유목의 땅에서 자라나 싸움에 능했고, 황건적의 난이 일어나자 용맹한 양주군을 이끌고 공을 세웠습니다. 서기 188년 좌장군 황보숭과 함께 황건적 무리를 소탕하는 전과를 올렸는데요. 하지만 다시 그의 군대가 패배했기에 그 죄로 좌천되기도 했습니다.

　그의 군사적 재능은 잘 알려져 양주에서 한수의 반란이 일어나자 다시 기용되었고 중랑장에 임명되어 전투에 투입됩니다. 이때 여섯 군대가 농서隴西 지역으로 갔지만 다섯 군대가 패하고 동탁군 하나만 살아남왔다니 그의 군사 재능은 확실했습니다. 이 공으로 전장군에 임명되고 태향후로 봉해졌으며 병주목으로 승진했습니다. 영제가 죽고 천하가 어지러워지자 병주목 동탁은 마침 낙양에서 가까운 하내에 머물고 있었는데요. 조정의 명령이 있자 즉시 군사를 이끌고 낙양으로 진군했습니다. 그가 도성에 도착하기 전 그를 불렀던 대장군 하진은 환관세력에 의해 죽임을 당했고, 무주공산이 된 낙양은 동탁이 좌지우지할 수 있는 기회의 땅이 되었던 것이죠.

군사를 이끌고 북쪽으로부터 도성에 진입한 동탁은 소제와 진류왕을 망산*에서 만나 그들을 데리고 황궁으로 들어옵니다. 이미 대장군 하진은 십상시들의 계략에 휘말려 죽었고, 환관 무리들은 동탁의 상대가 되지 못했습니다. 그에게는 권력자가 될 수 있는 엄청난 기회였던 것입니다. 하지만 동탁은 제국을 운영할 만한 경험과 능력을 가진 인물이 아니었습니다. 유방과 경쟁한 항우가 저지른 실수로 인해 관중關中 지역 백성들에게 신임을 얻지 못한 것과 마찬가지로 동탁도 낙양 백성들을 자기편으로 만들지 못했습니다. 가혹한 형벌로 사람들을 위협했고 아주 작은 원한도 반드시 보복했습니다.

동탁이 데리고 있던 군대는 무고한 백성들을 죽여 전공을 조작했으며 여자들을 종이나 첩으로 삼기까지 했습니다. 동탁은 궁궐의 시녀나 공주까지 간음하고 음란한 짓을 일삼았습니다. 150년간 동한제국의 영화를 누렸던 낙양성을 불태웠고, 수십만 백성들이 살아갈 삶의 터전을 없애버렸습니다. 또한 낙양성 주변에 산재했던 역대 황제들의 무덤을

---

* 〈성주풀이〉라는 옛 노래에는 이런 가사가 있다. "낙양성 십리 하에 높고 낮은 저 무덤은…" 망산은 무덤이 많이 있는 곳으로 유명하다. 흔히 낙양성 북쪽에 있다 해서 북망산이라 불린다.

파헤쳐 보물들을 탈취했습니다. 그가 천하에 가장 나쁜 '무덤 도굴꾼'의 오명을 뒤집어쓴 사건이었죠.

그가 했던 가장 나쁜 짓은 소제를 몰아내고 진류왕 유협을 천자로 삼은 일이었습니다. 어찌 천한 신분에 일개 무장인 자가 수도에 들어와 천자를 바꿀 수 있었을까요? 사서에는 조조가 했다는 다음과 같이 말이 전해지고 있습니다.

"천자를 폐위시키는 일은 가장 상서롭지 못한 일이다."

역대 황제들의 무덤을 파헤친 것은 동탁만이 아니라 조조도 행한 짓이었습니다. 하지만 함부로 황제를 바꾸는 일은 쉽게 행해서는 안 된다는 것이 조조의 생각이었던 거죠.

동탁은 소제를 폐하려 조당에 신하들을 모아놓고 이렇게 주장합니다. "지금 황제는 어리석고 약하므로 종묘사직을 이끌 만한 자격이 없소. 이윤伊尹과 곽광의 고사*에 의거해 새 황제로 진류왕을 세우려 하는데 여러분들은 어떻게 생각하시오?" 그러자 상서 노식**이 이윤과 곽광은 올바른 자격을 갖추고 천자를 바꾸었으나 지금은 그런 상황이 아니라고 말했습니다. 이 말을 듣고 화가 난 동탁이 노식을 죽이려 했으나 시중 채옹***이 설득해 상황이 정리됩니다. 결국 동탁은 황제를 바꿀 만한 자격을 갖추지 못했지만 자기 마음대로 일을 진행하죠. 후대 유

---

* 상나라의 재상이었던 이윤은 정사를 제대로 돌보지 않는 천자 태갑을 가두고 잘못을 뉘우치게 했다. 3년이 지난 후 태갑이 스스로 깨우치자 이윤은 기뻐하며 그를 다시 천자의 자리에 앉혔다. 서한의 고명대신 곽광은 소제가 기원전 74년 급서하자 창읍왕 유하를 데려왔다. 하지만 그가 마음에 들지 않아 27일 만에 폐위했다. 유하는 시호도 받지 못했다. 이에 관해서는 〈해혼후, 지워진 황제의 부활〉(리룽우 지음, 나무발전소, 2018)에 자세히 나와 있다. 역사는 창읍왕이 황제 시호도 받지 못할 만큼 나쁜 짓을 많이 했기에 곽광의 행위가 정당하다고 기록하고 있다.

가 선비들이 두고두고 동탁을 '천하의 가장 나쁜 자'라고 욕하는 근거를 만들었던 겁니다.

그렇게 황제를 자신의 힘으로 옹립한 동탁은 자연히 상국相國이 되었고 황제를 만날 때 갖춰야 하는 세 가지 의무를 하지 않아도 되는 특혜를 받았습니다. 즉 배례할 때 성명 대신 관직만 부르는 찬배불명贊拜不名, 황제 앞에 입조할 때 종종걸음 할 필요 없는 입조불추入朝不趨, 검을 찬 채 신을 신고 전에 오를 수 있는 검리상전劍履上殿이 바로 그것이었습니다. 어쩌면 황제보다 더 높은 위치에 있는 권력자라는 의미였지요. 이는 훗날 위나라 왕이 된 조조가 헌제 유협 앞에서 받은 권리와 같았습니다.

하지만 그는 낙양성을 불태우고 챙겨둔 보물과 미녀들, 그리고 수만의 백성들을 이끌고 서쪽 장안으로 황도를 옮겼습니다. 천하의 제후들이 자신을 토벌하기 위해 이동하고 있다는 소식을 들은 뒤였습니다. 아마도 많지 않은 군사를 갖고는 천하를 호령할 만한 실력이 안 되기 때문이었을 겁니다. 아무래도 방어에 유리한 관중 지역이 더 이롭다고 보았고, 자신의 출신지인 서량과도 가깝기 때문이었습니다. 장안으로 퇴각하며 낙양을 불태운 건 자신이 떠난 후 제후들이 들어와 차지하지 못하기 위함이었습니다. 그 불이 얼마나 크게 번졌던지 낙양 주변 200리에 사람 그림자를 찾아볼 수 없었다고 합니다.

** 노식(盧植, ?~192)
하북 탁현(涿縣) 사람. 경학가로 황건 봉기 진압에 참가함. 동탁에 의해 파직 당함.

*** 채옹(蔡邕, 132~192)
하남 기현 사람. 문학가이자 서법가(書法家). 동탁의 죽음을 슬퍼했다가 죽임을 당함. 저서로 〈채중랑집(蔡中郎集)〉이 있음.

동탁과 12동상

동탁이 낙양의 궁궐에 들어오자 그곳에서 거대한 12개의 동인상銅人像을 발견했다. 그리고 이를 녹이면 국고를 채우고 군비 확충에 쓸 수 있겠다는 생각을 했다. 과연 그것은 무엇이었을까? 사마천에 따르면 동인상은 진시황이 천하의 병기를 거두어들여 함양에 모으게 한 뒤 모두 녹여서 제작한 것이었다. 동상 하나의 무게가 12만~24만 근이었다. 대략 30~60톤에 해당하는 무게다. 그러다 한나라 건국 이후 장안으로 옮겨진 동상들은 다시 동한시대 광무제가 수도를 정하는 과정에서 낙양으로 옮겨졌던 것이다.

이 동상을 알게 된 동탁은 이를 녹여서 동전으로 제작할 것을 명했다. 동전을 낙양 부자들에게 판매해 병장기 및 군량을 확보할 목적이었다. 하지만 동탁은 국가경제의 기초지식이 없어 돈을 찍어내면 인플레이션만 발생할 뿐 재화의 부족은 해결되지 못한다는 것을 알지 못했다. 낙양의 부자들에게서는 이미 여러 방법으로 재물을 빼앗았고 백성들은 오랜 기근으로 여력이 없었다. 결국 낙양의 곡물가격은 천정부지로 뛰어올랐고 돈은 저울에 무게를 달아 유통하는 지경이 되었다.

천하 영웅의 등장

유관장 삼형제의 결의

황건적이 파죽지세로 기주와 유주 일대를 휩쓸고 지나갈 무렵, 유주 태수 유언*은 황건적 토벌 군대를 모집한다는 방문을 도처에 붙였습니다. 이때 수많은 젊은이들이 이 방문을 보고 군대에 들어가는데요. 나라를 구한다는 사명감도 있었겠지만 많은 사람이 죽어나가는 난리 통에 살아남아야 하는 사람들에게 군입대는 가장 좋은 방법이었습니다. 목숨을 잃을 수도 있지만, 성공한다면 큰 명예를 얻을 수 있고 최소한 밥을 굶지 않았을 테니까요.

이때 삼국지 주인공인 유비, 관우, 장비도 이 방문을 보고 천하에 나설 결심을 합니다. 한고조 유방의 후예라는 유비, 고향에서 사람을 죽이

---

* 이는 소설에만 등장하는 대목으로, 나중에 익주목이 되는 유언은 유주태수를 역임한 적이 없다. 또한 주의 장관은 목牧이나 자사刺史로 부르지 태수라 하지 않는다. 나관중이 유언을 유주태수라고 한 것은 훗날 익주를 점령하는 유비와 유언을 연결시키려 한 목적이었을 것이다.

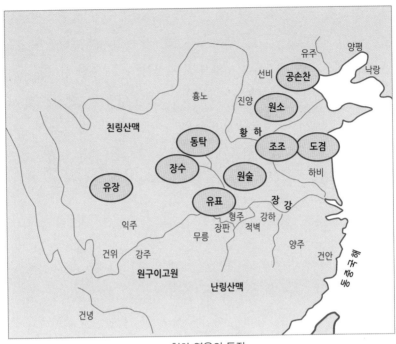

천하 영웅의 등장

고 떠돌던 관우, 시장판에서 소, 돼지를 잡아 팔던 장비. 이렇게 셋은 의기투합했고 시장 뒤편의 복숭아밭에 모여 천지신명께 고한 후 형제의 의를 맺습니다.

"이제 우리 세 사람은 마음을 합쳐 환란과 위기의 나라를 구하며 위로는 나라에 보답하고 아래로는 백성을 안정시킨다. 같은 해 같은 달 같은 날에 태어나지는 못했지만 같은 해 같은 달 같은 날에 죽기를 원하노라."

실제 세 사람이 모여 이런 결의형제를 맺었을까요? 역사 기록에 따르면 이들은 군신 관계를 유지하면서도 침구를 같이 쓸 정도로 형제처럼 가깝게 지냈다고 합니다. 정확한 사실은 알 수 없지만 도원결의는 오랜 시간 세 사람이 생사를 같이하게 된 시작점으로 중요한 위치를 차지하게 되는데요. 전국시대부터 이어져 온 고유의 의협 풍조에 따르면 사나이들의 맹세는 필수였습니다. 나관중이 소설 〈삼국지〉를 쓰던 원나라 말기, 곳곳에서 일어난 반원운동 및 농민 봉기는 대부분 결의 형식으로 조직되었는데요. 이런 때에 도원결의는 맹세의 모범 사례가 되었던 것입니다.

유비의 주장에 따르면 자신은 서한 6대 황제인 경제의 아홉 번째 아들인 중산정왕中山靖王 유승의 후예였습니다. 그의 집안은 유승으로부터 300여 년이 지났고, 유비는 어려서 아버지를 잃었기에 어머니와 함께 돗자리를 팔며 생계를 꾸렸습니다. 비록 황가의 집안이었지만 몰락했으므로 내세울 것이 없었죠. 훗날 동한 황제 헌제를 만났을 때 황숙이라는 호칭으로 불렸지만 실제 촌수를 따져보면 딱 맞지는 않습니다. 헌제보다는 유비를 높이기 위한 소설적 구성의 하나였겠죠. 노식의 제자가 되어 공손찬과 동문수학했다는데, 얼마나 많이 배웠을지는 의문이기도 합니다. 유비가 글 읽는 것을 그리 즐기지 않았다고 하거든요. 그가 가진 가장 중요한 힘은 바로 황족 출신의 우월한 혈통이었고, 이것이 공손찬을 비롯한 여러 사람들이 그를 적극 도와주는 중요한 근거가 되었던 건 분명합니다.

세상이 어지러워지면 백성의 삶은 고단해지지만 큰 꿈을 가진 영웅들에게는 기회가 되기도 합니다. 황족의 후예였지만 집안을 일으키지 못하고 이렇다 할 터전도 없던 유비에게 의병을 모집한다는 소식은 하나의 희망이었습니다. 하지만 혼자서는 어려울 터, 친하게 지내던 시장 상인 장비와 이야기를 나누게 됩니다. 장비는 대대로 탁군에 살면서 꽤 넓은 농지를 갖고 있었고 천하 호걸들과 폭넓은 교류가 있었습니다. 한쪽은 황실의 방계 종친으로 대업을 이루겠다는 포부는 있었으나 재물이 부족했고, 한쪽은 포부는 크지 않았으나 꽤 큰 부를 일군 상태였습니다. 이렇게 둘의 마음이 통하던 사이 변방 출신이면서 체격이 당당한 한 사람을 만나게 됩니다. 그는 고향에서 의협심을 발휘하다 사람을 죽여 도망 다니던 관우였습니다. 그는 오늘날 산서성山西省 운성현 출신이었는데, 그의 고향 후대인들은 그를 재물신으로 모실 만큼 큰 역할을 합니다. 그곳에는 소금이 생산되는 큰 호수가 있었고 지역 상인들은 이 덕분에 큰돈을 벌게 됩니다.

셋이 모여 이야기를 나눠보니 한실 종친이라는 정치적 자원, 장비가 가진 물질적 자본, 그리고 힘과 의리를 갖춘 관우라는 인물. 이 정도면 나라를 위해 큰일을 할 수 있겠다는 결론을 내릴 수 있었겠지요. 그렇게 마음을 맞춘 세 사람은 중산中山의 대상인이었던 장세평張世平과 소쌍蘇雙을 찾아갔고 그들에게서 투자를 받아 말과 무기를 준비했습니다. 무기를 스스로 마련해 전쟁에 참여하는 게 당연했던 시절, 돈이 없으면 맨몸으로 갈 수밖에 없습니다. 그러면 영웅은커녕 말단 군사로밖에는 역할을 할 수 없었죠. 하지만 주변 사람들은 세 사람의 가능성을 좋게 본 모양입니다. 상인들은 유비에게 좋은 말 50필, 금은 500량, 철 1천 근을 군자금으로 제공했는데요. 그렇게 해서 유비는 작은 무리의 지도자가 되어 의병을 조직할 수 있었습니다. 또한 유비는 쌍고검雙股劍, 관우는 청룡언월도靑龍偃月刀, 장비는 장팔사모丈八蛇矛라는 고유 무기를 갖게 됩니다. 그리고 가장 값비싼 말을 구입하고 지역의 젊은 장정 수백 명을 모아 유언(劉焉, ?~194)의 휘하로 들어갔습니다. 때마침 황건군이 탁군으로 쳐들어오자 그들을 물리치게 됩니다.

관우의 청룡언월도는 없다(?)

무게가 82근이나 나갔다는 청룡언월도는 실제 존재한 무기였을까? 이는 동한시대에는 존재하지 않았으며 후대 명나라 시대 무기였다. 「촉서-관우전」을 보면 '칼 도刀'는 나오지 않는다. 관우가 등장하는 여러 장면에서 그는 늘 찌르는 무기를 썼다는 것을 알 수 있다. 예를 들면 관우가 백마성 전투에서 안량을 공격했을 때, 안량의 깃발과 병사들 무리를 바라본 후 안량을 찌르고는 그의 머리를 베어 돌아왔다. 그러니까 먼저 찔러 죽인 후 작은 칼로 목을 베었다는 것을 알 수 있다. 조조가 잘 해준 데 대한 은혜를 충분히 갚을 만큼 대단한 무공이었다.

역사가들의 연구에서도 관우가 사용했다는 무기는 당시에 존재하지 않았다. 진한 시대를 통틀어 가장 범용적인 무기는 모矛나 극戟이었다. 모는 일반적인 창을 의미하고 쌍날이 되면 과戈 라고 불렀다. 극은 모와 과 양쪽의 장점만을 취한 병기로, 상나라 때 출현하여 주나라에 이르러 많이 이용되었다. 그리하여 극은 전국 시대, 진秦, 한, 삼국 시대, 진晉 시대에 크게 유행하여 가장 표준적인 무기로 자리 잡았다. 그러니까 삼국시대 대부분의 병장기는 모나 과였고, 이것이 조금 발전된 극을 썼다. 장비의 무기였던 장팔사모는 실제 존재했던 무기였다.

또한 관우는 유비와 함께 지낼 때 마궁수의 위치에 있었다. 말을 타고 싸우는 장수였다는 말이다. 당시까지 아직 등자(안장 아래 발을 받치는 발받침)가 발명되지 않은 상황이었기에 강력한 허벅지로 말에서 떨어지지 않도록 조이고, 한손으로는 말고삐를 쥐어야 했고 다른 한손으로는 창을 쥐어야 했다. 그러니 무거운 무기인 청룡언월도를 쥐고 싸운다는 것은 현실적으로 불가능하다. 삼국지에 관한 그림에서 보면 관우는 청룡언월도가 무거운지 언제나 두 손으로 쥐고 싸우는 것으로 나온다. 실제로는 이것이 불가능했다는 이야기다.

청룡언월도는 명나라 때 제작된 무기이나, 실제 전투 현장에서는 쓰이지 못했다고 한다. 폼 나고 멋있게 생겼기에 관중을 앞에 두고 웅장하게 보이기 위한 장식용으로 만든 것이지, 실제로는 사용하기 어려웠다는 이야기다. 그렇다면 왜 관우가 청룡언월도를 가졌다고 되어 있을까? 당연히 삼국지 주인공으로서의 풍모를 유지하기 위한 설정으로, 장비가 사용한 모, 조운이 쓴 창과 대비를 이루어 멋있는 장면을 만들 수 있었기 때문이다. 관우라는 천하의 명장이 아무도 쓸 수 없는 무게 82근짜리 청룡언월도를 휘두르는 모습! 멋지지 않은가? 소설이니 얼마든지 가능한 것이다.

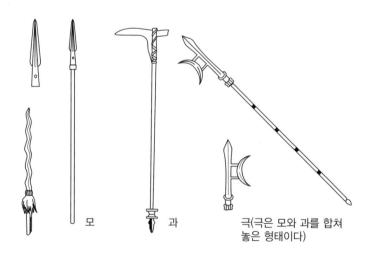

모   과   극(극은 모와 과를 합쳐
              놓은 형태이다)

승부사 조조의 도망

동탁이 천자를 옹립하고 천하를 호령하고 있다는 소식이 퍼지자 지역의 군벌들은 이를 그냥 두고 볼 수 없었습니다. 특히 조정에 근무하다 동탁의 살해 위협을 뚫고 도망친 조조가 가장 적극적이었는데요. 조정에 있을 당시 동탁이 조조를 효기교위로 임명했는데, 조조는 사도 왕윤에게 칠보도七寶刀를 빌려 자신이 직접 동탁을 찔러 죽이겠다고 호언장담합니다. 그리고 동탁의 처소에 들어가 칼로 찌르려 했지만 여의치 않자 그 즉시 칠보도를 무릎 아래로 내려놓으며 동탁에게 바치려 했다는 연기를 펼쳤습니다. 죽음의 위기를 모면한 조조는 곧장 물러나 낙양에서 동쪽으로 도망쳤습니다.

동탁은 조조가 자신을 시해하려 했다는 것을 알게 되자 즉시 체포령을 내려 조조를 쫓았습니다. 이때 조조가 만났던 인물이 중모현 현령 진궁이었습니다. 그도 내심 정권을 탈취한 동탁을 미워하고 있었기에 잡았던 조조를 풀어주고 자신도 함께 도망칩니다. 말하자면 편안한 벼슬길을 버리고 조조를 따랐던 겁니다. 진궁은 왜 그랬을까요? 대의명분을 중시한 조조의 인품에 감탄해서일까요? 하지만 그는 훗날 조조를 버리게 되는데요. 소설에서는 조조가 아버지의 친구 여백사와 그 일가를 살해한 사건 때문이라고 합니다.

이때 조조는 "내가 세상을 버리게 될지라도 세상 사람들이 나를 버리지 않도록 하겠다."는 말을 남깁니다. 조조를 떠난 진궁은 애석하게도 무능한 여포의 책사가 되어 여러 계책을 올렸지만 제대로 쓰이지 못하고 죽습니다. 순욱이나 곽가 등 조조에 의탁했던 인물들은 조조를 믿고 따를 만한 사람이라고 여겼던 반면 진궁은 그를 버렸습니다. 그는 왜 조조를 버리고 여포를 선택했을까요? 정확한 이유는 알려지지 않지만 독특한 진궁의 주군선택법을 보는 것도 〈삼국지〉를 읽는 재미가 아닐까 싶습니다.

그렇게 도망친 조조는 진류(하남성 개봉시 동남쪽)에서 세력을 만들기 시작했습니다. 우선 지역 부호였던 위홍에게서 투자를 받았는데, 위홍은 원래 3천의 병력을 갖고 있었습니다. 그러다 조조가 이곳으로 오자 "이 사람은 반드시 천하를 평정할 것이다."라고 말하며 가재를 털어 그를 지원했고 병력도 제공합니다. 또한 조조는 집안 재산을 정리해 말을 사고 일대의 젊은이들을 병사로 추가 모집했습니다. 덕분에 조조는 처음으로 5천의 병력을 가질 수 있었는데요. 그리고 하후돈과 하후연 형제, 조인과 조홍 등 친족들도 조조를 지원하는 장수가 되었습니다. 예나 지금이나 군사력이란 자본력에서부터 출발하는 것입니다. 본래 부자였던 조조는 아버지 조숭의 금전적 지원과 함께 위홍에게서 자금을 투자받음으로써 창업의 출발이 매우 좋았던 것이죠.

이렇게 자금과 병력이 준비되자 조조는 천자의 이름으로 거짓 조서를 꾸며 여러 군벌들에게 보냈습니다. 낙양에 집결해 동탁을 물리치고 나라를 구하자고 말이지요. 그러자 원소, 원술, 공손찬, 손견 등 18로의 제후들이 화답해 각자 군사를 이끌고 낙양으로 이동했습니다. 이때 조조는 하북의 원소를 맹주로 삼는데요. 원소는 사세삼공四世三公* 집안 출신으로 그 어떤 군벌보다 지위가 높았고 세력도 컸기에 맹주가 될 만했기 때문입니다. 조조는 여기서 총무 역할을 맡았습니다. 이들은 모두 동

---

* 4대에 걸쳐 삼공벼슬을 했다는 뜻이다. 동한시대의 삼공이란 사도司徒, 사마司馬, 사공司空으로 구성된 최고위직으로 삼사三司라고도 불렀다.

관 동쪽에 있었기 때문에 관동군關東軍으로, 동탁의 부대는 서북군西北軍으로 불렸습니다. 관동군은 우선 피를 함께 마시며 혈맹을 다짐하는 한편 손견을 선봉으로 삼고 낙양 부근 사수관汜水關으로 향했습니다.

동탁 토벌군, 소설에는 18제후 정사에는 12제후

소설에서는 거짓 조서를 보낸 조조의 호소에 응해 여러 군벌들이 호응한 것으로 나온다. 이는 조조를 추켜세우기 위해 만든 것으로 보이는데, 당시 조조는 영향력 있는 인물이 아니었다. 그의 신분이 높은 것도 아니었고 동탁의 조정에서 높은 벼슬을 한 것도 아니었다. 조조는 동탁 암살에 가담해 도망치던 신세였으며, 지역적 기반도 없는 그저 미래가 밝은 청년장수에 지나지 않았다. 기주목 한복이나 원소와 비교해 봐도 격이 낮은 상태였다. 그러니 조조의 호소에 제후들이 응했다는 것은 현실적이지 않다.

또한 18로 제후들이 동탁 토벌군이나 관동군에 참가한 것으로 나오지만, 정사에서는 12로만 등장한다. 나관중은 유비와 관우, 장비를 부각시키기 위해 유주의 공손찬을 포함시켰다. 또 참전은 했지만 전군이 연합해서 싸운 것도 아니었다. 직접적으로 동탁군과 싸웠다는 기록이 있는 것은 왕광, 포신, 손견, 조조 4명뿐이다. 원소를 비롯해 대다수 군벌들은 동탁과의 싸움을 두려워해 서로 눈치만 보았다. 그럴 수밖에 없는 것이 동탁이나 자기들이나 별 차이 없는 군벌의 하나일 뿐인데 목숨 걸고 싸워야 할 이유가 없었기 때문이다. 또한 원소는 기주목 한복이 군량 공급을 끊어버리는 바람에 제대로 싸울 수도 없었다. 말하자면 제 코가 석자였던 것이다.

정사에 나오는 동탁 토벌군

원술, 한복, 공주, 유대, 왕광, 원소, 장막, 교모, 원유, 포신, 조조
(「위서-무제기」에 나온다.)

소설에 나오는 동탁 토벌군

원술, 한복, 공주, 유대, 왕광, 원소, 장막, 교모, 원유, 포신, 공융, 장초, 도겸, 마등, 공손찬, 장양, 손견, 조조

장초 – 장홍전에 형 장막과 함께 참여한 기록이 있다.

손견 – 원술의 수하에서 싸웠지만 소설에서는 동등한 위치로 격을 높였다.

유표 – 관동군에 참가했지만 소설에서는 참가하지 않은 것으로 변경되었다.

여포와 유관장 삼형제의 첫대결

동탁과 관동군 간의 싸움은 소설 〈삼국지〉에서 아주 재밌는 두 번의 장면을 연출했는데요. 첫 번째는 사수관에서 관우가 동탁의 부장 화웅을 해치우는 것이고, 또 하나는 호뢰관에서 여포와 유관장 삼형제가 대결하는 장면입니다. 첫 싸움에 등장한 화웅은 무용이 대단한 장수였습니다. 그는 관동군이 보낸 포신의 아우 포충, 손견의 부하 조무, 원술의 부장 유섭 등을 차례로 베었습니다. 의기양양해진 화웅이 계속 도발하자 원소를 비롯한 군웅들은 조바심을 냈고 이때 공손찬 휘하에 있던 관우가 출병을 자원했습니다. 그러나 관동군 총대장 원소는 관우가 일개 마궁수에 불과하다는 이유로 출진을 허락하지 않습니다. 여러 군웅들의 논란 끝에 조조의 강력지원으로 관우는 화웅을 베러 출진했습니다.

자신의 상징무기 청룡언월도를 꼬나들고 말을 박차고 달려간 관우, 이런 때 무협지를 읽어본 사람이라면 흔한 장면을 상상하게 됩니다. '두 장수가 사오십 합을 싸웠으나 승부가 나지 않는다.'가 일반적인 경합의 모습이었습니다만, 관우가 청룡언월도를 한번 휘두르니 화웅의 목이 뎅강 하고 잘려나갔습니다. 관우는 화웅의 수급을 들고 보무도 당당하게 돌아옵니다. 이때 장수가 출진하기 전에 데운 술을 주는 관행에 따라 조조가 관우에게 술을 따라주었는데, 관우는 이를 마다하고 떠났습니다. 화웅 따위에 술까지 필요하냐고 말이지요. 그리고 관우가 돌아온 뒤 따라주었던 술을 만져보니 아직도 식지 않았더랍니다. 관우가 얼마나 간단하게 화웅을 해치웠는지 알려주는 소설적 장치였습니다.

믿었던 장수 화웅의 목이 달아나자 동탁은 낙양에 남아 있던 원씨 집안의 가솔들을 모조리 살해했습니다. 그리고 20만 대군을 이끌고 호뢰관으로 이동해 관동군과 다시 대치했습니다. 이때 활약한 장수가 바로 동탁이 신뢰하는 여포였는데요. 여포와의 싸움은 유관장 삼형제의 본격적 데뷔 무대였습니다. 여포는 혼자 만 명을 당해낼 수 있다는 장수였습니다. 그가 나서서 관동군을 도발하자 먼저 공손찬이 나섰는데 점점 여포에게 밀리자 이때 장비가 공손찬을 대신해 싸움에 나섭니다. 장비도 꽤 싸움을 잘 하는 이였지만 여포와 장비 두 사람의 차이는 타고 다니던 말에 있었습니다. 여포가 탄 적토마의 기세에 눌린 장비의 말이 비틀거리자 관우가 도우러 나섭니다. 하지만 여포가 관우, 장비와의 2 : 1 싸움에서도 밀리지 않고 버티자 유비까지 등장합니다. 삼형제가 공격하자 더이상 견디지 못한 여포는 말머리를 돌려 자기 진영으로 달아났습니다. 천하무적 여포 한 사람이 유관장 삼형제와 3 : 1로 싸웠던 것이죠.

화웅과 관우의 싸움, 여포와 유관장 삼형제의 대결은 소설에만 등장합니다. 사서에는 화웅을 물리친 사람은 원술의 부장이었던 손견이라고 기록되어 있습니다. 실제 역사에서 유관장 삼형제는 동탁과 군벌들의 대결에 참여하지 않았습니다. 하지만 화웅과의 일대일 대결에 관우를 내세운 것은 관우를 주인공으로 치켜세우기 위한 나관중의 묘사였던 것이죠. 관동군과 서북군은 사실 제대로 싸우지도 않았습니다. 원소를 비롯한 관동군의 입장에서는 동탁과 피를 흘리며 치열하게 싸워야 할 이유가 별로 없었기 때문입니다. 괜히 나섰다가 자신의 군사력이 손실을 입는다면? 천하를 어지럽히는 동탁이 마음에 들지 않아도 자신의 세력을 보존해 다음을 기약하는 게 더 좋겠다는 생각이었던 것이죠.

하지만 조조의 생각과 입장은 다른 이들과 달랐습니다. 자신의 전 재산을 투자했고 위홍에게 투자를 받아 거병했으니 어떤 가시적 결과를 얻어야 했던 것입니다. 그래서 어쩔 수 없이 단독으로 동탁의 뒤를 쫓았으나 동탁의 매복에 걸려 하마터면 여포와 서영의 군사에게 목숨을 잃을 뻔했습니다. 결국 아무것도 얻지 못한 채 관동군은 해체되었고, 동탁은 낙양을 불태운 뒤 천자와 백성들을 데리고 서쪽으로 이동해 장안에 자리 잡았습니다. 동탁은 그곳에서 자신의 권력기반을 다질 속셈이었던 것입니다.

당시 장수들은 일대일 격투를 했나?

호뢰관과 사수관에서는 화웅을 비롯한 여러 장수들이 일대일로 겨룬다. 그리고 장수의 대결 결과에 따라 승패가 갈리기도 한다. 다윗과 골리앗이 대결을 벌였던 팔레스타인 계곡의 전투에서도 그렇다. 과연 실제 전투에서도 이렇게 장수들이 힘을 겨루었을까? 우리는 영화나 드라마를 통해 장수들의 액션 장면을 자주 보기 때문에 현실에서도 그렇게 했던 것으로 생각하기 쉽다. 하지만 이는 소설이나 영화에 재미를 주기 위한 장치일 뿐!

실제 전투에서 장수들은 뒤편에서 지휘를 할 뿐 앞에 나서지 않았다. 관우가 백마전투에서 안량의 목을 베어오긴 했지만 그건 혼전 중 얻은 전과였지 일대일 대결을 했기 때문은 아니었다. 만약 장수가 앞장서서 싸움에 임한다면 적군의 표적이 되기 쉽다. 말을 타고 있으면 눈에 보이는 과녁이 되어 화살세례를 받을 수 있고, 만약 그렇게 되면 지휘자의 부재로 인해 전투에 질 가능성이 높다. 또한 병사들도 혼자서 창칼을 휘두르며 싸우지 않았고 밀집대형을 만들어 세勢 대결을 하는 것이 일반적이었다.

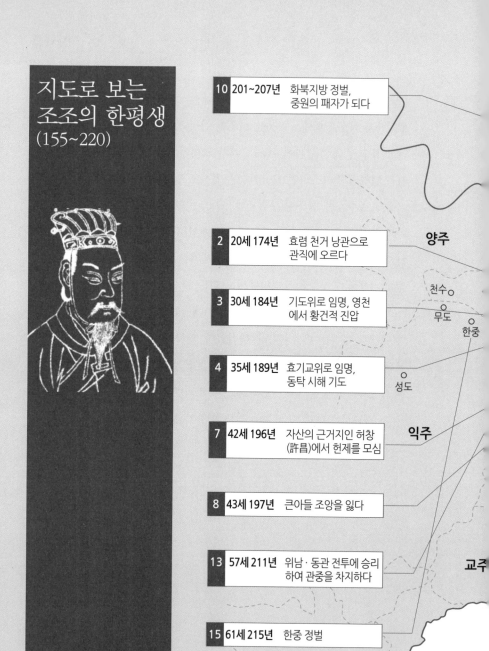

지도로 보는
조조의 한평생
(155~220)

10 | 201~207년 화북지방 정벌,
              중원의 패자가 되다

2 | 20세 174년 효렴 천거 낭관으로
              관직에 오르다

3 | 30세 184년 기도위로 임명, 영천
              에서 황건적 진압

4 | 35세 189년 효기교위로 임명,
              동탁 시해 기도

7 | 42세 196년 자산의 근거지인 허창
              (許昌)에서 헌제를 모심

8 | 43세 197년 큰아들 조앙을 잃다

13 | 57세 211년 위남 · 동관 전투에 승리
               하여 관중을 차지하다

15 | 61세 215년 한중 정벌

양주

천수○
    ○
  무도
        ○
      한중

○
성도

익주

교주

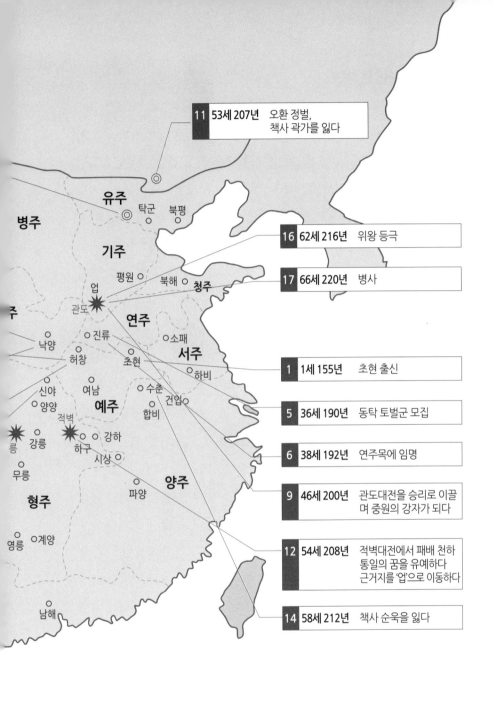

11 53세 207년 　오환 정벌,
　　　　　　　　책사 곽가를 잃다

유주
탁군　북평
병주
기주
평원 ○　북해 ○ 청주

16 62세 216년 　위왕 등극

17 66세 220년 　병사

업
관도
연주
진류　○소패
낙양　　　　　서주
허창　초현
　　　　　○하비

1 1세 155년 　초현 출신

신야　여남　○수춘
양양　예주　건업
적벽　　합비

5 36세 190년 　동탁 토벌군 모집

릉　강릉　강하
무릉　하구
시상 ○
파양　양주

6 38세 192년 　연주목에 임명

형주

영릉　○계양

9 46세 200년 　관도대전을 승리로 이끌
　　　　　　　　며 중원의 강자가 되다

남해

12 54세 208년 　적벽대전에서 패배 천하
　　　　　　　　통일의 꿈을 유예하다
　　　　　　　　근거지를 '업'으로 이동하다

14 58세 212년 　책사 순욱을 잃다

배신의 아이콘 여포

소설 〈삼국지〉에는 많은 여인들이 등장하지만 그 중에서도 초선이 가장 큰 관심을 받습니다. 초선은 역사에 기록되지 않은 가공인물입니다. 난세에 벌어지는 전쟁터는 주로 남자들의 무대입니다. 하지만 이것이 소설로, 영화로, 그리고 드라마로 만들어지려면 선과 악, 사랑과 배신 등 재미있는 구도가 필수인데요. 비록 역사 기록에는 없더라도 가공의 인물과 사건을 만들어 배치시키면 재미가 있습니다. 특히 외모가 아름다운 여인은 드라마틱한 사건 전개를 위해 필수로 존재해야 합니다. 월나라 서시나 당나라 양귀비처럼 역사기록에 등장하는 실제 인물이라면 그들의 행적을 좀더 과장할 필요가 있는 것이죠.

'마중적토馬中赤兎 인중여포人中呂布'라는 말이 있습니다. '최고의 말은 적토마이고 여포는 사람 중 최고'라는 뜻이죠. 여포는 원래 병주 오원군 구원현 사람인데, 이곳은 오늘날 내몽골자치구 포두시입니다. 그러니까 양치고 말 타는 유목민의 땅이었고 강한 전투력을 익힐 수 있는 좋은 환경이었습니다. 여포는 어려서부터 양을 키우면서 말을 타고 늑대를 쫓는 과정에서 자연스럽게 무공을 익혔던 겁니다. 앞서 호뢰관 전투에서 유비, 관우, 장비 세 사람과 3 : 1로 싸워 지지 않을 정도였지요. 하지만 그는 자신의 실력을 제대로 살리지 못했습니다. 뛰어난 능력을 가졌음에도 처신을 잘못함으로써 기회를 살리지 못한, 〈삼국지〉에서 가장 닮지 말아야 할 인물이 되었습니다.

우선 여포는 처신이 올바르지 못했습니다. 처음에는 정원의 수하로 시작했지만 그를 배신하고 동탁에게로 갔다가 다시 원소에게로, 그리고 유비에게로 갔습니다. 〈삼국지〉에 등장하는 많은 이들처럼 주군을 바꿀 수는 있습니다. 조조의 책사 가후도 그랬고, 유비도 젊어서 수없이 많은 주군을 선택했다가 또 떠나고 했지요. 난세에 살아남기 위해서는 어쩔 수 없었던 것입니다. 이렇게 주군을 바꾼 사람은 많았지만 여포같이 모셨던 주군을 살해하는 만행을 저지른 사람은 없었습니다. 또한 그의 수하에는 장료, 고순 같은 맹장과 진궁 등의 책사가 있었지만 그들을 잘 활용하지도 못했던 거죠. 결국 여포는 조조의 손에 비극적 최후를 맞게 됩니다.

먼저 그의 재능을 알아보고 기용한 사람은 병주자사 정원이었습니다. 그는 여포를 얼마나 사랑했던지 의붓아들로 삼고 가까이 두었습니다. 이때 동탁이 헌제를 옹립하고 권력을 쥐는 일이 벌어졌고, 그래서 정원도 낙양 근처로 이동했는데요. 이때 동탁은 정원이 데리고 있던 여포에게 관심을 갖습니다. 그의 뛰어난 무용이 탐났던 것이죠. 또한 정원이 데리고 있던 부대도 욕심이 났습니다. 결국 동탁은 여포에게 보석과 적토마를 준다고 꾀어 주군인 정원을 죽이고 자신에게 오도록 설득했습니다. 결국 여포는 양아버지를 죽이고 동탁에게 납작 엎드려 인사를 올렸는데요.

"공께서 싫지 않으시다면 이 몸을 양아들로 삼아주십시오. 충성을 바치겠습니다."

사실 적토마 하나 때문에 주군을 배신한다는 것은 조금 무리한 설정 같습니다. 정원보다는 정권을 잡고 있는 동탁에게 가는 것이 자신의 미래에 더 좋을 것으로 보지 않았을까요? 정원의 죽음과 함께 휘하 병사들도 자신의 것이 되니까 말입니다. 결국 여포는 정원을 죽이고 동탁에게로 귀순했고, 여포는 기도위가 되어 동탁을 근접 경호하는 임무를 맡습니다.

그로부터 3년 뒤, 장안에서 왕윤*의 유혹에 넘어간 여포는 동탁을 살해하게 되는데요. 정원을 죽일 때에는 적토마가 있었는데 이번에는 어떤 이야기가 숨어 있을까요? 바로 여인 초선과의 인연입니다. 초선은 원래 사도 왕윤이 데리고 있던 기생으로 빼어난 외모를 지니고 있었습니다. 또한 그녀는 외모뿐만 아니라 지혜롭고 영특한 여인이었습니다. 어느 날 왕윤은 궁에서 퇴청한 뒤 동탁의 극악무도한 행태를 되짚으며 고민하고 있었습니다. 무엇인가 방책이 없을까 생각하고 있었던 겁니다. 이때 그는 초선의 아름다운 외모를 떠올렸습니다. 그녀를 잘 이용한다면 충분히 자신의 목적을 달성할 수 있겠다는 생각이 들었습니다. 동탁을 제거할 수 있는, 미인계로 활용할 만한 가치를 보았던 거죠.

당시 동탁은 늙고 교활해서 쉽게 다루기 어려웠습니다. 더구나 그의 곁에는 큰 눈을 부라리며 지키는 양아들 여포가 있었기에 가까이 다가갈 수 없었죠. 두 사람 모두 여색을 밝힌다는 것에 주목한 왕윤은 초선을 이용해 동탁과 여포를 이간질할 수 있겠다는 전략을 생각하게 됩니다. 우선 마음이 통하던 여포를 집에 초청해 초선을 보여주며 원하면 언제든지 주겠다는 약속을 합니다. 여포에게 그렇게 말해놓고는 초선을 동탁에게 주어버렸습니다. 어느 날 동탁의 집에서 초선을 발견한 여포는 무척 화가 났지요. 그때 초선이 다가와서 그의 마음에 불을 질렀습니다. 그녀의 마음은 여포에게 있는데 억지로 동탁의 첩이 된 신세라고 한탄하면서 말이지요. 이 장면을 마침 동탁이 발견했고, 성깔 있던 동탁은 여포에게 방천화극을 던집니다.

이 사건으로 여포의 마음은 동탁에게서 떠나고 맙니다. 정원을 죽이면서까지 충성했고 양아버지로 애써서 모셔봤자 별 이득도 없다는 생각을 하게 된 것이죠. 마침 왕윤의 설득에 넘어간 여포는 동탁을 살해하게 됩니다. 이로써 초선은 왕윤의 계책을 성공시켜 새로운 시대를 만드는 데 큰 역할을 하게 된 것입니다. 이때 초선의 활약이 돋보였습니다. 단순한 인간 여포의 마음이 흔들릴 수 있도록 재치를 발휘했던 겁니다.

그 후 초선의 운명은 어떻게 되었을까요? 초선이 절세미인이고 남녀 간의 사랑 이야기는 늘 사람들의 관심을 받는데 여기서 끝날 수 없겠죠? 여포의 첩이 된 초선은 그가 하비성에서 조조에게 붙잡혔을 때 함께 포로가 되었습니다. 그렇다면 예쁜 여자라면 사족을 못 쓰는 조조가 초선을 차지했을까요? 조조를 나쁜 인간의 전형으로 그린 소설에서 조조에게 좋은 일을 시키면 독자들이 좋아하지 않을 겁니다. 그래서 조조는 그녀를 유관장 삼형제를 이간질하는 데 활용합니다. 때문에 이들 삼형제조차도 초선을 서로 차지하려고 은밀히 경쟁했고, 조조의 잔꾀라는 것을 알게 된 의리의 화신 관우는 그녀를 달빛 아래에서 참수합니다. 그 이야기가 〈관공월하참초선關公月下斬貂嬋〉이란 원곡(元曲, 원나라 때 희곡)의 줄거리가 되었답니다.

* **왕윤**(王允, 137~192)
산서 기현(祁縣) 사람. 사도를 맡았으며 여포와 모의하여 동탁을 죽였으나, 이후 동탁의 부장에게 죽임을 당함.

여포는 왜 동탁을 버렸을까?

초선은 서시, 왕소군 그리고 양귀비와 더불어 고대 4대 미인에 꼽히는 여인이다. 하지만 세 명은 실제 존재했지만 초선만은 가공의 인물이다. 왕윤의 명기名妓였다는 것도 소설 구성을 위한 나관중의 창작이다. 「위서-여포전」을 읽어보면 여포가 동탁*을 살해한 동기를 찾아낼 수 있다. 여포가 정원을 죽이고 동탁의 수하에서 수행비서로 지내는 동안 여포는 살얼음판을 걷는 것과 같았을 것이다. 성격이 불같은 동탁은 자기 마음에 들지 않으면 수시로 수극(手戟, 손으로 던지는 작은 창)을 던졌기 때문이다. 그러니 제아무리 여포라도 마음 편히 지낼 수 있겠는가? 그런데 여포는 동탁이 총애하는 시비 하나와 정을 통하고 있었다. 만약 이 사실이 동탁에게 알려지기라도 한다면?

이때 사도 왕윤은 여포가 처한 어려운 상황을 눈치챘다. 왕윤은 여포를 이용해 동탁을 처단할 기회를 만들었다. 소설가는 이 상황을 초선이라는 여인을 등장시켜 치정극으로 꾸몄다. 치졸한 암살극을 재밌는 남녀상열지사로 바꾼 것이다.

＊동탁(董卓, ?~192)
감숙 민현(岷縣) 사람. 군벌로 태사를 맡음. 정권을 전횡하고 폐립을 일삼고 태후를 시해한 난신.

동탁의 몰락

낙양을 버리고 장안으로 근거지를 옮긴 동탁은 미래를 이끌 지도자로 자리매김하지 못하는데요. 전혀 준비되지 않은 상태에서 갑자기 찾아온 기회를 살리지 못했습니다. 관중 지역을 잘 다스려 관동의 제후들을 제압하고 미래를 기약해야 하는데, 주어진 권력에 취해 눈이 멀었던 겁니다. 동탁은 푸른색 덮개와 금꽃으로 장식한 수레를 탔으며, 공경대부들도 그를 만나면 수레 아래에서 무릎을 꿇고 절해야 했습니다. 동생 동민은 좌장군이 되었고 형의 아들 동황은 시중과 중군교위가 되어 군대를 이끌었습니다. 한마디로 동씨 천하를 만들었던 거죠. 그들은 닥치는 대로 사람들을 죽였는데, 이때 억울하게 죽은 이가 1천 명이 넘었다고 합니다.

동탁은 백성들이 자신을 따르지 않는 것을 알았는지, 안전하게 거쳐할 수 있는 미오성을 쌓았습니다. 그 성의 높이는 장안성과 같았고 30년간이나 버틸 수 있는 식량도 비축했답니다. 언제든 외부의 적을 막아낼 수 있다는 자신감을 갖고 있었던 거죠. 하지만 덕을 갖추지 못한 지도자에게 진짜 적은 내부에 있게 마련입니다.

192년 4월, 헌제는 앓던 병세가 호전되어 군신들을 불러놓고 궁정에서 축하연을 벌였습니다. 제아무리 패권을 쥔 동탁이라도 이 경우에는 연회에 참석해야 했지요. 여포는 기도위 이숙을 시켜 동탁을 암살할 병사 10여 명을 모아 호위병으로 위장한 뒤 궁궐의 액문 안쪽에 숨겨두었습니다. 그리고 동탁이 궁전에 도착하자 이숙이 동탁을 향해 칼을 겨누었고, 동탁이 놀라 여포는 어디 있냐고 소리쳤습니다. 그러자 곁에 있던 여포가 말했습니다.

"그대를 죽이라는 천자의 조서가 여기 있다. 그러니 내 칼을 받으라."

동탁은 여포가 자신을 시해할 줄은 꿈에도 생각지 못했을 겁니다. 그렇게 믿었던 부하였는데 말입니다. 왕윤이 겉으로는 동탁을 잘 모시는 것처럼 행동하면서도 여포를 이간질해 동탁을 살해했던 것입니다. 동탁이 살아 있을 때 만행을 많이 해서 그랬을까요? 민심은 동탁을 떠난 지 오래였습니다. 그가 죽자 병사들은 만세를 불렀고 백성들은 길에 나와 춤을 추며 기뻐했답니다. 이각이 그의 시신을 수습하려 할 때 벼락을 맞은 관이 쪼개졌고, 결국 그의 시체는 찢겨져 저잣거리에 버려졌습니다. 그때 어떤 자가 동탁의 배꼽에 심지를 꽂고 불을 붙였는데 그 불이 밤부터 새벽까지 탔다고 역사에 기록되어 있는데요. 아무리 배에 지방이 많다고 불이 붙겠습니까? 그만큼 동탁에 대한 민심이 나빴다는 것을 말해주는 비유라 할 수 있겠습니다.

드디어 천하를 호령하던 잔혹한 권력자가 사라졌고 사도 왕윤이 권력을 거머쥐었습니다. 그렇다면 왕윤은 통치 능력을 갖춘 인물이었을까요? 안타깝게도 왕윤도 어지러운 시대를 자신의 것으로 만들 역량이 부족한 사족일 뿐이었습니다. 동탁이 죽자 병권은 자연스럽게 그의 부장들인 이각과 곽사, 장제, 번조에게 넘어갔습니다. 만약 왕윤이 빠른 시간 안에 이들 네 사람을 조정으로 불러들여 병권을 빼앗았다면 장안의 혼란은 피할 수 있었을 겁니다. 하지만 왕윤은 독재자 동탁을 살해하는 데 급급했을 뿐, 다음 계획을 갖고 있지 않았습니다. 로마의 카이사르를 살해했던 카시우스나 양자 브루투스와 비슷한 인물이었던 겁니다. 왕윤은 그저 공부를 많이 한 서생이었을 뿐, 권력의 향배가 어떻게 흘러가는지 볼 수 있는 전략적 혜안은 없었던 것이죠.

분열하는 동탁의 잔당들

이때 〈삼국지〉 최고의 책사 중 한 사람인 가후가 등장합니다. 서량 변방지역에서 태어나 신분이 높지 않았던 가후는 여러 명의 주군을 섬긴 끝에 조조에 안착해 여러 계책을 내놨고, 천수를 누린 몇 안 되는 사람이었습니다. 부모덕을 보지는 못했지만 시대를 잘 읽는 타고난 능력으로 자신의 삶을 개척한 인물이죠. 만약 왕윤이 가후를 잘 활용했다면 어떻게 되었을까요? 물론 이때 왕윤은 가후라는 유능한 인물을 알고 있지 못했습니다. 신분이 낮았기에 왕윤은 그를 거들떠보지도 않았지요.

어쨌든 가후는 동탁이 죽은 뒤 제 목숨만 유지하려 뿔뿔이 도망치려는 네 명의 장수들을 모아놓고 이렇게 자신의 의견을 피력합니다.

"장군들은 왜 이렇게 좋은 기회를 살리지 못합니까? 왕윤과 여포는 한 몸이 아닙니다. 더구나 군사들은 당신들이 데리고 있고 만약 당신들이 협력해 장안으로 쳐들어간다면 동탁의 원수를 갚을 수 있을 겁니다. 일이 잘되면 조정을 받들어 천하를 잡을 수 있고, 잘못된다면 그때 도망쳐도 늦지 않을 것입니다."

가후의 설득에 네 사람은 군대를 이끌고 장안으로 공격해 들어갔습니다. 결국 장안을 지키던 여포는 네 사람이 이끌고 온 군사력을 이겨내지 못했고, 겨우 백여 기의 병력만을 이끌고 동관을 나서야 했습니다. 장안성이 함락되자 왕윤은 피살되었고 조정은 이각과 곽사의 세상이 되었습니다. 이각은 스스로 대사마가 되었고 곽사는 대장군이 되었습니다. 하지만 두 사람도 천하의 주인공이 되기에는 역량이 모자랐는데요.

두 사람이 천재 책사 가후의 말을 잘 경청했더라면 더 좋은 결과물을 만들 수도 있었을 텐데 그러지 못했습니다. 그저 작은 무리만을 이끌 수 있는 능력을 가진 서량의 장수였던 두 사람에게 거대권력은 걸맞지 않은 옷이었지요. 결국 둘은 주도권을 두고 장안성 내에서 전투를 벌였고 도시는 살육의 현장이 되어버렸습니다.

이때 장제라는 인물의 행동도 천하의 변동에 기여했습니다. 그는 군사를 이끌고 장안으로 와서 헌제에게 표를 올려 홍농으로 이동할 것을 청했습니다. 고향으로 돌아가길 간절히 원했던 헌제는 기뻐하며 장제를 표기장군에 임명했는데요. 홍농은 장안과 낙양의 중간에 있는 장소였으니 낙양으로 가고 싶었던 헌제는 장제의 이 제안에 아주 기뻤던 거죠. 덕분에 헌제는 장안을 떠날 수 있었는데, 장제가 헌제를 홍농으로 보낸 것은 장안을 혼자 차지하려는 욕심에서였습니다. 떠나는 헌제를 호위하는 군사도 딸려 보내지 않았고, 그의 그릇으로는 헌제라는 거물을 잡아 천하를 호령한다는 생각에 미치지 못했습니다. 훗날 장제는 남양에서 원술과 싸우다 죽었고, 그의 조카 장수는 가후를 책사로 삼아 조조에게 투항하게 됩니다.

최고의 생존력 천재 가후

난세에는 주군이 신하를 고르기도 하지만 신하가 주군을 선택하기도 한다. 누굴 고르고 누굴 선택하느냐는 목숨이 걸린 중요한 일이었다. 〈삼국지〉에 등장하는 인물 중에서 생존력이 탁월했던 사람 중 한 명은 바로 가후다. 그는 여러 명의 주군을 갈아탔지만 최후에 조조를 선택하면서 만족한 결과를 얻을 수 있었고 천수를 누리기까지 했다.

서량 지역 출신인 가후는 한때 동탁의 밑에서 일했다. 그러다 동탁이 살해되자 이각과 곽사에게 의탁해 동탁의 복수를 제안했다. 하지만 두 사람이 장안 백성들을 참살하는 등 민중의 지지를 잃자 그들을 떠나 단외에게 투항했다. 평소 가후를 존경하던 단외는 지극정성으로 대접했지만 단외의 그릇이 작다고 판단되자 조조에 맞선 장수張繡에게로 떠났다. 그리고 장수를 설득해 조조와 손을 잡으라고 했다. 장수가 부대를 이끌고 투항하자 조조는 크게 기뻐하며 사돈관계를 맺었고, 가후는 조조의 오른팔이 되어 수많은 공을 세웠다.

주군을 수없이 많이 바꾸었지만 가후는 자신이 외부에서 영입된 인물이라는 것을 잊지 않았다. 또한 조조의 큰아들 조앙이 장수의 손에 죽게 된 사건도 결코 잊지 않았다. 그래서 그는 늘 처신을 조심했다. 항상 신중하게 움직였고 자식들의 혼사가 있을 때에도 밖에 알리지 않고 조용히 치르곤 했다. 명문가 집안과는 사돈을 맺지 않는다는 철칙을 지킨 것은 물론이다. 이러한 처신 덕분에 그는 77세의 나이에 자신의 집에서 편안히 숨을 거둘 수 있었다.

군벌들의 쟁투

세상물정 모르는 귀공자 원술

동탁을 토벌하기 위해 모였다지만 관동군의 실제 목적은 동탁이 주살한 원씨 일가의 원수를 갚기 위해서였습니다. 원소가 주장하여 낙양에 들어왔고 그로 인해 정권을 잡을 수 있었는데도 불구하고 동탁은 낙양에 있던 원씨 일족을 모두 죽였던 것이죠. 그런데 관동군은 리더격인 원소와 원술로 인해 두 파로 나뉠 수밖에 없었는데요. 원소를 중심으로 한 하북군과 원술을 리더로 한 하남군으로 말입니다. 두 사람은 배다른 형제인데다 평소 사이가 좋지 않았습니다. 원소가 연장자였지만 서얼 출신인 데 비해 원술은 적장자였기 때문이지요. 원술은 툭하면 원소가 집안의 노비이며 원씨도 아니라고 비방했다는데요. 같은 집안 출신끼리 협력하지는 못할망정 서로 비방하는 모습을 보면 지도자로 설 그릇은 아니었다는 생각이 듭니다. 당연히 그들 주위에 있던 사람들도 그렇게 볼 수밖에 없었겠지요.

원술은 어려서부터 위세 높은 집안의 힘으로 낙양의 양가집 자제들과 사냥을 즐겼으며, 일찍부터 효렴孝廉*에 천거되어 낭중으로 관직생활을 시작합니다. 점차 관위가 올라 절충교위와 서울시장격인 하남윤을 지냈고, 호분중랑장에 이르렀습니다. 동탁이 대권을 장악하자 원소는 하북으로 갔고 원술은 동탁의 영입 제의를 무시하고 남양으로 달아납니다. 이후 원소를 중심으로 관동군이 결성되자 원술도 한 축을 담당하게 되었는데, 여기에는 〈삼국지〉 최고의 무장으로 인정받던 손견의 기여가 컸습니다. 장사태수였던 손견은 원씨가의 적장자 원술을 따라 그의 부장이 되었습니다. 아무래도 독자적인 활동보다는 원술 같은 지위가 높은 사람을 따르는 게 유리했을 것입니다. 본격적으로 군벌의 대열에 들어선 원술은 손견을 예주자사 겸 파로장군으로 삼아 동탁토벌군의 선봉에 서도록 했습니다.

그런데 앞서 이야기한 것처럼 동탁토벌군은 제대로 된 싸움을 벌이지 않았습니다. 우선 상대편인 동탁이 그럴 마음이 없어 낙양을 불태우고 장안으로 떠나버렸기 때문입니다. 이 과정에서 맹주 원소와 원술은 전략상의 대립을 하게 되는데요. 원소는 동탁이 유협을 옹립해 세운 조정을 괴뢰정부로 규정하고 유주자사였던 유우를 옹립해 새로운 정부를 세우려 했습니다. 하지만 정작 유우는 원소와 기주자사 한복이 권한 황제 추대를 거절합니다. 그럴 상황이 아니며 자신이 나라를 바꿀 수 없다는 이유였습니다. 반면 원술은 동탁이 비록 천하의 나쁜 짓을 했지만 유협이 가진 천자의 자리가 잘못된 것은 아니라고 말하면서 원소와 대립했

---

* 한무제 때부터 시작된 제도로 지방관이 벼슬에 오를 사람을 추천하는데, 효렴이 되어야 벼슬을 받을 수 있었다. 효렴은 효도와 청렴함을 갖춘 인재라는 뜻이다.

습니다.

　이런 상황에 폐허가 된 낙양에 가장 먼저 들어간 이는 원술의 선봉대장 손견이었고, 그곳의 우물에서 황제 인장을 발견했습니다. 훗날 원술은 스스로 황제를 참칭하면서 손견으로부터 얻은 옥새를 활용하게 됩니다. 이 무렵 관동군은 유명무실해졌는데, 원술은 멀리 유주의 공손찬과 손을 잡았고, 반면 원소는 형주의 유표와 함께 가기로 했습니다. 말하자면 서로 원교근공遠交近攻책을 썼던 겁니다. 원술은 손견을 시켜 남쪽 형주의 유표를 치게 했는데 한때 유표가 성에 포위되기도 했습니다. 이때 유표가 성 밖으로 내보낸 별동대를 쫓다 너무 깊이 추격하는 바람에 손견은 위기를 초래합니다. 결국 손견은 황조가 이끄는 군사들의 역공을 받아 사망하고 맙니다. 맹장 손견이 죽자 전세는 역전되었고 원술은 남양에서의 기반마저 잃고 회남으로 쫓겨가야 했는데요. 원술의 무리한 수탈로 인해 민심이 돌아선 것도 쫓겨간 원인 중 하나였습니다.

　회남 지역에서 자리를 잡자 원술은 스스로 천자임을 선언하는데 무슨 배짱이었는지 알 수가 없습니다. 한마디로 세상물정 모르는 명문가 출신의 허세였다고 할 수 있겠습니다. 옥새를 가졌으니 천자라도 된 양 생각했던 걸까요? 결국 이것이 원술의 몰락을 재촉했습니다.

　195년 겨울, 헌제 유협이 장안에서 탈출해 낙양으로 가고 있던 즈음, 원술은 이 소식을 듣자 부장들을 소집해 말했습니다.

　"천하는 유씨의 몰락으로 들끓고 있소. 우리 가문은 4대가 모두 삼공을 지냈고 백성들이 내게 귀의하려 애쓰오. 그러니 하늘의 뜻에 순응하고 민심을 받아들이려 하는데 경들은 어찌 보오?"

하지만 신하들은 그의 이런 생뚱맞은 결심을 결사반대합니다. 주부主
簿* 염상이란 자가 이렇게 말합니다.

"옛날 주나라는 후직에서 문공까지 덕을 쌓았고, 셋으로 나뉜 나라의
둘을 다스리면서도 은나라에 복종했습니다. 그러할진대 공의 집안이 대
대로 번영했다고는 하나 주나라처럼 번성하지 못했고, 한 왕실이 비록
쇠했다고 해도 은 주왕처럼 포학하지는 않았습니다."

한마디로 택도 없으니 꿈도 꾸지 말라는 말입니다. 그러나 한번 마음
먹은 일이라면 꼭 해야만 하는 부잣집 도련님 출신 원술은 기어이 일을
저지릅니다. 2년 뒤 구강군의 태수를 회남윤으로 고쳤는데요, 이는 수
도의 장관이란 뜻입니다. 그러면서 부명을 받았다며 스스로 제위에 오
르고 백관을 두었습니다. 국호를 중仲이라 했고 천지에 제사를 드렸습니
다. 그 누구도 인정하지 않았지만 천자의 흉내를 낸 것이었죠.

그러나 천자란 혼자 외친다고 되는 건 아니겠죠? 백성을 잘살게 하고
여기서 나온 재화로 군사들을 먹이고 키워야 나라가 유지되는 진리를
그는 몰랐습니다. 그는 천자의 품위를 유지해야 한다며 후궁 수백 명을
두었던 반면 백성은 제대로 돌보지 않았습니다. 더구나 스스로 천자를
참칭했으니 주변에서 아무도 도와주지 않았고 그 결과는 뻔했습니다.
결국 원술은 중국 역사에서 가장 바보 같은 이미지를 남겼습니다. 그것
도 소설이 아닌 사서에 기록되었으니 말입니다.

* 문서와 기록을 담당했던 관직

전국옥새의 향방

천자를 상징하는 신물인 전국옥새는 진시황제 때 처음 제작된 것으로 전해진다. 하지만 옥새의 원재료가 되는 화씨벽의 전설은 전국시대 초나라 때부터였다. 변화卞和라는 인물이 초왕에게 이 옥을 바쳤고, 그 후 조나라로 건너갔다가 최종적으로는 진시황의 소유가 되었다. 진시황은 제국의 영원한 존속을 기원하면서 화씨벽을 깎아 전국옥새를 제작했다. 여기에는 승상이사가 쓴 '수명어천受命於天 기수영창旣壽永昌*'이라는 문구가 새겨졌다고한다.

그러다 전국옥새는 고조 유방의 손에 들어갔고 동한말까지 이어졌다. 동탁이 낙양을 불태우는 사이 누군가 전국옥새를 우물에 던졌는데, 이후 손견이 우물에서 건진 여인의 시신과 함께 발견했다. 그리고 그의 아들 손책이 원술에게 군대를 빌리려 할 때 담보로 옥새를 맡겼다고 한다. 다른 설에 따르면 손견의 아내와 아들이 손견의 시신을 갖고 고향으로 돌아가다 원술에게 잡혔는데, 그때 옥새를 빼앗겼다고도 한다. 그리고 이 옥새는 조조의 손으로 넘어갔고 위나라를 거쳐 진나라로 전해졌지만 전란 속에 사라졌다고한다. 그 뒤 당과 5대를 거치면서 전국옥새에 관한 여러 이야기가 있지만신빙성이 있어 보이지는 않는다.

* 하늘에서 받은 명이여, 그 수명이 길이 번창하리라.

손견의 뒤를 이은 강동의 호랑이 손책

〈삼국지〉에는 명이 짧아 안타까운 인물이 참 많지만, 꼭 한 명을 꼽으라면 오나라의 실질적 창업주 손책이 아닐까 싶습니다. 그는 용맹한 장수 손견의 장남이었습니다. 아버지처럼 용맹했기에 전장에서 활약하다 아쉽게도 25세의 젊은 나이에 죽었는데요. 그의 아버지 손견도 유표와의 싸움에서 황조가 쏜 화살에 맞아 37세의 아까운 나이에 죽음을 맞았습니다. 손견이 죽을 때 손책은 나이가 겨우 18세에 불과했기에 아버지의 주군이었던 원술에게 몸을 의탁하는데요. 원술은 손책을 좋아해서 항상 이런 말을 했다고 합니다.

"내게 손랑(孫郎 : 손책)과 같은 아들이 있다면 여한이 없겠다."

원술뿐만 아니라 많은 사람들이 손책을 사랑했습니다. 아버지를 닮아 용맹하고 영민했기에 서초패왕 항우와 비견되어 소패왕이라고도 불렸습니다. 소설에서는 손책이 아버지가 찾은 황제 인장을 담보로 원술에게 군사를 빌려 고향땅 강동을 정벌하러 떠났다고 합니다. 하지만 그와 함께 떠났던 1천 병력은 원래 양주 오군 사람이었던 손견의 병사가 아니었을까요? 그러니 아버지의 군사들을 돌려달라고 할 만했을 겁니다. 원술군 내에서 손견의 지분이 상당히 컸으니까요.

아마도 원술은 손책에게 군사들을 딸려 보내면서 잘되면 자신의 세력이 커지리라 기대했을 겁니다. 하지만 손책은 나이는 어렸지만 그리 만만한 인물이 아니었습니다. 그의 주위에는 주유, 태사자 등 지혜롭고 용맹한 이들이 많았고 스스로 탁월한 무공도 지녔죠. 결국 7년간 주유와 함께 강동 지역을 평정했는데, 이로써 손책이 실질적인 오나라의 창업자가 된 것이었습니다.

그런데 손책 또한 아버지처럼 오래 살 운명이 아니었습니다. 뛰어난 무공을 지녔으나 전쟁터에서 싸우다 보면 수많은 목숨들을 빼앗게 마련이고, 그 과정에서 원수를 진 사람도 많아지죠. 그중 오군 태수였던 허공이란 사람이 있었는데, 손책에게 죽임을 당한 원수를 갚기 위해 숲속에 부하들을 매복시킨 뒤 사냥하던 손책에게 화살을 겨누었습니다. 화살은 그의 갑옷을 뚫었고, 현장에서 죽지는 않았지만 싸움터에서 돌아온 뒤 시름시름 앓다가 죽음을 맞습니다.

고생고생하며 작은 땅이나마 일궜는데 성과를 보지 못하고 죽어야 하는 마음이 얼마나 안타까웠을까요! 손책은 장소, 주유 등 가신들을 불러 모아 후일을 당부했습니다.

"지금 우리가 있는 오吳, 월越 땅은 인력과 자원이 풍부한데다 방어하기 좋은 장강까지 있어서 큰 위업을 이룩할 수 있소. 허나 나의 아들은 아직 어리고 동생 권이가 믿을 만하니 그를 잘 보필하여 주기 바라오."

동생 손권을 불러서는 과거 아버지와 함께 싸웠던 기억들을 되살리며 말했습니다.

"강동의 군사들을 거느리고 전장에서 승부를 겨루고 천하를 다투는 일에서는 네가 나보다 못하지만, 인재를 등용하고 그들이 각자 힘을 다하게 하여 강동을 보존하는 데는 네가 나보다 낫다. 그러니 네가 이 나라를 잘 운영하리라 믿는다."

그리고 숨을 거두었습니다. 그때 손책의 나이는 불과 25세였습니다.

손책이 동생 손권을 불러놓고 이렇게 말한 데는 이유가 있었습니다. 손권이 형으로부터 대권을 물려받을 당시 겨우 열아홉 청년에 불과했습니다. 손책이 원술에게서 1천 명의 병사를 빌리고 지역에서 수천 명의 병사들을 모집해 강동을 정벌하는 동안, 많은 사람들과 협업체제를 구성하고 있었습니다. 그런데 손책이 죽은 뒤 아무런 실적도 없고 무공도 인정받지 못한 동생이 대권을 물려받는 것은 참으로 위험한 일이었습니다.

리더십은 참모들이 따를 수 있는 환경이 갖춰져 있어야 제대로 발휘될 수 있는 법입니다. 만약 참모들이 리더를 따르지 않는다면 언제든 혁명이 일어날 수 있습니다. 리더가 주어진 역할을 할 만큼의 능력을 갖추지 못했는데, 참모가 뛰어난 능력이 있으면 그렇게 되지요. 오나라에서 가장 위험하면서도 중요한 인물은 장소와 주유였습니다. 손책은 손권에게 "나라 안 일은 장소에게, 나라 밖 일은 주유에게 맡겨라."고 말하기도 했습니다.

장소는 북방에서 동란을 피해 장강 유역으로 피난 온 사람이었고, 비슷한 처지의 사람들 중 리더격이었습니다. 주유는 손책과 싸움터를 누비는 동안 교씨네 두 자매, 즉 대교大喬와 소교小喬 자매를 아내로 삼아 동서지간이기도 했습니다. 주유는 자신의 병사들을 상당수 거느리고 있었고, 지역 내의 발언권도 막강했죠. 그만큼 두 사람이 가진 힘은 강력했습니다.

그런 상황에서 경험과 실적을 쌓지 못한 손권에게 대권을 물려준다는 것은 위험부담이 상당한 것이었습니다. 아마도 손책은 죽으면서 주유에게 특별한 부탁을 했을 가능성이 있는데요. 아직 자리를 잡지 못한 오나라에서 주유가 돕지 않는다면 지역을 다스릴 수 없을 것이고, 그 역할을 손권은 나름대로 잘할 것이니 믿어주라고 말입니다. 물론 손책이 죽은 후 주유가 이를 거부하고 독자세력을 구축한다면 어쩔 수 없겠지만, 결과적으로 당시 상황을 정확히 인지한 그가 있었기에 오나라는 자리를 잡을 수 있었던 것입니다.

한편으로 보면 주유가 자신의 욕심을 차리지 않고 손권을 주군으로 모실 수밖에 없었던 상황도 존재합니다. 강동을 지배했던 이들의 특수한 사정 때문이었습니다. 오나라는 세 지역 세력이 연합해 만들어진 국가였는데요. 첫 번째는 손책과 함께 강동 지역을 정벌했던 무사집단이었고, 그 대표자가 바로 주유였습니다. 그런데 무사집단이라 하더라도 자금력이 뒷받침되지 않으면 전쟁을 수행할 수 없지요.

이를 지원했던 세력은 중원으로부터 남하했던 사士계급 집단으로, 그 대표인물이 장소와 노숙이었죠. 노숙은 오늘날 안휘성 사람으로 대대로 지주집안이었기에 큰 부자였습니다. 난리가 나자 목숨을 보전하기 위해 지역 맹주였던 원술에 의탁했습니다. 하지만 주유가 노숙에게 군량지원을 요청하자 곳간의 곡식을 전부 지원한 일로 해서 주유의 보호를 받게 되었고, 후일 주유의 권고에 의해 강동으로 이전해 손권의 세력 아래 있게 되었습니다.

세 번째 세력집단은 강동 땅을 전통적으로 지배하던 호족들이었습니다. 물론 손권의 집안도 지역에서 세력을 갖고 있었던 집안 중 하나였지만 아직 제대로 개발되지 못한 장강 유역에는 각 지역에서 힘깨나 쓰던 호족들이 자리 잡고 있었습니다. 손책이 군사력으로 이들을 제압하여 지배층을 형성했지만 지역의 호족들에게도 일정 정도 힘을 주어 연합세력을 구성했기에 안정된 정권을 유지하게 된 이유도 있었습니다.

결국 장소와 주유 입장에서는 손견과 손책의 후광을 가진 손권을 지지함으로써 자신의 입지도 다질 수 있었던 것입니다. 세상일이란 스스로 잘났다며 내세운다고 해서 원하는 대로 이루어지는 게 아니라는 것을 주유의 처신을 보고 배울 수 있습니다.

오나라 최고의 명장, 주유

적벽대전에서 승리를 거두는 데 가장 큰 공을 세운 인물은 누굴까? 소설에서는 제갈량의 역할이 가장 크다. 빈 배로 화살을 구해오고 동남풍을 일으켜 승리를 얻는다. 하지만 실제 적벽대전의 하이라이트인 화공법을 생각해내고 실행한 인물은 주유*다. 따라서 손책과 강동 정벌에 애썼고 손권을 보필했던 명장 주유는 두 가지 모습을 가질 수밖에 없다. 하나는 용맹함과 지략을 갖춘 역사 속 이미지이고, 다른 하나는 시기심 많고 옹졸해 제갈량과 대립하는 소설 속 이미지다.

주유는 손책과 동갑으로 14살 때 처음 의기투합했다. 그 후 손책이 군대를 끌고 동오東吳로 오자 함께 지역을 정벌하기 시작했다. 그러다 절세미인으로 유명한 교씨 집안의 두 여인을 하나씩 아내로 맞이해서 동서지간이 되었다. 그 후 손책이 죽자 손권을 지도자로 모셨고, 지위를 군건히 유지하는 데 큰 공헌을 했다. 적벽대전이 일어나자 노숙과 함께 항전을 주장했고 대장군이 되어 화공법을 전개해 조조군을 물리쳤다. 하지만 안타깝게도 36세에 요절했기에 그의 역할을 더 볼 수 있는 장면이 없어 아쉬운 인물이다.

* **주유**(周瑜, 175~210)
안휘 여강(廬江) 사람. 오나라의 중신으로 손책의 동서. 적벽의 전투에서 연합군 총사령관을 맡음.

유비와 여포의 기묘한 인연

　동탁을 공격했다가 군사를 모두 잃고 동쪽으로 도망쳤던 조조는 연주에서 다시 세력을 회복해 산동 지역의 황건적 잔당을 물리칩니다. 황건적은 숫자는 많았지만 대부분 농민 출신들이었기에 군사훈련이 제대로 되어 있지 않았죠. 이 과정에서 조조는 투항한 30만 명을 잘 활용하는데, 이들 중 젊고 날랜 병사들을 선발해 '청주병'을 조직합니다. 이들은 조조군의 근간이 되었고, 나머지 인력들은 전쟁으로 황폐화된 농토를 일구는 역할을 합니다. 이것이 조조의 초기 성공을 이끈 두 기둥이라 할 수 있습니다. 하나는 연전연승을 거둔 '청주병'이었고, 또 하나는 경제적 토대가 되었던 '둔전제'였습니다.

　이때 소설에서 조조의 이미지를 나쁘게 만든 사건이 발생하는데요. 바로 조조의 아버지 조숭이 가족과 함께 피살된 일이었습니다. 서주에 거주하고 있던 조숭은 근거지 연주로 이동하는 도중에 서주목 도겸의 부하인 장개에게 피살됩니다. 사실 도겸은 조숭을 살해할 의도가 아니라 조숭 일가를 보호하도록 장개를 보냈습니다. 하지만 조숭의 재물에 탐난 장개가 조숭 일가를 살해하고 재물을 갖고 도망쳤던 것입니다. 과정이 어찌되었던 아버지와 가족의 죽음에 화가 난 조조는 서주를 공격했습니다. 그리고 이 과정에서 5만이 넘는 무고한 백성들을 죽였는데요. 이것은 조조가 나쁜 인물이라는 증거가 되었습니다. 전쟁터에서 이 정도의 사건사고는 흔히 일어나는 일이지만, 그게 조조라는 인물의 평가에 족쇄가 된 겁니다.

　드디어 조조와 유비가 조우하게 되는데요. 서주목 도겸은 북해상北海相이었던 공융에게 도움을 청했고, 공융은 유주의 패권자 공손찬에게 출병을 요청했습니다. 그때까지 세력을 갖추지 못했던 유비는 공손찬의 명에 의해 군사 1천 명과 함께 서주로 향했습니다. 어릴 적 동문수학했던 공손찬이 큰 도움을 준 것입니다. 유비가 군사를 이끌고 서주로 들어가자 도겸은 유비에게 서주목 자리를 양보했지만 유비는 세 번이나 사양했습니다. 이 일은 유비의 인품을 칭찬하는 근거가 되지요. 삼고초려처럼 말이죠. 그런데 유비는 진심으로 자신의 능력이 아직 갖춰지지 않았다고 생각한 건 아닐까요?

이때 장안에서 이각과 곽사에 패해 남양을 거쳐 원소에게까지 갔다가 자리를 잡지 못하던 여포가 등장합니다. 조조가 서주를 공략하던 사이 여포가 장막과 함께 연주를 공략하려 준비하고 있었던 겁니다. 여포는 아직 제대로 된 근거지를 마련하지 못하고 있었죠. 이 소식을 들은 조조는 황급히 서주 공격을 중단하고 연주로 철수할 수밖에 없었는데 이 덕분에 서주는 무사했고, 끈질긴 도겸의 권유에 유비는 서주목이 되었습니다. 물론 조정의 정식 임명이 아닌 도겸에게서 물려받은 것이지만 유비는 처음으로 근거지를 마련할 수 있었습니다.

연주를 공략했던 여포는 조조에 패해 도망쳤고, 서주로 이동해 유비에게 의탁합니다. 하지만 이는 곰이 지키는 우리에 사나운 호랑이가 뛰어든 격이었습니다. 과연 이들의 동거가 잘 유지되었을까요? 누가 봐도 그들은 함께하기 어려운 물과 기름의 관계였습니다. 그럼에도 유비는 자신에게 투항한 여포에게 서주목 자리를 내주려 했지만 관우와 장비의 반대에 그러지 못했고, 대신 소패에 머물도록 조치했습니다. 비록 사납고 다루기 어려웠지만 여포가 조만간 쳐들어올 조조에 대항할 만한 인물이었기 때문입니다.

서주를 반드시 공략할 생각이었던 조조는 천자의 이름으로 가짜 편지를 써서 유비에게 보냈습니다. 회남의 원술을 공략하라는 명령이었는데요. 비록 제대로 임명받지 못한 서주목이었지만 황명을 거절하기 힘들었던 유비는 군사를 이끌고 출정하면서 장비에게 서주를 지키도록 했습니다. 술을 좋아하는 장비에게는 단단히 일러두었습니다. 술 마시지 말고 성을 잘 지키라고 말이죠. 하지만 이때 장비가 일을 그르칩니다. 장비는 늘 술 때문에 인생이 꼬이는데요. 유비와 관우가 우이에서 원술의 군사를 물리치는 사이, 장비는 잔치를 벌였고 술을 마시지 않는다는 이유로 조표를 매질했습니다. 화가 난 조표는 자신의 사위였던 여포에게 유비가 없는 틈을 타서 서주성을 공략하도록 사주했습니다.

제대로 방비를 하지 않고 있었던 장비는 여포를 막지 못해 서주를 내주고 유비에게로 도망쳤습니다. 결국 서주는 여포의 차지가 되었고, 여포는 또다시 배신의 아이콘이 되었습니다. 여포의 배신으로 인해 둘이 입장이 바뀌어, 서주목은 여포가 차지하고 유비는 작은 소패성을 지키게 되었던 겁니다. 이때 원술이 소패로 쳐들어왔는데 유비는 여포에게 도움을 요청합니다. 서로 입장이 바뀌었지만 무시할 수 없었던지 여포는 유비를 도와주었고, 유비는 살아납니다. 하지만 평소 여포를 무시했던 장비가 여포의 말 150필을 빼앗았고, 화가 난 여포가 소패를 공격했습니다. 어쩔 수 없었던 유비는 소패를 포기하고 조조의 수하로 들어갑니다. 유비와 여포의 물고 물리는 인연도 질깁니다. 그러고 보니 서주목이 되었던 유비는 잠깐 동안 영화를 누렸네요.

조조와 유비의 불안한 동거

유비가 조조에게 의탁해 있는 동안 재미있는 에피소드를 여럿 남겼는데요. 조조는 천자를 알현해 유비의 작위를 내려달라 요청했고, 헌제는 그 자리에서 유비를 좌장군 의성정후宜城亭侯에 봉했습니다. 특별히 높은 작위는 아니었지만 유비에게는 꽤 의미 있는 자리였습니다. 유비는 자립할 수 있을 때까지 조조 휘하에서 미래를 준비하며 지낼 수밖에 없는 처지였으니까요. 이때 모사 정욱은 조조에게 유비를 죽여 우환을 없애버리라고 이렇게 말했습니다.

"살펴보건대 유비는 웅재가 있고 민심을 크게 얻었으니 남의 아래에 있을 사람이 아닙니다. 빨리 도모하는 것이 낫습니다."

하지만 곽가는 유비를 후대하여 조조가 덕을 갖춘 인물이라는 이미지를 남기라고 권합니다. 조조는 곽가의 의견이 옳다고 여겨 유비를 예주목으로 추천하면서 군량미와 병마를 공급해 줍니다. 동쪽에 사나운 호랑이 여포가 있고 싸움이 일어날 수 있으니 유비를 살려두는 게 더 이롭다고 본 것이죠. 여기서 유비의 이력서에 의성정후와 예주목이라는 벼슬이 추가됩니다. 그동안은 황가의 후손이라는 점만을 내세웠다면 이젠 천자의 이름으로 정식 예주목이 되었으니 괜찮은 이력서죠?

조조의 추천으로 예주목이 된 유비는 우선 원술을 쳐부수는 데 기여합니다. 옥새를 얻은 원술은 사람들의 만류에도 불구하고 스스로 칭제한 후 대군을 이끌고 서주를 공격했습니다. 이에 여포는 원술의 부하 한

섬과 양봉의 마음을 돌리게 해 안팎에서 원술을 공략했고, 유비는 관우를 보내 원술과 대적하게 했습니다. 싸움은 점차 조조에게 유리하게 돌아갔고 원술의 근거지인 수춘을 공략했습니다. 이 때문에 원술은 회하를 건너 남쪽으로 갈 수밖에 없었죠. 결국 그의 운명은 거기까지였습니다. 이때 유비는 조조의 회유로 여포와 화해하게 되는데요. 하지만 둘 사이가 제대로 화해가 되겠어요? 그저 술 한잔 먹으면서 잘해 보자고 했겠지만 목숨을 건 어지러운 시대에는 영원한 적도 아군도 없는 법입니다.

원술이 정리되자 조조는 유비를 시켜 여포를 죽여 근심거리를 없애려 합니다. 마침 유비가 조조에게 보낸 서신이 여포의 책사 진궁의 손에 들어갔고, 여포는 화가 나서 유비 진영으로 공격을 시작했습니다. 서로 잘 지내기로 해놓고 왜 자신을 공격하려 하느냐는 이유였지요. 이에 유비는 머물던 소패성의 문을 닫아걸고 조조에게 원군을 청했습니다.

조조는 장수 하후돈을 보내 유비를 돕게 하는데요. 이때 하후돈에 관한 잘 알려진 일화가 전해집니다. 하후돈이 여포의 장수 고순과 싸워 이긴 뒤 적병을 추격하는 와중에 화살이 날아들었고, 그의 왼쪽 눈에 명중했습니다. 화살을 빼내려던 하후돈은 눈알이 함께 딸려나오자 "내 몸은 부모에게 받은 것이거늘 함부로 버릴 수 없다!"고 말하며 눈알을 삼켜버렸답니다. 실제 있었던 일인지는 알 수 없지만, 하후돈이 얼마나 대단한 장수였는지를 알려주려 했던 소설가의 잔재주였을 가능성이 높습니다.

기회주의자 여포의 최후

조조와 유비 그리고 여포가 물고 물리는 전투를 벌이는 와중에 유비에게는 슬픈 일이 일어났는데, 가족들을 잃어버린 사건이었습니다. 소패성을 공격한 여포를 이길 수 없자 유비는 가솔들을 남겨둔 채 허창 쪽으로 도망쳤고 관우, 장비와도 헤어져야 했습니다. 그 과정에 유비는 사냥꾼 유안의 집에 머물면서 오늘날 기준으로 보면 아주 엽기적인 이야기를 남기는데요. 유안이 자신의 처를 죽여 삶은 뒤 승냥이 고기라고 거짓말을 해서 유비에게 먹인 겁니다. 다음날 아침 그 사실을 알게 된 유비는 감사의 마음에 하염없이 눈물만 흘렸다는데요. 이 부분에서 나관중의 기술은 좀 역겹습니다. 유비가 제아무리 위대한 장군이라 하더라도 아내를 죽여 그 고기를 먹이는 건 호러물 아닌가요?

후퇴하는 길에 조조를 만난 유비는 군사를 모아 서주를 공략하는데요. 이때 헤어졌던 관우와 장비를 다시 만날 수 있었고, 여포가 있는 하비성을 포위했습니다. 군량이 풍족했던 하비성의 여포는 장기전에 돌입하려는 의지가 있었는데요. 이에 조조군은 성을 포위한 뒤 곽가의 계책에 따라 기수와 사수의 강둑을 허물었습니다. 결국 하비성은 온통 물에 잠겼으나 여포는 술만 마시고 있을 뿐이었습니다. 이때 리더로서 가져야 할 자질이 여포에게 부족하다는 사실이 적나라하게 드러났습니다. 여포는 부하들의 말을 믿지 않았고, 자신은 술을 마시고 여유를 부리면서도 부하들에게는 엄한 군기를 요구했던 것이죠. 결국 후성이란 자가 여포에게 나쁜 마음을 품고 송헌, 위속 등과 함께 여포가 잠든 사이 그를 포박한 뒤 성문을 열었습니다.

그리하여 조조에게 사로잡힌 여포는 다시 한 번 기회를 엿봅니다. 책사 진궁은 끝내 투항하지 않고 목숨을 버렸지만, 여포는 유비에게 자신을 변호해 주도록 요청했던 것이죠. 조금은 뻔뻔스럽게 이렇게 말합니다. "나를 살려주면 조조 당신이 천하를 얻는 데 큰 도움이 될 겁니다." 아마 여포는 이번에도 조조가 그를 살려주리라고 예상했던 듯합니다. 그러니 자신 있게 '쓸모 있을 것'이라는 이야기를 한 것이죠. 하지만 조조가 누굽니까? 이런 상황에 곧바로 자기가 결정을 내릴 사람이 아니지요. 조조는 수시로 좋은 의견은 구하고 나쁜 결정도 다른 사람에게 밀어두는 방식을 쓰는 경우가 많았습니다. 이번에도 주변에 공손히 서 있던 유비에게 의견을 묻습니다. 유비가 이렇게 운을 떼자 상황은 정리되었는데요.

"공께서는 정원과 동탁의 일을 잊지 않으셨지요?"

아마 조조도 여포를 죽여야 한다고 생각했을 겁니다. 다만 유비의 생각을 떠본 것이죠. 결국 여포는 정원으로부터 동탁, 왕윤, 원소를 거쳐 독자생존 단계까지 자신의 무용을 떨치며 왔지만, 처신을 잘하지 못함으로써 좋은 결과를 맺지 못했습니다. 여포는 뛰어난 무용은 갖췄지만 지략이 부족했고, 또 그마저 부족하다면 의리라도 있어 주군을 잘 믿고 따라야 하는데 그렇지 못했습니다. 그렇게 천하를 떠돌며 일을 벌였던 여포는 조조에게 죽임을 당했고, 수하 장수였던 장료는 관우가 지원하여 목숨을 부지했습니다. 인생은 새옹지마의 연속입니다. 조조에게 사로잡힌 여포의 장수 장료는 조조 휘하에서 뛰어난 장수로 이름을 날릴 수 있었으니까요.

천자를 끼고 천하를 호령하라! 조조

조조가 연주와 서주에서 유비, 여포 등과 싸움을 벌이는 동안 양봉, 한섬, 동승 등이 헌제를 모시고 홍농을 거쳐 낙양으로 들어갔습니다. 비록 몰락하는 제국이었지만 아직 쓸모 있던 천자의 가치를 제대로 읽지 못한 이각, 곽사 그리고 장제의 실수였죠. 그러나 천자가 목숨을 걸고 도착한 낙양은 동한 150년의 영광을 누려온 과거의 수도가 아니었습니다. 동탁에 의해 궁궐은 이미 불타 없어졌고 백성들은 모두 사라졌으며 길에는 잡초만 무성했습니다. 천자를 살리겠다고 달려오는 백성과 공경들이 없었으니 식량조달도 제대로 되지 못했습니다. 심지어 백관들은 직접 들에 나가 땔나무를 꺾고 야채를 뜯어 연명하기도 했고, 이 와중에 많은 이가 굶어죽었습니다.

이런 절망적 상황을 반전시킨 것은 책사 순욱이 조조에게 올린 의견이었습니다.

"진나라 문공(文公, ?~기원전 716)이 주나라 양왕을 영접하자 천하 제후들이 따르고 복종했습니다. 그러므로 천하를 바로잡으려는 장군의 뜻은 천자를 영접함으로써 달성될 것입니다. 만약 때가 이르렀는데 행동하지 않는다면 사방의 준걸들이 들고일어날 것이고, 이후에는 기회가 없을 것입니다."

그러니까 낙양에서 고생하고 있는 헌제를 영접해 데려오자는 말이었습니다. 하지만 이는 아직 안정된 근거지를 마련하지 못한 조조로서는 상당히 고민스러운 사항이었습니다. 동탁이 추대한 천자를 모신다는 것이 무엇을 의미할까요? 동한 조정의 권위는 이미 낮을 대로 낮아졌고 천하의 호걸들은 천자의 명을 따르지 않았습니다. 이때 조조는 중요한 의사결정을 내립니다. 천자를 모시되 이미 파괴된 낙양 대신 자신의 근거지 중 하나인 허창으로 데려오는 것으로 말입니다.

낙양은 파괴되어 천자가 지낼 수 없었던 반면에 허창은 작지만 궁궐도 있고 식량조달도 가능하니까요. 하지만 뭐니 뭐니 해도 허창은 자신의 땅이었고 마음대로 뜻을 펼칠 수 있는 도시라는 게 이유였습니다. 그렇게 허창은 천자가 머무르는 허도許都로 바뀌었고, 조조는 '천자를 끼고 천하를 호령할 수 있는 기회'를 만들게 됩니다. 헌제는 조조를 대장군에 임명하고 순욱을 시중에 임명하는데요. 이때 조조가 대장군을 원소에게 양보했다고 알려져 있는데, 사실 이것은 별 의미는 없습니다. 황제의 권위가 천하에 미치지 못하는 상황에 황제가 내려준 그 어떤 직책을 맡건 무슨 상관이겠습니까?

중요한 건 이 대목에서 천하정세의 향방이 조조에게 상당히 유리하게 전개되었다는 겁니다. 이전까지 조조는 원소에 비해 낮은 처지였지만, 이때부터 천자의 이름으로 제후들을 좌지우지할 수 있는 강력한 힘이 생겼죠. 비록 조조의 양보였지만 천자로부터 대장군으로 지명된 원소가 허도의 지대가 낮아 침수 위험이 있다면서 자신의 근거지 업성과 가까운 견성으로 천도하도록 권했습니다. 하지만 이를 조조가 반대합니다. 이는 당연한 것 아니겠습니까? 이미 천자는 조조의 권한 아래 있는데 원소의 속셈이 먹힐 까닭이 없는 것이죠. 이런 행태에 화가 난 원소의 책사 전풍이 즉시 조조를 칠 것을 원소에게 권했으나, 원소는 이를 받아들이지 않았습니다. 아직은 때가 아니라고 생각한 것입니다.

헌제가 있던 허도에서 유비는 조조와 함께 지내는데요. 조조가 유비의 공적을 조정에 올렸고, 헌제는 황실의 족보를 살피다가 유비가 황가의 일원으로서 자신의 숙부뻘이라는 것을 알게 됩니다. 이후 유비는 '유황숙'이라는 이력을 갖게 되죠. 하지만 엄밀히 보면 유비의 조상은 경제, 중산정왕 유승, 육성정후 유정劉貞 그리고 아버지 유홍 외에는 알려지지 않았습니다. 유비가 서한 황족의 계통이라면 동한을 세운 광무제 유수는 서한 황족과는 촌수가 꽤 먼 방계였습니다. 그러니까 유비가 황가의 일원인 것은 분명하지만 헌제의 숙부라는 설정은 소설의 재미를 위해서였다고 할 수 있습니다.

또 한 가지는 유비가 헌제의 권력회복을 위한 궁정 쿠데타 음모 세력의 일원이 된 것인데요. 허도에서는 사실상 조조가 인사권을 비롯한 모든 권력을 쥐었고 헌제의 권위는 낮아졌지만 이를 모든 이들이 받아들이기는 어려웠을 것입니다. 그래서 헌제는 동승의 주도 아래 왕자복, 마등, 오자란 등과 함께 조조 토벌 모의를 하게 됩니다. 이때 유비도 가담하여 이름을 적게 되는데요. 동승은 문관이었으니 아무래도 유비처럼 무력을 지닌 무장이 필요했을 것입니다.

조조를 살해하기 위한 '결전의 밤'을 기다리던 중 유비는 숙소 앞 텃밭 가꾸기를 하며 시간을 보냈습니다. 그러던 어느 날 조조가 작은 정자에 푸른 매실과 술을 준비해 놓고 유비를 청했는데요. 그때 나눴던 얘기가 자주영웅론이었습니다. 때마침 동쪽의 원술을 토벌해야 할 일이 생겼고 조조는 유비에게 군사를 딸려 보냅니다. 유비가 자신을 떠날 수도 있는데 조조는 한치의 의심도 하지 않았습니다. 만약 이때 유비가 토벌하러 떠나지 않았다면 역사는 어떻게 흘러갔을까요?

얼마 뒤 동승 일파가 꾸민 조조 살해 계획은 사전에 탄로나 모두 피살되었습니다. 그리고 헌제의 귀비이자 동승의 여동생 동귀비도 함께

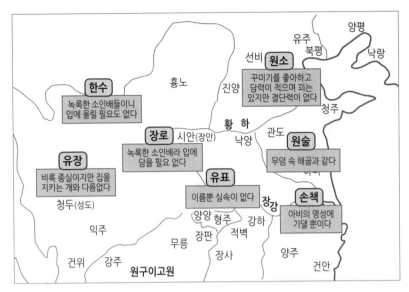

자주영웅론(煮酒英雄論) : 술을 데우며 영웅을 논하다

시해되었는데요. 마침 유비는 조조 곁에 없었기에 목숨을 구할 수 있었고, 조조는 쿠데타 명단에 유비가 있는 것을 알게 되자 대군을 이끌고 서주로 진격했습니다. 다급한 유비는 원소에게 구원을 요청했으나[조조의 출병으로 허도가 비었으니 그곳으로 공격하자는 제안], 원소는 어린 아들이 아프다는 이유로 거절합니다. 결국 유비는 가진 것을 모두 잃고 원소에게로 갑니다.

술을 데우며 영웅을 논하다

허도에서 조조와 함께하게 된 유비는 전투에 나가지 않는 날은 화초를 키
우며 보냈다. 그러던 어느 날 조조의 청으로 후원에서 함께 술을 마시며 이
야기를 나누게 되었다. 술잔을 든 조조가 이렇게 물었다.

"지금 천하에 영웅이라고 할 만한 사람들이 몇이나 있을 것 같습니까?"

그러자 유비는 겸손하게 대답했다.

"잘 모르겠습니다."

그러자 조조는 허허 웃으며 이렇게 말했다.

"내가 보건대 지금 천하에 영웅은 장군과 이 조조뿐인 줄 압니다."

그 소리를 들은 유비는 당황스러워 손에 들고 있던 젓가락을 떨어뜨렸다.
조조를 함께 살해하자던 동승의 의견에 동의했기 때문이었을까? 그때 마
침 하늘에서 번개가 번쩍하더니 천둥소리가 났다.

"어이쿠, 무슨 천둥소리가 이리도 요란하답니까? 놀라서 젓가락을 다 떨어
뜨렸습니다."

이 말은 자신의 속마음을 들켜 행동이 부자연스럽던 유비의 모습을 잘 보
여준다. 그렇다면 조조는 진정 유비를 자신과 동급의 천하 영웅으로 생각
했을까? 술을 데우며 영웅론을 설파했다는 이야기의 한 토막이다.

의리를 위해 다섯 관문을 돌파하는 관우

서주성에 근거지를 마련하려던 유비의 계획은 원소가 도와주지 않았고, 조조의 침공으로 무산되었습니다. 서주에서 일전을 치르려던 유비는 장비와 함께 조조의 영채를 선제공격했으나 무참히 패했습니다. 그리고 장비는 망탕산으로 도망치고 유비는 청주로 이동했는데요. 그곳에서 원소를 만날 계획이었던 겁니다. 유비는 이로써 또 가족을 버리고 제 한 몸 살겠다고 도망쳤던 거죠. 하비성을 지키던 관우는 조조가 쳐들어온다는 소식을 듣고 어쩔 수 없이 싸움을 멈추고 항복을 결심합니다. 자신이 모시던 유비와 다른 이들의 가솔들이 걱정되었기 때문입니다. 그래서 관우는 성문을 열고 조조에게 항복하면서 세 가지 조건을 내세웁니다.

첫째, 조조에 항복하는 게 아니라 조정朝廷에 항복하는 것이다.
둘째, 미부인 감부인, 두 형수님을 잘 모셔야 한다.
셋째, 유비가 어디에 있는지 안다면 언제든지 떠나겠다.

적에게 패해 항복하는 자가 이런 조건을 제시한다는 게 좀 어폐가 있지만 어쨌든 관우의 호기로운 항복조건입니다. 조조라는 일개 장수에게 항복하는 게 아니라 천자에게 항복하는 것이며, 유비가 버리고 떠난 형수님을 잘 모셔야 한다는 그의 책무가 느껴집니다. 세 번째 항복조건에서는 유비를 향한 절절한 의리가 그려지는데요. 후대 사람들이 관우를 의리의 상징으로 최고로 꼽는 대목이 이것입니다. 유비가 하비성을 버리고 도망쳤기 때문에 관우가 조조를 주군으로 모셨어도 그리 나쁘지는 않았을 것입니다. 더구나 관우를 영입한 조조가 상당히 좋은 대우를 해주었기 때문이죠. 하지만 도원결의로 맺어진 인연을 죽을 때까지 함께하겠다는 그의 굳은 의지가 아주 멋있어 보입니다.

그렇게 조조군의 일원이 된 관우는 마침 공격을 개시한 원소군을 막아내는 선봉장 역할을 하게 됩니다. 이것이 바로 거의 1년이나 진행되었던 관도대전官渡大戰이었는데요. 이 싸움은 10만 명에 이르는 거대 병력을 가진 원소와 겨우 2만여 명에 불과한 조조 간의 대결이었습니다. 강자와 약자의 대결이었으니 조조는 정면대결보다는 위장 퇴각과 속임수를 써야 했는데요. 조조는 순유의 의견을 받아들여 백마를 포기하고 회군하는 것처럼 위장했다가 연진에서 황하를 건너 원소군의 후방을 노렸습니다.

이 싸움에서 관우의 역할이 상당히 중요했습니다. 원소가 군사를 나눠 연진으로 출격시키자 조조는 날랜 군사들을 보내 백마를 습격했습니다. 이때 원소의 무장 안량이 조조군을 대적하자 조조는 관우와 장료를 선봉에 내세워 이를 막아내게 했습니다. 이때 관우는 안량의 대장기를 발견하자 말을 채찍질해 달려가 수많은 병사들 사이에서 안량을 찌르고 그 수급을 베어 돌아왔습니다. 그리고 내친김에 문추까지 죽이는데요. 원소의 여러 장수 중 관우를 당해낼 자가 없자 원소군은 백마의 포위를 풀고 물러나고 맙니다.

이 싸움의 결과로 조조는 천자에게 표表를 올려 관우를 한수정후漢壽亭侯에 봉했습니다. 한수 지역의 정후에 임명했다는 것인데, 비록 작은 지역일지라도 제후의 반열에 올랐다는 의미입니다. 조조가 한 번의 공로로 관우를 제후에 봉한 것은 그가 떠날지도 모른다는 생각에서였습니다. 관우는 평소 장료, 서황 등과 친하게 지냈는데, 장료에게 이렇게 말한 적이 있었습니다.

"나는 조공[조조]께서 후히 대우해 주시는 것을 감사하게 여기고 있습니다. 하지만 유 장군[유비]의 두터운 은혜를 입었고 함께 죽기로 맹세했으니 이를 저버릴 수 없습니다. 나는 여기에 끝까지 머물 수는 없지만 반드시 공을 세워 조공께 보답한 뒤에 떠날 것이오."

조조가 어떤 대우를 해주든지 자신은 한 번 맺은 인연을 끝까지 지키기 위해 유비에게로 가겠다는 의지를 갖고 있었던 것이죠. 이즈음 관우는 유비가 원소 진영에 있다는 것을 알게 되었습니다. 관우의 세 번째 항복조건에는 유비의 거처를 알면 언제든 떠나겠다고 했죠? 그러니 관우는 조조에게 하사받은 것을 모두 봉해놓고 작별을 고하는 서신을 올린 뒤 원소군에 있던 유비에게로 달아났습니다. 소설에서는 이 과정에서 다섯 관문을 지나며 여섯 명의 장수[공수, 맹탄, 한복, 변희, 왕식, 진기]들을 처치했다고 나옵니다. 하지만 실제로는 조조가 관우를 놔준 것 아닐까요?

역사서 〈삼국지〉를 주석한 배송지는 관우를 떠나보낸 조조의 도량을 칭찬했습니다. 주군을 향한 관우의 의리를 가상히 여겨 떠나는 관우를 추격하지 않아 그의 의義를 이루게 했다고 말이지요. 당연히 조조는 세상사를 보는 그릇이 다른 이들보다 큽니다. 다른 사람에게 마음이 가 있는 장수를 억지로 머물게 해봤자 별 이득이 없음을 알고 있는 것이지요. 더구나 현실적으로 관도대전을 치르고 있는 어지러운 상황에서 장수가 떠날 생각을 가졌다면 막을 방법도 없었을 것입니다.

관우의 오관참육장

관우*는 분명 조조에게 항복했다. 「촉서-관우전」에는 이렇게 나온다. "건안 5년(200년) 조조가 동쪽 지역 정벌에 나서자 유비는 원소에게 달려갔다. 조조는 관우를 사로잡아 돌아왔으며 그를 편장군에 임명하고 매우 후하게 대접했다."

관우는 후대 민중들에게 가장 높이 추앙되는 인물이었다. 그러니 그가 조조에게 항복했다는 사실은 자존심 상하는 일이었다. 그래서 세 가지 항복 조건을 내세워 관우의 의와 충을 높이는 효과를 얻었다. 관우의 항복은 진정한 항복이 아닌 현실을 고려한 어쩔 수 없는 것이라는 점, 언제든 대의를 위해 유비에게 가겠다는 의지를 내보이고 있다.

또한 관우가 조조 휘하에서 싸웠을 때 안량의 목을 베었다는 이야기는 있지만 문추까지 죽였다는 것은 나오지 않는다. 사서를 토대로 유추해 보면 안량은 관우에게, 문추는 조조 휘하의 어느 장수에게 죽었다는 걸 알 수 있다. 하지만 소설은 관우가 안량과 문추 두 사람을 모두 해치운 것으로 함으로써 그의 위신을 높이려 한 것이다. 사수관에서 동탁의 부장 화웅을 손견이 아니라 관우가 죽인 것으로 바꾼 것도 이러한 의도의 일환이다.

관우가 조조를 떠날 때 오관을 지나며 여섯 명의 장수를 죽였다는 오관참육장은 소설 〈삼국지〉 전체를 통틀어 가장 멋진 장면 중 하나다. 그러나 사서에는 이런 기록이 없다. 「촉서-관우전」에는 관우는 조조가 제공한 선물을 모두 봉하고 원소 진영의 유비에게 달려갔다. 조조 주위에 있던 사람들은 그를 추격하려 했지만 조조는 "사람들은 각기 자신의 주인이 있으니 추격하지 마시오."라고 했다. 유비를 향한 관우의 충절은 이 장면에서 극적으로 묘사된다. 두 형수를 모시고 오관을 통과하며 여섯 명의 장수를 베는 관우.

그런데 그가 통과한 지역을 지도에서 보면 당시 사람들은 지리적 감각이 별로 없었다는 것을 알 수 있다. 유비가 어디 있든지 관도 지역에서 직접 달려갈 수 있을 텐데 바로 달려가지 않고 지그재그로 움직이니 말이다. 관우를 멋있게 그리려다 생긴 약간의 실수로 봐주면 되지 않을까 싶다.

* **관우**(關羽, ?~219)
산서 임의(臨猗) 사람. 삼국시대 촉한(蜀漢)의 대장. 후인들이 신격화하여 '관제(關帝)'로 숭상함.

원소와 조조의 대결

하북의 호랑이 원소

앞서 원술 이야기에서 잠깐 언급했는데, 삼국지의 초기인물 중에 원소를 빼놓을 수 없습니다. 그는 낙양에서 태어난 명문가의 자손이었고 십상시가 동탁과 대립할 때에 정국을 주도한 인물이었습니다. 적자였던 원술에 비해 서자로 태어나긴 했지만, 그는 충분히 원씨 가문의 대표자가 될 만했습니다. 동탁을 토벌하기 위한 관동군의 대장 역할을 했고, 동한 말 군웅할거 시대 초반 판도는 그의 주도 아래 있었습니다. 하지만 우리에게 비쳐진 그의 모습은 세상 돌아가는 데 어두운 노회한 정치인이었으며 자손관리도 제대로 못한 자로 그려졌는데요. 그에 관한 역사적 평가는 「위서-원소전」에 진수가 기록한 말로 대변할 수 있습니다.

"겉으로는 관대하고 아량이 있는 듯 보이고 희로애락의 감정을 드러내지 않았지만, 속으로는 의심하고 꺼리는 것이 심했으며 모든 일을 이런 식으로 처리했다."

이는 전형적 소인배의 모습으로, 후대인들의 적절한 평가라 할 수 있겠습니다. 아마도 원소는 치세에 적합한 관료형이 아니었을까 싶은데요. 하지만 그에게 닥쳐진 일들, 예를 들면 동탁의 낙양 입성, 헌제의 낙양성 방치, 관도대전에서의 우유부단한 태도, 불명확한 후계자 관리 등 하나같이 통찰력 있는 의사결정이 필요한 것들이었습니다. 하지만 그는 세상 변화를 읽고 신속하고 과감하게 실행하는 능력이 없었습니다. 반면 그와 경쟁을 했던 조조는 난세에 적합한 의사결정 능력을 갖고 있었다는 것이 곧 원소의 불행이었던 거죠. 전반적으로 보면 후대인들이 조조를 치켜세우기 위해 원소를 좀더 무능하게 보이도록 왜곡하기도 했습니다. 역사는 승자의 기록이라는 말처럼 좋은 결과를 맺지 못한 인물은 나쁘게 그려지기 마련인데, 원소가 그 전형이라 할 수 있겠습니다.

동탁에게 조정 권력을 내준 뒤 원소는 하북 맹주가 되는 데 주력했습니다. 비록 그의 정식 벼슬은 발해태수에 지나지 않았으나, 중앙조정에서 큰 역할을 했던 그에게 큰 의미는 없었습니다. 지역 제후들이 그를 맹주로 여길 만큼 위세가 대단했던 것이죠. 그런데 북방의 큰 지역인 기주를 차지하고 있었던 한복과 유주의 세력이 공손찬도 만만치 않은 인물들이었습니다. 낙양에서 황하를 건너면 바로 만나는 하내河內에 군사를 주둔시키고 있던 원소는 기주목 한복의 보급이 없으면 제대로 유지되기도 어려울 지경이었습니다.

그런데 천하의 운이 원소에게 긍정적으로 작용하려고 했는지 한복의 영역 내에서 반란사건이 발생했습니다. 아마도 원소가 한복의 영내에 첩자를 보내 분위기를 바꾸려고 시도하지 않았을까 싶은데요. 반란군은 한복에게 패해 실패했지만 기주를 혼란에 빠뜨리는 역할은 충분히 해냅니다. 그리고 원소는 공손찬에게 밀사를 보내 기주를 함께 공략하기로 협약을 맺었죠. 패권에 관심이 많았던 공손찬은 원소의 제안에 기뻐하며 군사를 몰아 기주 영내로 들어왔고 기주군을 대파했습니다. 이때 원소도 군사를 몰아 한복의 근거지인 업鄴으로 북상해 공손찬에게 패해 어수선한 한복 진영을 혼란스럽게 했습니다.

동쪽에서는 공손찬 군대가 침입하고 남쪽에서는 원소군이 치고 올라오자 당황한 한복은 기주목 자리를 원소에게 양보했습니다. 공손찬에게 패한 뒤 한복은 전투를 이끌 능력이 부족하다는 것을 알고 있었습니다. 싸움에 패해 죽음을 맞느니 원소와 타협해 적당한 자리를 차지할 심산이었죠. 결국 한복은 원소에게 항복했고 실권이 없는 분위장군으로 임명되었다가 살아남기 위해 진류태수 장막에게 의지했습니다.

한복이 정리되자 원소는 기주목이 되었고 다음 공격 차례는 공손찬이었습니다. 원소와 공손찬은 동맹을 맺은 사이였지만 난세에 상황이 바뀌면 얼마든지 적이 될 수 있는 법입니다. 유주를 근거지로 했던 공손찬은 한때 기주의 일부와 청주, 병주 지역을 차지했을 정도로 막강했습니다. 하지만 그는 군사를 부리는 능력은 탁월했지만 영역 내에서의 통치력은 제대로 갖추지 못했습니다. 흡사 초패왕 항우와 비슷했던 것입니다.

194년 말, 원소는 공손찬에 대한 대대적 공세를 시작했는데, 그의 전략은 공손찬과 오랜 적대관계였던 북방 유목민 오환, 선비와 연합하는 것이었습니다. 그러니까 오늘날 만리장성 북쪽에 있었던 유목민들을 끌어들여 공손찬을 공격하게 했던 것이죠. 그런데 이는 호랑이를 끌어들여 여우를 잡는 격이었습니다. 호시탐탐 남쪽 평원지대를 노리던 유목민들은 이때부터 본격적으로 유목의 땅에서 하북으로 내려오게 되었고, 나중에는 조조 위나라의 주력군으로 변모했습니다. 유목민들의 남하는 훗날 서진西晉이 멸망하는 결정적 계기로 작용했고, 중원中原이 유목민의 땅이 되는 5호16국 시대의 서막이었던 것입니다.

공손찬은 유목민의 침입과 영토 내에서 일어나는 민심이반을 제대로 다스리지 못했고, 그로 인해 군사적 능력도 약해졌습니다. 원소는 차근차근 유주를 공략했고 영토를 조금씩 넓혀갔습니다. 마지막에 다다르자 공손찬은 거대요새 역경성에 틀어박혀 방어를 할 수밖에 없는 처지에 몰렸습니다. 바로 이런 상황에서 공손찬에게 많은 은혜를 입었던 유비는 원소에게 허리를 굽히게 됩니다. 과거 노식 학당에서 같이 배웠고 자신을 도왔던 공손찬과 대적하는 원소에게 의탁한 것인데요. 그 모습이 아름답지는 않죠? 하지만 이는 자신의 꿈을 위해서라면 가족도 버리고 능력 있는 자에게 언제든 허리를 굽혀야 했던 유비의 어쩔 수 없는 생존전략이었습니다. 결국 당대 최강 군벌은 원소가 되었고, 황하 이북 지역은 원소의 차지가 되었던 겁니다.

천하의 향방을 바꾼 물줄기, 관도대전

삼국의 역사에서 가장 큰 물줄기 하나를 꼽으라면 단연 '관도대전'입니다. 삼국시대에는 군벌 사이에 주도권 경쟁을 위해 많은 전투가 치러졌는데, 천하의 향방을 가른 중요한 3대 전투를 꼽을 수 있습니다. 첫 번째는 원소와 조조가 중원을 두고 싸운 '관도대전', 두 번째는 조조와 손권이 강남의 패권을 다툰 '적벽대전', 그리고 유비와 손권이 형주 지역의 쟁패를 겨룬 '이릉대전'입니다. 이 중에서 역사적으로 가장 의미 있는 전투는 무엇일까요? 우리는 흔히 삼국시대 최고의 싸움으로 적벽대전을 꼽습니다. 하지만 이 싸움이 유명해진 건 조조의 허무한 패배와 제갈량의 승리로 귀결된 소설의 영향 때문입니다. 제갈량을 신출귀몰한 솜씨를 가진 인물로 그리다 보니 그의 승리가 중요했던 것이죠.

그러나 천하의 중심은 바로 '중원'이었고, 중원을 제패하는 자가 천하를 차지하는 것이었습니다. 서기 200년에 벌어졌던 관도대전의 결과는 대세를 사실상 결정지었습니다. 이때까지 한복, 공손찬, 원소, 원술, 동탁 등 많은 이들이 동한정권의 회복을 위해, 또는 천하의 주인이 되기 위해 다투었지만 관도대전의 결과 조조라는 인물로 압축되었기 때문입니다.

젊은 시절 조조는 허소라는 인물에게 자신이 어떤 사람인지 묻자 그가 이렇게 대답했답니다.

"당신은 치세의 능신, 난세의 간웅(治世之能臣, 亂世之姦雄也)이오."

이 말을 들은 조조는 한참 동안 껄껄 웃었다는데, 자신을 가장 정확히 표현한 말이기 때문이었을까요? 성공을 꿈꾸는 인물이라면 이런 평가를 받으면 기분이 좋았을 듯싶은데요. 평화가 이어지는 치세였다면 천자를 모시고 국가를 잘 경영했을 것이지만, 당시는 시대가 바뀌는 난세였으니, '당신은 모략을 잘 쓰는 인물'이라는 평가를 받았으니까요. 결국 그가 난세의 간웅이 될 수 있었던 이유는 헌제를 허도로 모신 것과 관도대전에서 승리했기 때문이 아닐까 싶습니다. 시대를 정확히 읽을 줄 아는 능력과 함께 약한 전력으로도 강한 적을 물리칠 수 있는 지략을 겸비했기 때문입니다.

관도대전은 역사상 약세의 군대가 막강한 전력을 자랑하는 상대를 물리친 전투의 하나로 잘 알려져 있습니다. 〈삼국지〉의 3대 전투로 일컬어지는 '관도대전', '적벽대전', '이릉대전' 모두 약한 군대가 강한 군대를 이긴 공통점과 함께 선제공격한 이가 패한 전투이기도 합니다. 이는 강하다고, 병력의 숫자가 많다고, 선제공격을 한다고 해서 승리가 보장되지 않는다는 인간세상의 진리를 알려줍니다.

중원은 어디를 말하는가?

〈삼국지〉를 읽다 보면 '중원'이란 단어를 자주 만난다. 무협지를 읽을 때에도 마찬가지다. 사전적인 뜻은 '중앙의 넓은 평원'이란 의미로, 춘추전국이래 황하문명의 중심 무대가 된 곳이다. 지리적으로 보면 동한시대 지역기준으로 사주, 병주, 기주, 연주, 예주, 서주, 청주의 전 지역과 옹주, 형주, 유주의 일부를 포함하는 황하 유역의 광대한 평원을 말한다.

또한 중원은 정치사상적 의미도 갖고 있는데, 천하는 중원에 핵심 문명이있고 이를 둘러싸고 있는 외부에는 오랑캐들이 있다는 것이다. 사마천은〈사기〉를 편찬할 때 본기本紀를 중심으로 세가世家와 열전列傳을 배치했는데, 이것으로부터 중원을 중심으로 한 사상, 즉 중화사상中華思想이 탄생했다. 그러니까 중원이란 황하 문명의 중심지역이란 지리적인 뜻에서 확장해 중화문명의 핵심이라는 정치적인 뜻으로 변해왔던 것이다.

그렇다면 관중은 어디를 말하는 것일까? 관중은 진시황이 살았던 시안의 평원지대를 가리킨다. 여기서 '관'이란 춘추전국시대에는 함곡관이었고 한나라 이후에는 동관을 말한다. 그러니까 관동은 동관의동쪽 지방을 말한다.

동탁군을 토벌하기 위한 연합군을 관동군이라 했다. 동관은 함곡관과가까운 위치에 있는 좁은 관문이다.

황하문명의 중심 무대가 된 '중원'

11만 vs 2만, 관도대전의 전개와 조조의 승리

황하 남쪽에서 조조가 여포, 유비 등을 물리치고 세력이 점점 커지자 원소는 두려움을 갖기 시작했습니다. 당시 원소는 막강한 군사력을 기반으로 유주와 청주를 영위하던 공손찬을 물리쳤고 병주, 기주, 유주, 청주의 하북 4개 지역을 차지하는 맹주가 되어 있었습니다. 이에 비해 조조는 비록 세력은 크지 않았으나 헌제를 끼고 앉아 천하를 호령하고 있었기에 원소 입장에서는 그냥 보고만 있을 수 없는 상황이었습니다.

언제든 전쟁은 예정되어 있었습니다. 하북을 평정한 원소가 조조를 물리치고 천자를 차지한다면 천하의 패권은 그의 것이 되기 때문입니다. 원소가 전쟁준비를 서두르자 책사 전풍이 조급하게 공격하지 말자며 지구전을 주장합니다. 이에 원소는 군의 사기를 꺾으려 한다며 분노해 전풍을 옥에 가두었습니다. 또 한 명의 책사 저수는 원소군의 패배를 예견하고 탄식하며 가솔들에게 가산을 정리해 나눠 주었답니다. 어쩌면 전풍과 저수에 관한 이야기는 결과론적으로 남겨진 일화 같습니다. 전략을 모르는, 또는 책사의 말을 듣지 않는 바보 같은 원소의 이미지를 보여주려던 것이 아닐까 싶네요.

서기 200년, 원소는 기병 1만에 보병 10만을 준비해 남쪽을 공략할 준비를 했습니다. 이에 비해 관도에 미리 진을 치고 있었던 조조군은 보병과 기병을 합해 겨우 2만 정도였습니다. 공손찬과의 치열한 전쟁을 통해 얻은 강력한 군사력과 여기에 북방 유목민이 주축인 강력한 기병까지, 누가 봐도 원소군의 우세였습니다. 원소가 전풍의 의견을 듣지 않은 것도 어쩌면 당연한 것이었죠.

하지만 칼 길이는 대봐야 하는 것이고 싸움은 해봐야 결과를 아는 것이듯 이 전쟁에서 첫 번째 승리를 거둔 것은 조조 휘하에 있던 관우였습니다. 하비성에서 사로잡혀 어쩔 수 없이 조조의 장수가 되었던 관우는 조조의 극진한 환대를 받자 공을 세울 기회를 노렸습니다. 마침 관도에서 멀리 떨어지지 않은 백마성에 원소군이 다가왔고, 쌍방이 대치한 가운데 관우가 말을 몰아 적진으로 쳐들어가 안량의 수급을 베어 돌아왔습니다. 용맹한 관우의 활약에 맹장 안량을 잃은 원소군은 포위하고 있던 조조의 군영 백마에서 물러났습니다. 적은 병력 탓에 방어 전략으로 일관하던 조조군, 많은 병력을 가졌지만 승리를 결정짓지 못하고 있던 원소군. 아마도 시간이 흘러갈수록 초조해지는 건 거대병력을 갖고 있던 원소였을 것입니다. 거대 군사력을 유지하려면 그들에게 제공하는 식량과 필수품 보급이 가장 문제이기 때문이죠. 사실 조조도 보급의 어려움은 마찬가지였습니다. 거의 일 년이나 대치하고 있던 관도에서 조조군의 식량도 한계를 보였고 더 이상 버티기 어려운 지경에 이르렀습니다.

결국 이 싸움은 승패의 결정적 요소 중 하나인 보급품의 손실에서 갈리게 됩니다. 원소군의 군량창고였던 '오소烏巢'가 불타는 일이 발생한 것입니다. 원소 휘하에 있던 허유가 자신을 신뢰하지 않는 주군을 더 이상 따를 수 없다며 조조에게 투항했습니다. 그리고 원소군의 아킬레스건은 대군을 먹여 살릴 군량미에 있다고 조조에게 진언했습니다. 그리고 군량창고의 위치를 말해준 것이죠. 과연 투항한 적의 말을 믿어도 될 것인가? 아니면 첩자로 몰아 죽여야 할 것인가? 조조는 고민에 빠질 수밖에 없습니다. 아마 조조는 허유의 진심을 알고 있었나 봅니다. 조조와는 어릴 때부터 친구였기 때문에 절대 자신을 배신하지 않을 것으로 여긴 듯합니다.

허유의 말을 믿은 조조는 기마병 5천을 뽑아 오소를 공격해 불태웠고, 장군 순우경과 방어병 1천 명을 사로잡아 그들의 코를 베어버렸습니다. 조조군도 식량이 부족했지만 어쩔 수 없이 소중한 곡식들을 불태운 것이었죠. 이 사건은 원소군 진영을 큰 혼란에 빠뜨렸습니다. 먹고살기 위해 병사가 되었는데 그들의 대장이 자신들을 먹여주지 않는다면 더 이상 군에 남아 있을 이유가 없었기 때문입니다. 그럼 어디로 갈까요? 이때 원소의 주력군을 이끌던 장합과 고람이 자신의 군사들을 데리고 조조에게 투항하는 일이 일어났습니다.

아무리 병력이 많아도 이렇게 내부에서 무너지기 시작하면 걷잡을 수 없게 됩니다. 병사들이 따르지 않자 원소는 겨우 800기의 기병만을 데리고 황하를 건너 북쪽으로 달아났습니다. 갖고 있던 군수품과 도서, 진귀한 보물 등을 남겨두고 말입니다. 귀중품도 챙기지 못할 정도로 황급한 철수였습니다. 이 전투에서 조조는 7만여 명에 달하는 원소의 군사를 죽이거나 사로잡습니다. 이때까지 다른 군벌에 비해 비교적 약세였던 조조는 하북의 원소세력을 몰아낼 수 있는 힘을 얻을 수 있었는데요. 특히 북방 유목민 출신의 기병을 얻을 수 있었는데, 이는 훗날 중원을 평정하는 데 큰 기여를 합니다.

이 전투 결과는 우리에게 몇 가지 중요한 교훈을 줍니다. 첫 번째는 군세가 작다고 좌절할 것이 아니고 크다고 교만을 부려서는 안 된다는 점입니다. 지형과 지세를 잘 살피고 자신이 갖고 있는 역량을 최대한 잘 활용한다면 얼마든지 강한 상대를 물리칠 수 있다는 겁니다. 반면 원소처럼 강한 군사력만을 믿고 제대로 된 전략을 짜지 못할 경우 군사가 많다는 건 장기적으로 좋은 결과를 가져오기 어렵습니다.

두 번째는 인재를 믿고 맡기는 지휘자의 도량입니다. 원소는 휘하에 있던 전풍이나 허유 같은 군사 전략가들의 말을 믿지 않았습니다. 그들의 진언을 제대로 수렴하지 않았고 독단적으로 행동했습니다. 원소라는 인물은 '작은 이익에는 과감하고 큰 이익에는 주저했던 사람'이라고 설명할 수 있습니다. 한마디로 우유부단하고 적절한 의사결정을 내리지 못했던 인물이었습니다.

결국 이 전투는 중원을 조조가 차지할 수 있도록 만들어준 중요한 계기가 되었습니다. 황하가 만들어낸 거대한 화북평원 일대를 의미하는 중원, 이곳에서 동아시아 문명이 시작되었고 2천 년이 넘는 시간 동안 문명의 중심지였습니다. 이곳 중원을 차지한 자가 천하를 차지하는 법이라는 사실을 역사는 알려줍니다. 결국 조조는 관도대전을 통해 제국을 향한 중요한 발걸음을 내디뎠던 것입니다.

북방을 평정한 조조

관도대전이 조조의 승리로 끝났지만 중원이 온전하게 그의 것이 되기에는 꽤 많은 노력과 오랜 시간이 필요했습니다. 끈 떨어진 노인네 신세가 되었지만 원소가 아직 살아 있었고 그 아들들도 건재했습니다. 그런데 이때에도 원소는 결정적 실책을 저지릅니다. 바로 후계자 문제를 제대로 다져놓지 못한 것입니다. 역사에서는 후계자를 제대로 세우지 못해 가진 것을 잃어버리는 세력들이 많이 있습니다. 고구려 말기 연개소문 집안에서도 그랬고, 후백제 견훤도 그랬죠. 만약 원소의 후계자들이 물려받은 세력을 잘 건사했다면 조조에게 화북 세력을 그리 쉽게 넘겨주지 않았을 겁니다. 조조에게 하늘이 내려준 운이 뒤따른 걸까요?

원소의 후계자로 장남 원담과 원상이 있었습니다. 문제는 원소가 장남인 원담을 제치고 삼남 원상을 지지했던 겁니다. 그는 왜 장남을 후계자로 세워 밀어주지 않고 세째 아들에게 힘을 실어주었던 걸까요? 더구나 원상은 아직 나이가 어렸는데 말입니다. 진실은 알려지지 않았지만 아마도 원상은 원소가 총애하던 후처에게서 탄생한 아들이었을 겁니다. 그 후처의 뒷배경이 기주에서 가장 강력한 세력을 형성하고 있었을 가능성이 있습니다.

어쨌든 원소는 원상을 업성과 기주를 지키는 후계자로 지지했고, 장남 원담은 청주, 차남 원희는 유주, 그리고 조카 고간은 병주를 다스리도록 분할 임명했습니다. 결국 원소 세력의 핵심을 이어받은 기주의 원상을 지지하는 세력과 남쪽 청주 지역에서 원담을 지지하는 세력으로 양분되고 말았습니다. 마침 조조가 대군을 이끌고 기주로 쳐들어갔고, 원소는 아들 원상과 조카 고간을 보내 조조군에 대항하게 했습니다. 하지만 군사적 능력이 부족했던 원상은 조조에게 패했고, 이 소식을 들은 원소는 피를 토하고 죽고 맙니다. 그의 사촌동생 원술도 피를 토하고 죽었다고 기록되어 있는데, 집안 내력이었을까요?

관도대전에서 조조가 승리하기는 했지만 원소가 사망할 당시까지 그의 세력은 상당히 강력했습니다. 조조가 지속적으로 기주를 공략하기에 힘이 부칠 정도였죠. 또한 조조가 쳐들어오자 비록 앙숙 같은 형제간이라 하더라도 서로 뭉쳐 외부의 적에 대항하려 했습니다. 이러한 상황을 인지한 모사 곽가가 조조에게 이렇게 조언했습니다.

"원소의 세력은 아직 강대합니다. 그런데 아들들 간에 권력다툼 조짐이 있습니다. 그러니 격안관화隔岸觀火, 즉 강 건너 불구경하듯이 그들의 다툼이 격화되어 서로 싸우기를 기다린 다음 공격하는 것이 좋겠습니다."

이에 조조는 그 말이 옳다고 여겨 군사를 돌려 퇴각합니다. 적이 내부 분열의 조짐이 있는데 굳이 목숨 걸고 싸울 이유가 없었던 거죠. 과연 조조가 물러나자 원담과 원상은 두 패로 갈리어 형제간에 골육상쟁을 벌였습니다. 이때 세력이 컸던 원상이 원담을 이겼고, 위기에 처한 원담은 조조에게 구원을 요청했습니다. 동생을 이기겠다고 승냥이를 집안에 끌어들인 바보짓을 한 겁니다. 기회를 잡은 조조는 군사를 몰아 기주로 공격해 들어갔고, 이 과정에서 조조의 아들 조비가 아름다운 외모로 유명했던 아내 견씨를 얻게 됩니다. 원래 견씨는 원희의 부인이었는데요.

원담은 살해되었고 원상과 원희는 북방으로 도망쳐 오환의 왕 답돈에게 망명했습니다. 이 와중에 병주의 고간은 조조에게 항복한 뒤 배신을 하려다가 토벌당해 역시 패망했습니다. 최종적으로 원상은 남은 병력을 이끌고 요동의 공손강에게 몸을 의탁했지만 곧 살해되고 원소의 잔당은 완전 소멸하게 됩니다.

관도대전 이후 조조는 북방 공략에 힘을 썼습니다. 그리고 짧은 기간 안에 황하 이북을 그의 세력권으로 편입시키는데요. 이는 조조가 가진 출중한 군사적 역량도 있었겠지만 내부 분열도 한몫했습니다. 원소의 죽음(202년)으로부터 원상의 죽음(207년)까지 고작 5년밖에 걸리지 않았거든요.

사실 원소군은 북방 유목민으로 구성된 강력한 기병이 주축이었습니다. 원상이 오환과 좋은 관계를 갖고 있었던 걸 보면 그의 모계가 북방 유목인일 가능성도 있습니다. 그에 비해 조조군은 남방 보병이 주력군이었지요. 역사상 유목민 기병과 농민 출신 보병의 전투는 늘 기병의 우세였습니다. 그러니 기병 중심의 원소군에 맞서 조조군이 이긴다는 것이 쉽지 않았을 겁니다. 하지만 내부 분열의 어부지리를 얻어 어렵사리 북방을 평정합니다. 아직 등자가 발명되기 전이라 후대의 기병만큼 강력하지 못했던 것도 조조의 보병이 승리한 원인 중 하나일 수 있습니다.

원소의 죽음 이후 초촉, 장남, 여광, 여상 같은 무장들의 배신이 잇따랐고, 공손찬을 토벌하는데 큰 공을 세운 장합도 조조의 휘하로 들어왔습니다. 그렇게 원소가 애써 일군 세력도 와해되었는데요. 강력한 리더십을 갖춘 창업자가 이끌 때에는 별 문제 없다가 후계자에게 넘겨진 뒤 무너진 사례가 많습니다. 형주의 유표도 그랬고, 훗날 남조의 유송이나 양나라도 마찬가지였습니다. 그렇다면 창업 뒤 2세 후계자에게까지 안정된 구도로 이어지려면 어떤 조건이 있어야 할까요? 후계자가 갖추어야 할 리더십, 그를 따르는 사람들의 안정된 지지기반, 번영을 누릴 수 있는 정치경제적 이익 획득 등 준비해야 할 것들이 많습니다.

조조의 오환 정벌

원담과 원상 형제를 토벌한 조조는 오늘날 장성長城 너머에 있는 오환을 정벌하기 위해 떠났습니다. 곽가의 조언을 받아들여 치중(輜重, 보급품)을 최소한으로 한 부대를 편성하고, 산에 올랐습니다. 당시에는 장성이 없었겠지만 평지에서 고원지대로 올라가서 싸워야 하는 산 설고 물선 낯선 어려운 원정이었습니다. 날랜 유목민들의 나라인 오환을 정벌하려면 어쩔 수 없는 싸움이었죠. 그리고 백랑산(白狼山, 지금의 백록산)에서 오환 부대를 만나 전투를 벌였고 오환왕 답돈을 참수했습니다.

기주와 유주를 점령한 조조는 하북의 평야지대 모두를 그의 세력권으로 두었기에 더 이상 전쟁을 치를 필요가 없었을지도 모릅니다. 그럼에도 불구하고 조조는 오랜 전투로 지친 가운데서도 병력을 이끌고 초원지대로 떠났습니다. 조조가 오환을 정벌해야 했던 이유는 무엇이었을까요? 「위서-오환전」에 보면 그 답이 있습니다.

'오환과 선비는 점점 강해졌고 성을 공략하고 사람들을 죽이거나 포로로 잡았으므로 북쪽 변방은 여전히 고통을 받았다.'

북방 유목민들은 가을만 되면 남하해 중원 사람들을 공격했기에 탄생한 사자성어가 바로 '천고마비天高馬肥'입니다. 원래는 '추고새마비秋高塞馬肥'라는 말에서 유래했는데요. '가을 하늘은 높고 변경의 말은 살이 찐다.'라는 뜻입니다. 「한서-흉노전」에 따르면 늦가을은 변방 유목민족이 활동하기 좋은 계절로 언제든 침입할 수 있으니 이에 대비하라는 경고의 의미였습니다. 흉노, 선비, 오환을 비롯한 북방 유목민들은 생존을 위해 남쪽 평야지대를 정기적으로 침입했습니다. 그들에게는 남쪽 정주민이 가진 철, 곡식, 옷감 등이 꼭 필요했거든요. 그리고 겨울 동안 노략질을 일삼다가 봄이 오기 전에 북쪽으로 떠났습니다.

하지만 겨울마다 이를 겪어야 하는 민중들의 고통은 얼마나 극심했을까요? 봄부터 가을까지 애써서 수확한 곡식을 빼앗기고 재물을 수탈당하고 때로는 그들에게 잡혀가기도 했습니다. 이를 막아주어야 할 주체는 중앙 조정과 지방의 권력자들이었습니다. 그래야만 민중들이 세금을 내고 병역에 종사할 명분이 생기는 것이지요. 하지만 동한 말의 혼란기에 중앙 조정은 힘이 없었습니다. 이제 북방의 맹주로 등극한 조조 입장에서는 민중들의 편안한 삶을 보장해 주어야 패권자로서 권위가 섭니다. 안전보장도 못해 주는 주군을 누가 따르겠습니까?

조조로부터 400년 전, 고조 유방이 항우를 물리친 뒤 곧바로 대동지방으로 원정을 떠나야 했던 것도 같은 이유였습니다. 하지만 유방은 흉노족에게 패하고 포위되어 치욕적인 항복을 해야 했습니다. 그리고 평화를 유지하기 위해 정기적으로 비단과 곡식을 보내고 화번공주*를 시

---

* 흉노족에 출가했던 왕소군이 가장 유명한 인물이고, 오손으로 간 세군공주와 해우공주, 돌궐족에게 보내진 의성공주가 있다. 가장 유명한 화번공주는 당나라 때 토번으로 시집간 문성공주다. 이들 외에도 당나라 시절 알려진 화번공주만 해도 18명이나 되었다고 하니 특별한 일이 아니라 늘 있었던 풍습이었던 듯하다. 우리가 알기에 당나라는 중국 왕조 중 가장 강성했던 나라 아니었나? 그런데 어떻게 오랑캐들에게 여인들을 시집보내야 했던 것일까? 중원제국과 북방 유목민 간에는 우리가 아는 역사와는 꽤 다른 일들이 있었음을 유추해 볼 수 있다.

집보내야 했던 것이지요. 전쟁을 해도 이기지 못하니 그들이 원하는 여자와 물자를 주어 달랬던 것입니다. 한마디로 중원제국 제왕의 체면을 살리지 못했던 것이죠.

이제 새롭게 북방의 패자가 된 조조도 유방과 마찬가지로 북방지역의 안정을 위해 고원을 넘어 오환을 공격했습니다. 유성의 100여 리 부근에서 전투가 벌어졌는데, 조조군은 답돈의 머리를 베고 죽은 자가 들녘을 메울 정도로 큰 승리를 거두었습니다. 나머지 오환인들은 멀리 달아났습니다. 조조가 승리하게 된 원천은 원소가 거느렸던 오환 기병들입니다. 원소는 오환인들 중 이름 있는 자들을 대우해 주어 정예 병사로 양성했던 것이죠. 덕분에 조조는 원소의 군대를 흡수해 자신의 강력한 기병대를 창설할 수 있었던 겁니다. 이후 많은 오환인들이 전쟁으로 황폐해진 중원으로 이주했는데, 시간이 흘러 서진시대에 이르러서는 유목민 출신의 기병대는 중원을 그들의 땅으로 만들어버립니다.* 호랑이 새끼를 집안에서 키운 결과라 할 수 있겠습니다.

조조군은 곽가**의 계책에 따라 가벼운 무장으로 오환 지역을 기습 공격해 승리를 거두었지만 그 복귀 과정은 아주 험난했습니다. 물과 식량 부족으로 애를 먹는데요. 보급품을 제대로 준비하지 않은 채 초원지역을 공격했으니 당연한 일이었죠. 운이 좋았기 망정이지 그렇지 않았다면 살아 돌아오지 못했을 겁니다. 이때 조조에게 가장 마음 아픈 사건이 일어났습니다. 곽가가 병사한 일이었는데요. 조조가 가장 신임한 책사였기 때문입니다.

멀고먼 원정으로 고생을 많이 했지만 조조는 북방정벌을 성공적으

---

* 서진 말에 8왕의 난이 벌어지며 진나라 황족들은 유목민 기병대를 용병으로 썼는데, 이들이 중원에 국가를 세운다. 이를 '5호16국 시대'라 한다.

로 끝내고 새로 근거지가 된 업성으로 돌아왔습니다. 본래 업성은 춘추시대 환공이 처음 건설했고 전국시대에는 위魏나라가 있던 곳이었습니다. 사마천에 따르면 수리 전문가 서문표西門豹가 황하와 장하의 물을 이용한 관개사업을 진행해 번창했던 도시였습니다. 서한시대에는 위군의 치소가 있었기에 훗날 조조는 이곳을 수도로 삼아 위왕魏王이 되었습니다. 그리고 그의 아들 조비가 위제국의 황제가 되는 것도 바로 업성을 나라의 근거지로 삼았기 때문입니다. 조조는 이곳을 근간으로 재물을 확보하고 병사들을 훈련시켜 천하통일 준비를 다지게 됩니다.

**곽가(郭嘉, 170~207)
하남 우현(禹縣) 사람. 중요한 모사로 여포를 제압하고 하북을 안정시키며 오환을 멸함.

병귀신속, 귀신처럼 빠르게 공격하라

원희와 원상 형제가 북쪽으로 달아나 오환 답돈에게 의지하자 조조는 오환 정벌 계획을 세운다. 문제는 하북 지역의 평지를 떠나 고원을 넘어 멀고먼 초원지대에서 전투를 수행해야 하는 것이었다. 그래서 조조는 책사 곽가에 게 방책을 물었다. 그때 곽가의 대답은 이랬다.

"초원지대에서는 병귀신속을 해야 합니다. 용병用兵은 한순간도 머뭇거림 없이 신속하게 행동해야 하는 것이기에 경기병輕騎兵만으로도 적을 이길 수 있습니다."

이에 조조는 곽가의 전술을 받아들여 경기병을 이끌고 오환으로 진격했 다. 조조의 신속한 공격에 허를 찔린 오환의 군대는 대부분 죽거나 북쪽으 로 도망쳤다. 병귀신속은 적진의 특성과 상황에 따라 잘 살려 유효적절하 고 신속하게 이용한다는 뜻이다. 만약 조조가 이런 전략을 쓰지 않고 전통 적 방식을 고수했다면 어떻게 되었을까? 후대에 조조처럼 북방인들을 정 벌하겠다고 출정한 이들이 있었다. 수문제(隋文帝, 541~604), 수양제(隋楊 帝, 569~618) 그리고 당태종(唐太宗, 598~649)이다. 그들도 조조처럼 상대 가 강하다는 것을 알고 있었지만 선배 조조를 따라하지 않고 정공법을 썼 다. 어마어마한 숫자의 군대와 보급품을 준비했다. 하지만 그 결과는 처참 한 패배였다. 그들에게는 곽가와 같은 유능한 책사가 없어서일까? 상대가 달라서일 수도 있다. 그 상대는 바로 고구려였다.

제2장

천하삼분 세 영웅의 쟁투

유비와 삼고초려

신야성과 비육지탄

조조와 원소가 관도를 두고 싸우던 무렵, 원소 휘하에 있었던 유비는 전투 상황이 불리하게 전개된다는 것을 알아챘습니다. 만약 이 전쟁에서 원소가 조조에게 패한다면? 자신에게 돌아올 결과는 오로지 죽음뿐이었습니다. 원소가 유비를 잘 챙겨준 이유는 헌제의 친위 쿠데타였던 '동승 사건'에 가담한 유일한 생존자였기 때문이었는데요. 이 사건은 헌제가 반란의 주체였고, 임신 중이던 동귀비를 포함해 700여 명이나 역적혐의로 살해당했던 국가 대사였습니다. 비록 조조보다 큰 세력을 갖고 있었지만 천자와 함께하지 못했던 원소 입장에서는 주요 가담자였던 유비가 꽤 쓸모가 있었습니다. 천자를 속박하는 조조를 역적으로 몰아세울 수 있는 명분이 있었기 때문입니다.

하지만 명분을 내세우려면 상대를 제압할 수 있는 실력이 뒷받침되어야 합니다. 동귀비를 죽이고 천자를 겁박하는 조조라 하더라도 군사력으로 그를 제압할 수 없다면 아무 소용없는 것이죠. 결국 유비는 원소가 처한 상황을 읽고 그의 곁을 떠납니다. 이번에도 홀로서기 할 능력은 없고 자신을 받아줄 주군을 선택해야 하는 처지였던 그가 갈 수 있는 곳은 과연 어딜까요? 남쪽 형주자사로 자리 잡고 있던 유표였습니다. 더 이상 선택지가 없기도 했습니다. 젊어서 처음 의지했던 공손찬은 원소에 의해 패망했고, 도겸이나 원술도 이미 저세상 사람이었습니다. 그렇게 천하를 호령했던 많은 이들이 점차 역사에서 사라졌습니다.

전국시대에 초나라 땅이었던 형주는 비교적 오랜 시간 평화를 누리고 있었습니다. 이곳은 장강 중류 지역으로 비교적 개발이 잘되어 있었고, 유표가 잘 관리하고 있었죠. 유표는 천하를 주름잡을 패기는 없었지만 나름대로 능력을 갖춘 인물이었기에 형주 지역을 자신의 세력권으로 만들었던 겁니다. 그러다 보니 중원 지역이 전란에 휩싸인 뒤 많은 인사들이 형주로 피난을 왔고, 군웅들이 욕심내는 땅이 되었습니다. 때문에 형주는 소설 〈삼국지〉 120편 중에서 82편의 현장이 될 만큼 중요한 지역이었습니다.

관도대전에 참여했던 유비는 관우, 장비, 조운 등을 데리고 유표에게 찾아갔습니다. 그때까지 유표와 유비는 특별한 인연은 없었지만, 유비가 황가의 일원이었고 원술과 여포 그리고 조조와 대결했기에 어느 정도 역할을 인정받았습니다. 그래서 유표는 당시 형주의 최전방이라 할 수 있는 신야성新野城을 유비에게 주어 지키도록 명했는데요. 거기서 북쪽 200킬로미터가량 떨어진 허도의 상황을 잘 주시하라는 의미였지요.

유표는 유비가 마음에 꼭 들어 자리를 내준 것은 아니었습니다. 특히 그의 책사였던 괴월과 한숭, 채모는 유비를 경계했습니다. 비록 큰 세력

을 갖고 있지는 못해도 야심만만한 유비 일행이 어떤 욕심을 부릴지 알
수 없기 때문이었는데요. 그래서 조조의 근거지와 가까운 신야현에 머물
게 하고 만약의 사태에 대비하려 했던 겁니다. 만약의 사태란 조조가 북
방을 평정하고 형주로 남하하는 일이었습니다. 실제로 훗날 '만약의 사
태'가 벌어지고 맙니다.

신야성에 머물며 비교적 평화로운 시간을 보낼 즈음, 유비는 지역을
담당하는 주요인사이니 유표가 마련하는 회식자리에 참가할 수 있었습
니다. 이와 관련해 소설에는 에피소드 두 가지가 등장하는데요. 하나는
'비육지탄髀肉之嘆'의 고사이고, 또 하나는 유비가 타던 말 '적로마的盧馬'와
관련 있습니다.

먼저 비육지탄에 대해 이야기해 보면 이렇습니다. 어느 날 유비는 유
표가 베푼 술자리에 초대받아 즐거운 시간을 보내고 있었습니다. 그러
던 중 소변이 마려워 뒷간에 간 유비는 자신의 허벅지에 두둑이 살이 오
른 걸 보았습니다.

"고향을 떠날 때 어지러운 천하를 안정시키겠다고 맹세했는데 이 나
이까지 나는 무얼 했던가? 아무것도 이루지 못하고 허송세월만 하고 있
구나!"

이런 비애가 들자 자신도 모르게 눈물이 흘렀습니다. 좋은 일이나 슬
픈 일이 있을 때 눈물을 흘리는 유비의 특기가 나온 것이죠. 술자리로 돌
아온 유비의 얼굴을 본 유표가 걱정스러운 말로 물었습니다.

"아니 아우님, 이 좋은날 왜 그렇게 슬픈 표정을 짓는 것인가?"

그러자 유비는 이렇게 답했습니다. "지난날에는 항상 말을 타고 전장을 누볐기 때문에 허벅지에 살이 오를 겨를이 없었습니다. 그런데 작금에는 그럴 일이 없다 보니 군살이 쪄 있지 뭡니까? 천하에 이름을 올리지도 못했고, 포부도 옛날 같지 않은 듯해서 조금 슬펐습니다."

이 말을 들은 유표가 좋은 말로 유비를 위로했지만 그의 마음은 다스려지지 않았답니다. 바로 여기서 '비육지탄'이란 고사가 생겼는데요. 오랫동안 제대로 된 전투를 치르지 못했으니 허벅지에 살이 올랐다는 의미이지요.

두 번째 에피소드는 적로마와 관련된 이야기인데, 이 말은 원래 조운이 싸움터에서 얻은 준마였습니다. 그는 유비에게 이 말을 바쳤는데, 눈 아래 물주머니가 있어서 적로的盧라 불렸습니다. 그렇게 유비가 이 말을 타고 있던 중 유표의 만찬 회식에 참가하게 됩니다. 이때 유표의 책사 괴월과 채모는 유비를 해치려는 계획을 세웠습니다. 연회가 열리는 가운데 무사를 시켜 유비를 죽이려 했던 거죠. 하지만 낌새를 알아챈 유비는 화장실에 다녀온다는 핑계로 자리를 빠져나와 말을 타고 도망을 쳤습니다. 잠시 뒤 유비가 사라진 것을 알게 된 괴월은 군사를 보내 뒤쫓게 했습니다.

유비가 형주성의 서쪽 문을 나와 한참을 달려가다 깊은 강을 만났습니다. 뒤에서는 적병이 추격하고 앞에는 깊은 물이 있어 난관에 처해 있을 때, 말 앞발이 물에 빠지고 말았습니다. 그러자 유비는 "이번에야말로 죽는구나! 적로야! 적로야! 네가 오늘 나를 해치려 하느냐!"라고 외쳤습니다. 원래 이 말은 타던 주인을 해칠 운명을 타고났다는 이야기가 있었습니다. 그때 적로마는 유비의 예상을 뒤엎고 물속에서 솟구치더니 9미터나 날아 서쪽 언덕에 다다랐습니다. 그리고 죽음의 문턱에 섰던 유비를 구해냈습니다. 적로마가 주인을 해친다던 말은 낭설이란 걸 입증한 것이었죠.

비육지탄과 등자

말과 한 몸처럼 움직이는 유목
기마병과 중세 기사는 당대 최
고의 병기였다. 그들은 말 위에
서 긴 창을 휘두르고 적을 향해
손쉽게 화살을 날릴 수 있었다.
이렇게 말 위에서 손을 자유롭

게 움직이기 위해서 꼭 필요한 도구가 바로 '등자鐙子'였다. 등자 덕분
에 기마병은 말 위에서 자유롭게 움직일 수 있고 마음껏 활을 당길 수
있었다.

등자는 역사의 물줄기를 바꾸는 데 크게 기여했다. 등자는 고구려 벽
화에 등장하는데 서양에서는 378년 아드리아노플 전투에서 고트족 군
대가 로마군을 물리치는 데 결정적 역할을 했다. 이후 등자는 말의 고
삐, 안장과 함께 기병들의 기본 도구로 정착할 수 있었다. 그런데 등자
가 탄생하기 전의 기병들은 창을 양손이 아닌 한 손으로 잡고 돌격해
야 했다. 한 손은 반드시 고삐를 쥐어야 했기에 화살을 자유롭게 쏠 수
없었고, 때문에 그들의 역할은 보병을 보조하는 데 머물렀다.

유능한 유목민 출신 기병들은 등자가 없어도 양 무릎으로 말의 배를
꽉 조이면서 활동할 수 있었는데, 말에서 떨어질 가능성이 높아 상당
한 훈련이 필요했다. 유비가 비육지탄을 말하는 것으로 보아 이때까지

등자를 사용하지 못했다는 것을 알 수 있다. 말 위에서 떨어지지 않기 위해 두 다리를 꼭 조여야 하는데, 전투를 자주 치르다 보면 허벅지에 살이 찔 틈이 없기 때문이다.

47세 유비 27세 제갈량을 세 번 찾다

허벅지에 살이 올랐다고 한탄만 하고 있었다면 유비가 천하의 효웅梟雄이 될 수 없었을 겁니다. 자신이 부족한 게 무엇인지 성찰한 뒤 나름대로 적절한 대책을 세우는데요. 여기서 우리가 잘 아는 삼고초려 에피소드가 등장합니다. 삼고초려는 어린아이들도 잘 알 만큼 소설 〈삼국지〉에서 가장 잘 알려진 유비와 제갈량의 이야기죠? 이는 사서 〈삼국지〉에도 세 차례나 찾아간 뒤에야 만날 수 있었다고 나오니, 소설이 아닌 역사적 사실이었던 건 분명합니다.

물론 소설에서 묘사하듯이 유비가 세 번이나 깍듯한 자세로 찾아갔는지는 알 수 없고 다양한 의견들이 존재합니다. 〈삼국지 강의〉에서 이중텐 선생은 제갈량이 당시 명사들을 모아놓고 정치 세미나를 하지 않았겠느냐 하는 의견을 내세웁니다. 그곳에서 제갈량을 만난 유비는 "꽤 괜찮은 젊은이네!" 하고 마음에 두었고, 다음번에 좀더 깊은 대화를 했으며, 세 번째 만나서야 함께 일하자는 제안을 했다고 주장합니다. 제가 봐도 설득력이 있는데요. 유비를 만난 건 제갈량의 적극적 홍보가 없었다면 알려지지 못했을 지극히 개인적 사건이었습니다.

〈삼국지〉에 나오는 그 어떤 인물이 주군을 만날 때 이런 멋진 에피소드를 남겼나요? 제갈량은 자신을 잘 포장할 줄 아는 사람이었습니다. 훗날 유비가 죽은 뒤 북벌에 출정하면서 후주後主 유선에게 표表를 올리는데요. 이것이 바로 〈출사표出師表〉이며, 여기에 삼고초려라는 말이 등장합니다.

先帝 不以臣卑鄙 猥自枉屈

선제께서 신을 비천하다 하지 않으시고, 황송하게도 몸을 낮추고 굽히시어,

三顧臣於草廬之中 諮臣以當世之事

세 번이나 신의 초막을 찾아오셔서 당세의 일을 물으시니,

由是 感激 遂許先帝以驅馳

감격한 나머지 선제를 부지런히 모시게 되었나이다.

잘 들여다보면 제갈량의 자부심이 드러나 보입니다. 후주 유선에게 말하길, '나는 당신 아버지가 황공하게도 세 번이나 찾아와 천하의 일을 물은 사람이다. 그러니 당신이 아주 잘 대해 주어야 할 중요한 인물이다.'라고 말하고 있습니다. 황제에게 공손한 태도로 올린 보고서이지만, 스스로의 역할에 대해 얼마나 자신감이 있었는지를 느끼게 해주는 중국 역사상 최고의 명문이기도 합니다. 이 때문에 후대 선비들은 제갈량의 출사표, 그리고 삼고초려 이야기를 지속적으로 언급했습니다. 황제를 모시는 자신들도 제갈량처럼 높은 인정을 받고 싶은 마음이 컸기 때문이겠지요.

그렇다면 유비는 왜 제갈량을 영입하기 위해 세 번씩이나 찾아갔을까요? 당시 유비는 마흔일곱의 중년이었고 제갈량은 겨우 스물일곱 청년이었습니다. 제아무리 마음이 넓은 인물이었다 해도 많은 나이와 처절한 생존경험을 한 유비가 세 번이나 간곡한 자세로 찾아간다는 건 쉬운 일이 아닙니다. 더구나 유비는 황가의 일원이었고 제갈량은 한 번도 고생을 겪어보지 못한 나이 어린 서생일 뿐이었는데 말입니다. 이 시점에 삼고초려가 등장한 건 충분히 그럴 만한 사정이 있었기 때문이라고 봅니다.

우선 유비가 처한 환경이 그럴 수밖에 없었습니다. 그는 24세 즈음에 돗자리 장수를 그만두고 황건적 토벌군에 가담했습니다. 그리고 얼마 뒤 공손찬의 도움으로 서주로 이동했고, 도겸, 원술, 여포, 조조 등과 관계를 맺었습니다. 그 과정에서 죽을 고비를 수차례 넘겼고, 처자식을 여러 번 잃기도 했습니다. 그렇게 천하에 나온 지 20년이 훌쩍 지났건만 그가 이룬 것은 뭔가요? 따져보면 지금 머물고 있는 작은 신야성도 유표의 것이었고, 그의 곁에는 관우와 장비 등 허우대만 멀쩡한 장수들 몇 명뿐이었습니다. 조조처럼 부자 아버지나 원소처럼 좋은 집안을 가지지 못했다는 것을 감안하더라도 이룬 게 너무 없었습니다. 살이 오른 자신의 허벅지를 보고 비육지탄을 내뱉을 만했지요. 그렇다면 그에게 진짜로 부족한 것은 무엇이었을까요? 그건 바로 세상을 보는 통찰력과 먹고 먹히는 난세에서 적절한 실행전략이었습니다. 그런 의미에서 제갈량과 같은 머리 좋은 책사가 꼭 필요했던 것입니다.

두 번째는 제갈량을 추천한 서서의 조언이 있었습니다. 어느 날 유비는 지역에서 학식이 높기로 유명한 사마휘, 즉 수경선생을 찾아갔습니다. 그때 선생은 유비에게 자신의 제자 중 와룡과 봉추가 쓸 만하다며 이렇게 말했습니다.

"두 사람 가운데 한 사람만 얻어도 천하를 안정시킬 수 있습니다."

그러자 유비는 두 사람에 대해 자세히 물어보았지만 수경선생은 더 이상 말해주지 않았습니다. 그러던 어느 날 서복이란 이가 찾아왔고, 그가 훗날의 서서였습니다. 유비는 그의 능력을 시험해 본 뒤 즉시 군사軍師로 삼았습니다. 그리고 마침 조조의 수하 장수 조인이 군사를 이끌고 신야성을 침공하자 서서는 자신의 재능을 발휘해 이를 막아냈고, 관우에게 번성을 취하도록 지원했습니다.

유비가 어느 날 서서에게 좋은 인재를 추천하라고 하자 그는 이렇게 말합니다. "남양南陽 융중隆中에 제갈량이란 인물이 있습니다. 그는 사람들에게 와룡이라고 불리는데 아마 저보다 더 높은 능력을 갖고 있을 겁니다." 그러자 유비가 이렇게 말했습니다. "그럼 자네가 가서 데려오지 않겠나?" 서서는 이런 말을 덧붙였습니다. "그는 가서 볼 수는 있어도 억지로 오게 할 수는 없습니다. 장군께서 몸소 찾아가셔야 합니다."

결국 사마휘 선생과 서서의 적극적인 추천에 따라 유비는 제갈량을 찾아가기로 마음먹었습니다. 정성을 들여 찾아가야 하는 대단한 인물이라

조조
- 문신 : 순욱, 곽가, 정욱, 순유, 가후, 유엽, 만총, 모개
- 무신 : 하후연, 하우돈, 전위, 허저, 장료, 서황, 장합, 악진, 우금, 방덕

유비
- 문신 : 제갈량, 방통, 법정, 마량
- 무신 : 관우, 장비, 조운, 마초, 황충, 위연

손권
- 문신 : 장소, 노숙, 장굉, 여범, 제갈근, 육손
- 무신 : 주유, 여몽, 정보, 황개, 능통, 감녕, 주태, 반장

인재들의 주군 선택

는 확신이 들었기 때문이겠지요. 하지만 첫 번째 방문에서는 제갈량이 여행을 떠났다는 소식에 발길을 돌려야 했고, 두 번째는 눈이 펄펄 내리던 날이었지만 만나지 못하고 서신만 남겨두어야 했습니다. 결국 다음해 봄날, 유비는 목욕재개하고 정성을 다한 뒤에야 제갈량을 만날 수 있었습니다. 세 번째에서야 조우하게 된 것이지요.

훗날, 제갈량보다 먼저 채용된 서서는 유비를 떠나는데요. 조조가 형주로 남하할 때 그의 노모가 조조군에 포로가 되었고, 조조가 이를 이용해 서서를 끌어들였기 때문입니다. 평소 효심이 지극하기로 이름 높았던 서서는 어쩔 수 없이 유비를 떠나 조조 군영으로 가야 했습니다.

천하의 가장 유명한 프레젠테이션, 융중대

드디어 만난 유비와 제갈량은 주위 사람들을 물리고 이야기를 나눴습니다. 두 사람의 공통 관심사는 천하의 향방이 어떻게 흘러갈 것이며, 유비는 어떤 비전을 갖느냐였습니다. 이때 제갈량의 '세상에서 가장 유명한 프레젠테이션'이 시작되었는데요. 이름하여 '융중대책'이었습니다.

유비가 먼저 말했습니다. "황실은 기울고 무너졌으며 간사한 신하들이 천자의 명을 도용하여 천하를 호령하고 있습니다. 저는 덕행과 역량이 부족해 천하의 대의를 떨치지 못하고, 지혜와 모략이 부족하여 좌절하고 실패해 오늘에 이르렀습니다. 그러나 그 뜻은 여전히 굳건한데 어찌 좋은 방도가 없습니까?" 그러자 제갈량이 이렇게 화답합니다.

"동탁이 천하를 어지럽힌 뒤 호걸들이 등장해 각 지역을 점거하는 일이 일상이 되었습니다. 그 중 조조는 지략에 의존해 원소를 무찌르고 백만 병사를 거느리고 있으며 천자를 끼고 제후를 호령합니다. 따라서 조조 세력이 강성하므로 그와 다투기 어렵습니다. 강동江東의 손권(孫權, 181~251)은 벌써 한 세대를 다스렸는데, 나라가 튼튼하고 백성이 주군을 의지하며 현명한 자들이 이끌고 있습니다. 그와 손잡을 수는 있으나 함께 도모할 수는 없습니다."

그러자 유비는 "두 강자들이 중원과 강동 지역을 모두 차지하고 있으니 어찌해야 한다고 보십니까?" 이에 제갈량이 천하대세에 관한 이야기를 풀어내니, 바로 그 유명한 '천하삼분지계天下三分之計'였습니다.

"우리가 머물고 있는 형주는 아주 좋은 땅입니다. 북쪽에 한수漢水와 면수沔水가 있어 경제적 이익이 크고, 동쪽으로는 오군吳郡과 회계會稽에 잇닿아 있고 서쪽으로는 촉군蜀郡과 파군巴郡으로 통하니 충분히 무력으로 지킬 만합니다. 그런데 이 땅의 주인 유표는 패기가 없어 이를 간수하지 못할 것입니다. 또한 서쪽으로 눈을 돌리면 익주益州가 있사온데, 그곳은 천하의 요지로 기름진 들판이 천리에 이르고 인구가 많아 부유한 땅입니다. 더구나 고조(유방)께서 그곳에서 일어나 천하를 얻지 않았습니까? 하지만 그곳의 주인 유장은 어리석고 유약하며, 한중漢中의 장로가 북쪽에서 위협하고 있음에도 제대로 대처하지 못합니다.

장군께서는 황실의 후예인 데다가 신의는 천하에 빛나고 영웅들이 널리 따르니 이들을 잘 활용한다면 얼마든지 기회가 있습니다. 만일 형주와 익주를 점거하여 그 요충지를 지키고, 서쪽으로는 오랑캐와 조화를 이루고 남쪽으로는 이월을 위로하고 밖으로 손권과 맹약을 맺는다면 천하에 변화를 만날 수 있을 겁니다. 그때 상장 한 명으로 형주의 군대를 완현(宛縣, 지금의 허난)과 낙양洛陽으로 진군하게 하고, 장군께서는 익주의 병력을 이끌고 진천秦川의 관중으로 출격한다면 천하가 목전에 있을 것입니다. 그렇게 되면 10년 내에 대업을 이루실 것이고 20년이면 천하가 안정될 것입니다."

이 얼마나 멋진 프레젠테이션인가요? 평생 전쟁터를 다니며 꿈을 키웠건만 이런 거대한 이야기를 들어본 적이 없었던 유비는 감동했습니다. 아마도 이때까지 그는 자신의 역할이 무엇인지 제대로 깨닫지 못했을 겁니다. 그저 한나라 황실을 부흥시키는 데 한 몸을 희생하겠다는 대의만 있었을 뿐! 형주를 중심으로 중원과 강동, 익주까지 아우르는 제갈량의 큰 그림을 유비는 생각해 본 적이 없었습니다.

이때에도 유비는 감동의 눈물을 흘렸습니다. 큰 그림이 그려졌고 자신을 도울 제갈량이 곁에 있으니 얼마나 기뻤을까요? 그날 제갈량은 유비집단에 책사로 채용되었고 두 사람은 점점 친해졌습니다. 둘의 사이가 깊어지자 관우와 장비가 시샘을 했는데요. 충분히 일리가 있었지요. 도원결의로 형제관계를 맺은 자신들은 평생 전쟁터를 함께 누볐고 침구를 같이 쓸 정도로 친하게 지냈는데, 이젠 자신들을 제쳐두고 나이 어린 제갈량만 총애하니 말입니다. 그때 유비는 이런 말로 관우와 장비를 달랬습니다.

"나에게 공명이 있는 것은 물고기가 물을 만난 격(수어지교水魚之交)이니, 원하건대 그대들은 이를 더 이상 언급하지 마시오."

하지만 관우와 장비가 유비의 말을 듣고 쉽게 제갈량을 인정할 수 있었을까요? 두 사람에 비해 나이도 어리고 경험도 부족한 제갈량이 제대로 대접받으려면 어떤 계기가 필요할 것입니다. 아마 제대로 된 실력을 보여주면 되겠죠. 아니면 제갈량이 두 사람보다 확실히 한 수 위라는 증거를 보여주든지요. 이에 관한 이야기는 책사 제갈량의 명으로 화용도華容道에 매복을 나가던 관우와 제갈량의 두뇌대결에서 발견할 수 있습니다.

천하삼분

천하삼분지계는 제갈량이 처음 말한 것은 아니었다. 이때로부터 7년 전 손권이 노숙을 만나 들었던 이야기다. 그 내용은 이렇다. 손권이 노숙을 바라보며 물었다.

"지금 한 황실은 쇠미했고 천하는 시끄럽고 어수선하오. 나는 부형이 남긴 땅을 계승하여 제 환공과 진 문공의 패업*을 이루고 싶소. 자경 선생의 생각은 어떠시오?" 그러자 노숙이 이렇게 답했다. "지금 북방 에는 조조라는 초패왕이 있기에 공께서 환공이나 문공이 되기 어렵습 니다. 우선 가만히 정세를 살피다 북방이 소란해지면 황조와 유표를 쳐 서 장강 유역을 차지하면 됩니다." 이것이 바로 노숙이 손권에게 말했 다는 '탑상책榻上策'인데 침대 아래에서 이야기했다고 해서 붙여진 이름 이다. 손권과 조조, 그리고 형주의 유표가 천하를 셋으로 형성하고 있 으니 힘을 기르고 있다가 기회를 봐서 형주를 공략하자는 전략이었다.

이보다 더 오래된 오리지널 천하삼분은 따로 있다. 바로 고조 유방의 대장군이었던 한신과 그의 책사 괴철의 이야기다.「사기-회음후열전」 에 따르면 유방의 부하장수였던 한신이 제나라 지역을 정벌하자 괴철 이 한신에게 말했다. "장군은 북방을 점령했고 서쪽은 한왕[유방]이, 남

* 춘추시대 주나라 왕실이 약해지자 천하에는 구심점이 필요했다. 이를 패자覇者라 했는데, 여러 제후 중에서 가장 강력한 힘을 가진 이였다. 하늘에 제사를 지내거나 외적의 침략에 공동 대응하는 게 주 역할이었다. 첫 번째 패자는 제나라 환공이었고 두 번째는 진晉나라 문공이었다.

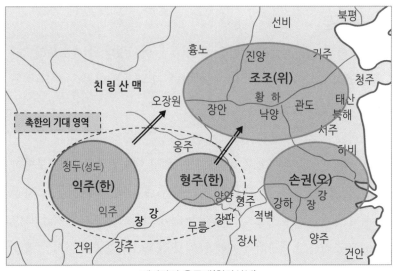

제갈량의 융중대(천하삼분)

쪽은 항우가 차지해 천하가 삼분이 되었습니다. 장군께서 한왕을 배신하고 한자리를 차지한다면 장차 천하도 얻을 수 있습니다. 어찌 생각하십니까?" 하지만 한신은 괴철의 제안을 이런 말로 거절했다. "한왕은 수레로 나를 태워주고 옷을 입혀주고 먹여주었다. 그런데 어찌 의리를 저버릴 수 있단 말인가?" 그러나 세월이 흘러 천하는 유방의 천하가 되었고, 한신은 모반 혐의로 죽을 운명이었다. 그때 한신은 이렇게 말했다고 한다. "괴철의 말을 듣지 않은 것이 원통하다."

세기의 대결 적벽대전

형주를 정복하러 남하하는 조조

208년이 되자 조조는 중원에서 유일하게 남은 땅 형주로 출정을 서두릅니다. 동한시대 형주는 장강 중류의 잘 개발된 땅으로 비록 1개 주에 불과하지만 꽤 넓은 지역이었습니다. 당시까지 장강 하류는 미개발지가 많았지만 형주 지역은 전국시대에 초나라가 있던 문명의 땅이었습니다. 그래서 당시에는 이곳을 강남江南이라 불렀고, 손책이 개척한 하류 지역은 강동江東이라고 했습니다. 형주 북쪽은 천자를 모셔둔 허도와도 멀지 않았습니다. 그래서 조조가 여포를 정벌하러 동쪽으로 원정을 가거나 원소와 관도에서 싸울 때 남쪽의 유표가 허도를 침공하지 않을까 노심초사했던 겁니다. 이제 북방의 근심거리를 해결했으니 남쪽을 정벌해 안정시켜야 하는 건 조조로서는 아주 당연한 수순이었습니다.

당시 형주를 다스리던 유표에게는 두 아들이 있었는데요. 장남 유기와 유종이었습니다. 그런데 유표는 후처 채蔡씨를 극진히 사랑했기에 그녀의 아들이었던 유종을 총애했습니다. 이 때문에 장남 유기는 계모로부터 신변의 위협을 받았고, 자신의 미래가 불투명하다는 것을 알게 됩니다. 그래서 평소 친하게 지내던 제갈량에게 어찌해야 하는지 의견을 물었습니다. 그때 제갈량이 이렇게 조언합니다.

"진晉나라 신생申生이 나라 안에 있다가 위험에 처하고 중이重耳가 나라 밖으로 떠나 안전을 도모했던 걸 참고하시면 됩니다."

여기에 등장하는 중이는 춘추시대 두 번째 패자였던 문공을 가리킵니다. 후처 여희의 모략에 빠진 아버지 헌공이 세자 신생을 죽이고 중이와 그의 동생 이오도 죽이려 했습니다. 그러자 중이는 43세에 망명길에 올라 외가인 적나라로 피신했습니다. 그리고 19년을 풍찬노숙하며 고생하다가 모국 진나라로 돌아와 제후 자리에 앉을 수 있었습니다. 제갈량은 유기에게 안에서 권력투쟁하면 위험하니 중이처럼 밖으로 나가 후일을 도모하라고 권고한 것이죠. 그렇게 해서 유기는 아버지에게 요청해 마침 자리가 비어 있던 강하태수의 자리를 맡아 도성을 떠났습니다.

이때 조조의 대군이 형주에 몰아닥쳤는데 마침 유표는 지병이 악화되어 사망합니다. 아직 제왕에 오를 준비가 안 된 후계자 유종은 조조군에 맞서 제대로 싸우지도 못하고 투항했습니다. 부손, 한숭, 괴월, 왕찬 등 대신들이 나서서 조조의 백만 대군에 저항하는 것은 무의미하다고 주장했는데요. 원래 이들은 유표와 그의 후계자 유종을 신뢰하지 않았습니다. 그들은 조조가 쳐들어와 유종 대신 형주를 영위함이 오히려 이득이었던 것입니다. 어차피 주군을 모실 바에야 보다 능력 있는 주군 밑에 있는 것이 더 좋겠다는 건 월급쟁이들의 보편적 특징이라 할 수 있습니다. 지배자가 바뀔 뿐 자신들의 기득권은 변함이 없을 것이라는 믿음이 있었던 것입니다. 실제로 그렇게 되기도 했는데요. 괴월은 조조에게서 광록훈의 벼슬을 받았고, 왕찬은 업도로 이주해 건안칠자의 한 사람으로 자신의 기량을 마음껏 펼칠 수 있었습니다.

하지만 유비는 그렇게 할 수 없었습니다. 조조가 쳐들어온다는 것은 그의 목숨이 경각에 달려 있다는 의미였습니다. 그는 전쟁에 패해 더 이상 조조 휘하에 들어갈 수 있는 사람이 아니었습니다. 또 제갈량으로부터 큰 꿈을 부여받은 결과 자신의 역할을 제대로 인지했기 때문에 형주에 있던 다른 명사들과는 전혀 다른 입장이기도 했습니다. 그렇게 조조와 유비 사이에 벌어진 삼국시대 최대의 격전이 시작되었던 것입니다.

조자룡 헌 칼 쓰듯 한다, 장판의 영웅들

조조의 대군이 쳐들어오자 유비는 남쪽으로 퇴각할 수밖에 없었습니다. 이때 제갈량은 신야를 불태우는 계략으로 조인을 패퇴시켜 퇴각할 시간을 벌었는데요. 그리고 번성으로 방향을 잡았으나 유종이 이미 조조군에게 항복했기에 함께할 지원군도 없었죠. 할 수 없이 각종 군수물자를 비축해 두었던 강릉江陵으로 방향을 잡았습니다. 그때 퇴각하던 유비군에 신야와 번성의 백성들이 피난 보따리를 싸들고 따라왔습니다. 왜 그들은 유비를 따라 피난대열에 올랐을까요? 유비가 신야에서 선정을 베풀었기 때문일까요?

어쨌든 뒤따라오는 백성들 때문에 유비군은 시간을 지체했는데, 조조가 철기 정예병 3천을 골라 보낸 추격대에 따라잡혔습니다. 이때 발생한 사건이 조운(조자룡)이 유비의 아들 아두(阿斗, 훗날의 유선)를 구한 일이었습니다. 그때 조운의 무예가 얼마나 뛰어났던지 '조자룡 헌 칼 쓰듯 한다.'라는 속담이 생겨났습니다. 이는 정사에도 등장하는데요. 「촉서-조운전」을 보면 "유비가 당양의 장판까지 조조에게 추격당해 처자를 버리고 달아날 때, 조운이 직접 어린아이를 품에 안고 감부인甘夫人을 보호하여 모두 난을 모면했다."라고 나옵니다.

소설에서는 이 장면을 더욱 실감나게 그렸습니다. 유비는 평생 동안 중요한 순간에 제 목숨을 구하기 위해 가족을 버렸습니다. 자그마치 네 번이나요. 장판에서도 유비는 조조군을 따돌리기 위해 그를 따르던 가족을 버리고 도망쳤는데요. 이때 유비의 가족을 호위하던 조운이 사라진 유비를 대신해 감부인과 아두를 구해냈습니다. 그리고 긴 칼을 부여잡고 종횡무진 적진을 돌파합니다. 그가 칼을 한 번 휘두르면 적의 창칼이 잘렸고 방패는 갈라졌습니다. 그때 조운의 모습은 그야말로 신들린 것이었고, 소총 하나로 아파치 헬기를 제압하던 람보의 모습과 비슷했습니다.

멀리서 이 모습을 지켜보던 조조는 그 놀라운 모습에, "저 장수를 쏘지 말라. 반드시 생포하라."는 명을 내렸습니다. 하지만 조운은 하후은, 안명, 순우도 등을 상대하면서 모두 단칼에 베어버렸습니다. 어린아이인 아두를 품에 안고서 말입니다.

그렇게 적군을 물리치며 도망친 조운이 장판교에 다다르자 장비가 구원해 줍니다. 장비는 조운을 통과시켜 보낸 뒤 다리를 끊고 나서 눈을 부릅뜨고 창을 비껴 잡으며 이렇게 외쳤습니다.

"나는 연인燕人 장익덕張翼德이다. 나와 함께 죽을 사람이 있겠느냐!"

이때 장비는 부하 스무 명을 시켜 뒤쪽에 먼지를 일으켜 대군이 매복해 있는 것처럼 위장했고, 조조군은 이를 두려워해 서로 눈치만 봅니다. 조인을 비롯한 장수들이 퇴각할 움직임을 보이자 장비는, "싸우지도 않고 퇴각하는 게 무슨 도리냐!"라고 호통을 치자 하후걸은 놀라서 낙마하고 다른 장수들도 혼란에 빠져 퇴각하기에 이릅니다. 이 장면은 조운과 장비의 무예를 높이고 조조군 장수들을 겁쟁이로 그린 소설 묘사의 백미라 할 수 있겠습니다.

조인이 어쩔 수 없이 군사를 물리자 장비는 곧바로 도주합니다. 혼자서 같은 자리를 계속 지킨다는 것은 말이 안 되는 일이니까요. 시간이 지나 조조군은 장비에게 속았다면서 다리를 수리하고 추격을 시작했습니다. 하지만 유비와 장비, 그리고 다른 유비군은 모두 도망간 이후였습니다.

이때 아들을 구해온 조운에게 마음을 쓰던 유비의 모습이 이 장면의 압권입니다. 유비는 조운이 품에서 꺼내 건네준 아들 아두를 땅에 살짝 내던집니다. 그리고 이렇게 말하죠.

"이놈 때문에 자룡 자네를 잃을 뻔했구나!" 이걸 보면 유비가 장수들의 신망을 어떻게 얻는지를 알 수 있습니다. 목숨을 걸고 아들을 구해왔더니 최대의 칭찬으로 조운의 기를 살려주었던 겁니다. 이후 조운이 유비에게 목숨을 걸고 충성하게 되는 이유를 알 수 있는 멋진 장면이었습니다.

저평가 받은 인물, 장비

유비와 함께한 인물 중에서 가장 저평가 받은 사람은 장비* 아닐까? 조조의 책사 정욱은 관우와 장비에게는 1만 명을 상대할 만한 힘이 있다고 칭찬했다. 하지만 훗날 관우가 신의 반열에 오른 반면 장비는 유비의 의형제이자 일개 장수일 뿐이었다. 소설에서는 그가 시장판에서 소, 돼지를 잡던 사람인 백정으로 그려진다. 그의 캐릭터는 장팔사모丈八蛇矛를 휘두르는 힘이 장사이며 성격이 호탕하고 술을 좋아하는 인물로 그려졌다. 그런데 「촉서-장비전」을 보면 그의 직업이 무엇이고 어떤 집안 출신이었는지 나오지 않는다. 아마도 집안이 좋지는 않았을 것이다. 젊어서 관우와 함께 유비를 섬겼지만 장판에 이르기 전까지 어떤 공을 세웠다는 이야기는 없다.

그러다 장판에서부터 제 역할을 했다. 곤경에 빠진 유비군을 구하는 데 큰 기여를 했고, 적벽대전으로 얻게 된 형주의 남군을 평정하는 데도 큰 공을 세웠다. 익주 공략에서 장비는 가장 큰 역할을 했다. 파군태수 엄안을 무찔러 사로잡았고 성도에 이르는 모든 성을 공략했다. 한중 공략전에서는 1만의 군사를 이끌고 장합의 군대와 맞서 이겼다. 이로써 거기장군이 되었다가 사례교위를 겸했다. 말하자면 수도 성도의 수비대장이 된 것이다.

장비가 저평가 받은 이유는 비참한 죽음 때문일 듯하다. 관우는 병사들을 잘 대해주고 사대부들에게는 오만했는데, 장비는 거꾸로 군자들을 아끼고 존경하면서도 아랫사람들을 잘 보살피지 않았다. 유비는 늘 이 점을 경계하며 병사들을 잘 대해주라고 말했지만 장비는 깨우치지 못했다. 유비가 이릉대전에 출진하기 위해 군사들을 모을 때 장비는 1만 명을 인솔하여 집결하도록 지시받았다. 그때 장수 장달과 범강이 장비를 죽이고 그 머리를 갖고 장강을 따라 손권에게 갔다. 그들이 왜 장비를 죽였는지는 자세하지 않다. 소설에서는 3일 만에 흰 소복을 준비하라고 했기 때문이라고 나오지만 좀 부자연스럽다. 아마도 장달과 범강 두 사람은 공을 세우고도 장비에게 좋은 평가를 받지 못했기 때문이 아니었을까 추측해 볼 수 있다.

* **장비**(張飛, ?~221)
하북 탁주(涿州) 사람. 촉한의 명장으로 유비, 관우와 의형제를 맺음. 시호는 '환후(桓侯)'.

반간계, 고육계, 연환계

우여곡절 끝에 조조에게서 달아난 유비는 남은 병사들을 정비해 하구河口로 이동했습니다. 이미 1만여 명의 형주 수군을 이끌고 이동했던 관우와 조우하기 위해서였습니다. 그리곤 제갈량을 시상에 주둔하고 있던 손권에게 사자로 파견했습니다. 제갈량은 손권이 유비와 힘을 합친다면 충분히 조조를 깨뜨릴 수 있다고 설득했는데요. 조조군이 숫자는 많지만 북방 사람들이므로 수전에 익숙하지 않고, 조조에 항복한 형주 병사들도 마음으로 복종하고 있지 않다고 하면서 말이지요.

이때 손권 내부에서는 의견이 분분했습니다. 장소와 진송을 필두로 많은 이들이 조조의 군세가 강성하므로 손권에게 투항하라고 권했습니다. 조조가 손권에게 보낸 편지에 따르면 80만 명의 군대와 수군을 조련하여 오나라를 공격할 예정이라고 했으니 말입니다. 이들은 조조가 천자를 끼고 있어 명분이 있고, 이미 형주를 얻었기에 동오東吳가 가진 장강이라는 지리적 이점이 사라졌기 때문이라고 했습니다. 투항을 주장하는 이들은 형주에서 조조에게 항복한 이들과 비슷한 생각이었습니다. 누가 지배세력이 되어도 자신들의 기득권은 지켜질 것이기 때문이었습니다.

그런데 손권 진영 사람들은 조금 다른 이유도 있었는데요. 손책과 손권이 구축한 오나라 정권은 여러 세력의 연합체였습니다. 여러 인물들이 각자 명분과 실리를 추구하면서 손권을 중심으로 모여 있을 뿐이었습니다. 아직 손권은 그들에게 군주로서 자리매김하지 못한 상황이었고, 한나라 황실에 대항해 독자세력을 만들겠다는 의지를 보여준 적도 없었습니다. 손책이 공들여 영입했던 화흠 같은 경우 이미 손권을 배신하고 조조에게 떠나버렸고, 심지어 사촌형 손분은 적극적인 조조 투항파였습니다.

이런 상황을 바꾸는 데 노숙이 결정적 역할을 했습니다. 회의 도중 화장실에 가는 손권을 다른 이들 몰래 만난 노숙은 이렇게 말합니다.

"저들은 조조에 투항해도 신분에 큰 변화가 없을 겁니다. 하지만 주공[손권]은 입장이 다르지 않습니까? 저들이 조조에게 항복하면 적당히 대우받고 지역의 태수 정도를 할 수 있겠지만 주공만큼은 갈 곳이 없습니다."

노숙의 이러한 한마디는 손권에게 천군만마를 얻은 것과 같았습니다. 어찌해야 할지 고민하던 손권은 자신감을 얻어 주유를 속히 불러오도록 조치했는데요. 손책과 함께 강동을 정벌하며 나라의 기틀을 다진 주유의 발언권은 무시할 수 없기 때문이었습니다. 파양 지역에서 소식을 듣고 돌아온 주유는 이 기회에 천자의 적인 조조를 무찌를 수 있다며 투항파의 의견을 반박합니다. 그러면서 다음의 네 가지 이유로 오군이 이길 수 있다며 항전의지를 불태웠습니다.

"첫째, 수전에서는 오군이 절대적으로 강합니다. 우리에게는 평생을 물에서 보낸 정예병사가 수만 명 있습니다. 둘째, 조조의 약점은 배후세력인데 마초와 한수가 버티는 관중關中은 정벌되지 않았습니다. 그러니 조조는 오랫동안 이 지역에 머물 수 없습니다. 셋째, 지금은 겨울철이라 말 먹이 조달이 어렵습니다. 북방 출신의 기병들이 고전할 수밖에 없습니다. 넷째, 건조한 북방에서 지내던 사람들은 물이 많은 이곳에서 반드시 질병에 걸릴 것입니다. 이런 조건들을 보면 우리가 당연히 승리합니다."

　이렇게 조목조목 합리적 근거를 내세우자 투항파는 아무 할 말이 없었고, 손권의 최종 결정으로 항전의지가 다져졌습니다. 결사항전하겠으니 더 이상 왈가왈부하지 말라는 명을 내렸죠. 이렇게 총사령관 주유를 중심으로 유비와 손권이 협력한 전쟁이 시작되었습니다.

　여기에 나관중은 흥미를 북돋우기 위해 다양한 에피소드를 추가했는데요. 우선 주유가 적군의 강점을 무너뜨리기 위한 '반간계反間計'를 꾀한 일이었습니다. 이는 '적의 첩자를 이용하여 적을 제압하는 계책'으로, 36계 가운데 하나인데요. 주유는 조조군이 북방 출신이라 기마전에 능숙하지만 수전에는 약하다는 점을 잘 알고 있었습니다. 그런데 조조에게 투항한 형주 출신 채모와 장윤은 수전에 능한 장수였기에 이들에 대해 걱정하고 있었죠. 마침 주유와 동문수학한 장간이 항복을 권유하러 주유를 찾아왔는데, 주유는 거꾸로 그를 이용하려고 마음먹습니다.

　우선 장간의 마음을 풀어놓기 위해 호걸들을 모아 '군영회'라고 칭하며 술자리를 마련했습니다. 그리고 취한 척하며 탁자 위에 채모와 장윤이 보낸 것처럼 꾸민 편지를 놓아두었죠. 장간은 이 편지를 보았고, 주유가 다른 장수와 채모와 장윤에 대해 이야기하는 것을 듣게 되었습니다. 깜짝 놀란 장간은 편지를 갖고 밤새워 영채로 돌아가 조조에게 고했고, 채모와 장윤은 오나라와 내통한 혐의로 즉시 참수되었습니다. 날이 밝은 뒤 둘의 수급을 본 조조가 속았음을 깨달았지만, 이미 그들의 혼령이 떠난 뒤였습니다. 이로써 조조군의 수전 대응능력이 약화되었는데, 주유가 쓴 반간계가 성공을 거두었던 겁니다.

　또 하나의 계략은 '고육계苦肉計'입니다. 이는 '제 몸을 망가지게 하면서까지 꾸며내는 방책'이라는 뜻인데요. 작전의 완벽한 승리를 위해서는 누군가의 희생이 필요한 계책이었습니다. 주유와 제갈량이 작전회의를 한 결과 화공火攻을 하기로 결정되었고, 때마침 황개도 주유를 찾아 화공을 진언했습니다. 그러자면 보다 완벽한 작전수행 능력이 필요한데, 이때 황개가 나서서 조조를 속일 수 있는 방법을 제안합니다. 그 후 군사회의가 열렸을 때 황개는 일부러 주유의 명에 반기를 들었고, 곧바로 태형에 처해집니다. 이를 본 채모의 집안 동생 채중과 채화는 이를 그대로 조조에게 보고했고, 조조는 제대로 속아 넘어갔습니다. 결국 동남풍이 불고 주유가 화공을 실행할 때 황개가 거짓으로 조조에게 항복하는 작전이었습니다.

봉추 방통이 추진했다는 '연환계連環計' 이야기도 있습니다. 주유와 협력한 방통은 조조를 찾아가 수전에 익숙하지 않은 병사들이 배 위에서 안심하고 싸울 수 있는 연환계를 제안하는데요. 크고 작은 군선을 쇠고리와 사슬로 연결한 뒤 그 위에 나무판을 올려놓으면 흔들리지 않으니 좋을 것이라고 말입니다. 이 말을 들은 조조는 기뻐하며 당장 시행하도록 부하들에게 명했습니다. 배 위에서의 싸움에 익숙하지 않은 북방 출신의 병사들을 위해 배를 고정시킨다는 건 나름대로 의미가 있었습니다. 하지만 결과적으로 주유가 취한 화공에 제대로 대처할 수 없었지요. 조조의 배들이 실제로 묶여 있었다는 걸 연환계라는 이야기로 엮어낸 나관중의 재치라 할 수 있습니다. 더구나 그 주도적 인물이 방통이라는 게 재미있습니다.

조조군은 80만 명이었나?

적벽대전에서 양군 병력 숫자는 얼마나 되었을까? 조조가 손권에게 보낸 편지에 따르면 위군은 80만 명이라고 했지만 주유는 이렇게 평했다.

"80만은 아무리 봐도 무리이며 조조가 원래 거느리고 있던 병사는 많아야 16만 명, 거기다가 아직 확실하게 항복하지 않은 유표의 병사가 8만이나 된다."

이 정도 숫자가 비교적 현실감이 있다. 역사가들도 위군은 투항한 형주군을 포함해 20만~25만 정도일 것으로 본다. 여기에 수군은 유기가 1만의 형주수군을 데리고 강하로 갔기에 많지 않았을 것이다. 그렇다면 유비와 손권 연합군은 얼마나 되었을까? 유비군이 2만 명가량, 주유군이 대략 3만 명 정도였을 것이다. 하지만 이 싸움은 넓은 장강에서 진행되었으므로 전체 숫자보다는 수군의 전투력이 훨씬 크게 작용했다고 봐야 한다.

빈 배로 화살을 구하다

소설 〈삼국지〉의 여러 스토리 중에서 최고로 재밌는 장면을 이야기할 때가 되었습니다. 본격적인 전투가 벌어지기 전날 새벽에 발생한 사건이 바로 초선차전입니다. 이는 '마른 풀을 실은 배로 화살을 빌린다'는 뜻인데, 사서에는 등장하지 않지만 소설을 통해 많은 이들에게 알려져 있습니다. 영화로 만들어진 〈적벽대전〉에서도 이 장면이 실감나게 묘사되어 있습니다. 특히 제갈량의 신출귀몰한 지략으로 인해 그가 어떤 인물이었는지, 동남풍을 일으키기 전에 어떤 능력을 갖고 있었는지를 알려주는 전초전이라 할 수 있지요. 실제로 제갈량은 유비가 손권에게 보낸 사신에 불과했지만 소설에서는 가장 중요한 역할을 하는 인물로 바뀌었습니다.

주유는 경력도 없는 신출내기 제갈량이 마음에 들지 않았습니다. 그래서 그를 제거하려고 행할 수 없는 숙제를 주었는데, 그것은 열흘 안에 10만 개의 화살을 구해오라는 거였습니다. 유비가 떠날 때 5만 개를 가져갔기 때문이라는 이유였습니다. 그러자 제갈량은 흔쾌히 승낙하며 자신은 열흘의 기간이 필요 없고 단지 사흘이면 된다고 큰소리치죠. 이에 주유는 10만 개의 화살을 구해오지 못한다면 목숨을 내놓겠다는 군령장을 쓰라고 요구합니다. 이에 제갈량은 자신만만하게 군령장을 씁니다.

사흘째 되는 날 새벽, 강에는 자욱한 안개가 끼었습니다. 노숙을 대동한 제갈량은 20척의 배에 풀로 만든 가짜 병사들을 가득 싣고 조조의 영채 가까이 접근합니다. 그리고 일자 진영을 갖추고 군졸들에게 북을 치고 소리를 지르라 명했습니다. 그러자 강 건너편 조조 군영에서는 적군이 다가온 줄 알고 궁노수를 대기시켜 화살을 퍼부었습니다. 얼마 뒤 화살을 많이 받아 배가 한쪽으로 기울자 제갈량은 뱃머리를 반대방향으로 돌리라고 명했고, 배 양쪽의 풀단에는 조조군으로부터 날아온 화살이 수없이 꽂혔습니다.

제갈량은 군졸들에게 명하여 이렇게 소리를 지르게 했습니다. "승상! 화살을 주시니 고맙소이다!" 그리곤 뱃머리를 돌려 오나라군 진영으로 돌아왔습니다. 뱃전에 가득 꽂힌 화살을 세어 보니 10만 개가 넘었다는데요. 이를 본 주유는 제갈량의 신묘한 계책에 찬탄을 금할 수 없었겠죠. 이것이 바로 제갈량의 '초선차전草船借箭' 이야기입니다. 제가 남경에 있는 손권 사당에 갔더니 고슴도치처럼 화살이 가득 꽂혀 있는 배 모형이 만들어져 있더군요. 보는 사람들을 아주 감탄하게 만드는 스토리였습니다.

물론 이 사건은 실제 있었던 일이 아니라 소설에 묘사된 내용입니다. 그런데 백퍼센트 픽션은 아니었습니다. 이로부터 5년 뒤 손권과 조조가 유수구濡須口에서 전투를 벌일 때 발생한 사건에서 모티브가 만들어졌죠. 이 재밌는 스토리는 원나라 잡극에 이르면 주유가 화살을 구한 것으로 변했습니다. 그리고 나관중에 이르면 주인공이 주유 대신 제갈량으로 바뀌었습니다. 그러니까 원래는 손권이었는데 주유로 바뀌었다가 최종적으로 제갈량의 신통력으로 변한 것이었죠. 우발적 사건이 제갈량과 주유의 지혜다툼으로 변하고 제갈량의 목숨이 걸린 중대사로 발전했습니다. 이뿐만 아니라 후덕한 이미지를 갖고 있는 노숙까지 끌어들여 흥미로운 줄거리를 만들었던 겁니다.

특히 나관중은 '기이한 꾀로 화살을 빌리다.'라고 표현해 제갈량이 갖고 있는 신묘한 능력을 과시했습니다. 병졸 한 명 다치지 않고 화살도 전혀 쓰지 않은 채 전쟁에서 요긴하게 쓸 수 있는 화살을 10만 개나 구해왔으니 노숙이 제갈량을 가리켜 "그대는 참으로 신인神人이오."라고 할 만하죠. 노숙이 "오늘 새벽 강에 짙은 안개가 어떻게 낄 줄 알았소?"라고 제갈량에게 묻자 이렇게 답합니다. "능력 있는 장수라면 천문, 지리, 음양의 이치에 통달해야 하는 법이지요. 나는 이미 사흘 전에 오늘 안개가 낄 것을 알고 있었답니다." 이 말은 사흘 안에 10만 개의 화살을 만든다는 자신감이 천문지리에 통달했기에 나온 것이라는 설명입니다. 따라서 본격적인 전투가 벌어질 때 승리를 가져올 수 있는 동남풍을 만들어낼 수 있는 능력자임을 미리 예고하고 있었던 겁니다.

초선차전의 진실

적벽대전이 일어나기 전 제갈량이 가짜 병사로 10만 개의 화살을 구하는 것으로 묘사된 사건은 213년 손권이 유수전투에서 겪었던 일로부터 유래되었다. 그해 1월 손권은 7만의 군사를 이끌고 위군을 막으려 유수구로 이동했다. 이때 위군과 오군은 작은 전투를 벌였고 수군 능력이 뛰어난 손권이 위군 3천 명을 사로잡았다. 그 뒤 손권이 몇 차례 나가 싸움을 걸었지만 조조는 성채를 지킬 뿐 응하지 않았다.

한 번은 손권이 적의 성채에 가까이 다가가자 조조는 궁노수에게 명을 내려 화살을 쏘게 했다. 그때 손권의 배에 수많은 화살이 꽂혔고 배가 한쪽으로 기울자 여유 있게 배를 돌려 화살을 맞게 해서 배의 균형을 이루게 했다. 그리고 본진으로 유유히 돌아왔다고 한다. 이는 일부러 꾸민 계략이 아니었고 적의 화살을 구하려는 의도도 없었다. 사건의 시점도 적벽대전이 일어난 지 5년이 지난 뒤였고 전투 중 우연히 발생한 사건이었을 뿐이다. 이때의 재밌는 에피소드가 나관중의 필력으로 제갈량의 뛰어난 업적으로 탈바꿈한 것이다.

적벽과 동남풍

사서에 기록된 이 전쟁의 전모는 그리 상세하지 않습니다. 아마도 조조가 패한 전쟁이었기에 그 과정을 세밀히 기록할 이유가 없지 않았을까 싶은데요. 「위서-무제기」의 기록은 이렇게 간단합니다. "무제[조조]는 적벽에 도착하여 유비와 싸웠지만 형세가 불리했다. 이때 역병이 크게 유행하여 관리와 병사를 많이 잃었으므로 군대를 이끌고 돌아왔다." 역사 기술이 너무 간단해 이 전쟁이 삼국 최고의 전쟁이었는지에 대해서도 의문이 들 지경입니다. 하지만 진수 이후의 역사가들은 조조의 패배를 좀더 상세히 기록하려 애썼습니다. 전해오는 전설과 상상력을 최대한 발휘해서 말입니다.

우선 조조군이 역병에 시달렸던 건 분명합니다. 주유의 예측대로 북방인들은 습기가 많은 남방 지역에서 제대로 된 전투를 치르기도 전에 희생을 치를 수밖에 없었고, 넓은 장강 한가운데서 병력이 많은 건 이득이 없었습니다. 더구나 강력한 수군을 보유했던 주유군에 비해 조조의 군대는 그렇지 못했죠. 조조의 수군은 대부분 형주의 병력이었는데, 그들은 어쩔 수 없이 가담한 이들이었습니다. 조조군이 역병과 뱃멀미로 힘을 쓰지 못하자 주유군의 부장 황개의 전략에 따라 화공이 진행되었습니다. 황개는 조조군이 배를 서로 붙여두었음을 지적하며 화공을 하면 쉽게 물리칠 것이라며 주유를 설득했는데요. 이에 주유는 이 작전의 시행을 명했습니다.

황개는 몽충선蒙衝船 열 척에 마른 억새를 가득 싣고 그 위에 기름을 붓고 휘장을 덮어 위장했습니다. 앞선 배는 옆으로 나란히 세워 나아가고,

나머지 배는 차례로 뒤따르게 했습니다. 문제는 조조군 진영으로 어떻게 몽충선을 보낼 것인가였습니다. 그때 마침 동남풍이 불어 동쪽 적벽에 있던 주유군 진영에서 북서쪽 오림烏林에 있던 조조군으로 자연스럽게 배가 이동할 수 있는 상황이 만들어졌던 거죠. 강 한가운데 이르자 황개는 모든 전선의 돛을 일제히 펴게 했고 부하들에게 "투항하러 왔다!"라고 소리 지르게 했습니다. 그러자 조조 진영에서는 황개가 진짜로 항복하려는 모양이라며 아무 대비도 하지 않았던 겁니다. 앞서 고육계를 취했던 효과가 제대로 나타났습니다.

황개는 오림의 조조 진영에 가까워지자 기름을 끼얹은 억새에 일제히 불을 놓았고, 불어오는 동풍을 타고 전선 전체로 번졌습니다. 돛은 바람을 가득 안고 있었고 배는 병사들이 이끌지 않아도 북서쪽으로 나아갈 수 있었죠. 드디어 불길은 조조군 배에 옮겨 붙었고, 강에 떠 있던 모든 배들을 태워버렸습니다. 연기와 화염이 하늘을 뒤덮었고 군사들은 우왕좌왕하며 어쩔 줄 모르다가 불에 타죽거나 물로 뛰어들어 죽었습니다. 강에 있던 조조의 전선은 모두 불탔고, 가까이 있던 육지 군영도 무사하지 못했습니다. 그렇지 않아도 역병이 돌아 많은 병사를 잃고 있던 상황에 주유군이 화공으로 공격해 오자 조조군은 더 이상 버틸 수 없었습니다. 조조는 패배를 통감하고 어쩔 수 없이 남은 배들을 불태우고 철수하고 말았습니다. 결국 이 전쟁의 패배로 조조는 천하통일의 꿈을 접을 수밖에 없었습니다. 이것이 사서에 나오는 적벽대전의 전모입니다.

하지만 나관중은 이 중요한 전쟁을 이대로 정리할 수 없었습니다. 북방을 정벌하고 천하를 모두 가질 것처럼 승승장구하던 조조의 패배와 제갈량의 신출귀몰한 능력을 천하에 알릴 좋은 기회이기 때문이었지요. 이 전쟁의 주인공은 주유에서 유비와 제갈량으로 바뀌었습니다. 초선차전의 에피소드로 제갈량이 천기天氣를 읽을 줄 안다는 역량을 보여주었고, 채중과 채화의 거짓 투항 등도 제갈량은 모두 꿰뚫고 있었습니다. 방통이 조조 진영에서 연환계의 계책을 진언한 것도 나관중의 스토리였습니다.

이제 제갈량이 신통력을 발휘할 차례가 되었습니다. 바로 바람의 방향까지 바꿀 수 있다는 신묘한 능력 말입니다. 우선 조조군을 공격할 방법은 화공으로 결정되었습니다. 문제는 바람의 방향이 맞지 않아 시도할 수 없었다는 데 있었는데요. 당시는 11월 말이었고 겨울의 장강에는 서북풍이 주로 불었습니다. 조조군은 서쪽에, 주유군은 동쪽에 있었으니 섣불리 화공을 했다가는 아군이 당할 지경이었습니다. 오나라 대장기도 바람에 쓰러질 지경이었으니 주유는 고민이 많았습니다.

이때 제갈량이 나섰습니다. 이 전쟁의 승리를 위해서는 동남풍이 필요한 것 아니냐고! 자신이 술법으로 동남풍을 불러오겠으니 걱정하지 말라고 주유를 달랬습니다. 주유는 제갈량이 마음에 들지 않았지만 어쩔 수 없었습니다. 과연 그때까지 일개 서생에 불과했던 제갈량이 동남풍을 불러올 수 있을까요? 물론 우린 그가 천기를 읽을 줄 알 뿐만 아니라 술법까지도 갖춘 인물이란 걸 이미 알고 있습니다.

제갈량은 남병산에 칠성단을 만들어놓고 목욕재개하고 천지신명께 기도를 시작했습니다. 그리고 3일이 지난 저녁, 신기하게도 풍향이 바뀌기 시작했습니다. 그동안 불던 서북풍이 동남풍으로 바뀌었던 겁니다. 이에 제갈량의 활약에 배가 아픈 주유는 그를 처치하려고 했지만 조운이 나타나 제갈량을 구해 갑니다. 물론 이것도 제갈량이 미리 예측하고 유비한테 조운을 보내달라 요청했다고 묘사되었죠.

　이튿날 주유의 오군은 진격을 개시했고 황개가 마른 장작과 짚을 가득 실은 10척의 배를 이끌고 서쪽으로 이동했습니다. 조조 진영에서는 황개가 투항하는 것으로 오인하여 방심했으나, 높이 달린 깃발에 '선봉 황개'라 쓰인 걸 보고 속았음을 알게 됩니다. 황개는 조조 진영에 다가가서 배에 불을 붙였고, 선원들은 물에 뛰어들어 구출되었습니다. 선원이 없어도 배는 동남풍을 타고 서쪽으로 계속 이동했고, 불길은 삽시간에 연환계에 의해 사슬로 묶인 조조의 배들에 옮겨 붙습니다. 그렇게 적벽에서 조조는 첫 패배를 당합니다. 이 모든 것은 제갈량의 신묘한 능력 때문이었던 거죠.

조조가 적벽대전에서 패한 진짜 이유 '전염병'

과연 동남풍과 화공으로 조조군이 패했을까? 화공이란 육상 전투에서도 흔히 쓰이는 전투 방식이다. 하지만 육지가 아닌 강변에서 얼마나 실효를 거두었을지는 의문스럽다. 따라서 「오서-주유전」에 실린 내용과 「위서-무제기」에 실린 내용을 조합해 보면 실제 역사적 사실을 유추해 볼 수 있다. '화공으로 어느 정도 성과는 있었겠지만 실제 조조군의 결정적 패인은 전염병'이라 할 수 있다. 북방 출신이 대부분인 조조군은 습기가 많은 남방에서 고전을 면치 못했을 것이다.

근대 이전에는 병사들이 전투에서 사망하는 것보다 병으로 죽는 경우가 더 많았다. 더구나 전염병으로 인한 사기 저하는 영향력이 크다. 동료의 병이 자신에게 전염된다는 공포 때문에 병력관리가 제대로 안 되는 것이다. 〈삼국지〉에 등장하는 무장 중에서 병으로 젊은 나이에 죽은 이가 상당히 많다. 어떤 상황이든지 전염병은 패주 원인으로 가장 쉽게 언급될 수 있는 요소이다.

제갈량이 일으킨 동남풍의 진실

과연 제갈량이 칠성단을 쌓아놓고 3일 밤낮을 빌어 동남풍을 불게 했을까? 배송지의 주석에 따르면 당시 음력 11월 하순에는 날씨가 맑고 따뜻했으며, 저녁나절이 되어 남풍이 불기 시작했고 한밤중이 되자 바람이 거세졌다고 한다. 겨울에는 북서풍이 주로 불지만 때로는 남풍도 있었다는 이야기다. 그 이유는 이 지역이 거대한 평원이자 호수 지역이기 때문에 충분히 가능성 있는 이야기다. 육지와 물은 데워지고 식는 속도에 차이가 있으므로 낮과 저녁의 바람 방향이 바뀐다. 지금도 이 지방 어부들 사이에는 '동짓달 전후에 미꾸라지가 뱃가죽을 보일 즈음이면 남동풍이 분다.'라는 이야기가 있다고 한다. 그러니 제갈량도 주유도 바람이 부는 것을 예측하여 화공을 펼친 것은 이 지역의 기상에 대해 잘 알고 있었음을 반영한다.

관우와 화용도

오림에 있던 진영을 잃고 도망치던 조조와 관우가 연결된 사건이 바로 '화용도'입니다. 삼국의 영웅 이야기를 듣던 민중들은 전쟁에 패해 도망치는 조조의 모습을 보며 쾌재를 불렀습니다. 그리고 관우가 평생을 두고 지켜왔던 '한 번 맺은 인연 끝까지' 의리에 관한 멋진 장면이 탄생했는데요. 이는 나관중을 비롯하여 이 장면을 각색했던 많은 작가들이 재밌는 이야기로 꾸몄습니다.

화용도 사건의 줄거리는 이렇습니다. 조조군은 80만 대군이 패해 대부분 사망하거나 도망쳤고, 조조는 겨우 몇 천의 병력을 이끌고 북쪽으로 후퇴하고 있었습니다. 그러다 장비와 조운의 공격을 받아 그마저도 대부분을 잃고 전의를 상실한 채 이동 중이었죠. 그때 조조 앞에 두 갈래 길이 나타났습니다. 좌측으로 가면 평지길이지만 늪지대가 있어 멀리 우회해야 하고, 우측은 거리가 짧지만 험로인데 적의 매복이 우려되었습니다. 어찌할까 고민하다 우측을 바라보니 연기가 피어오르는 것을 발견합니다. 이는 틀림없이 적이 매복한 것으로 파악한 부장들은 비록 돌아가더라도 평지길로 가자고 요청합니다. 하지만 조조가 나서서 말합니다.

"저건 제갈량의 잔꾀다. 거짓 매복을 설치해 우리를 못 가게 하려는 허허실실 계책이다."

자신 있게 말하는 조조의 결단에 위군은 우측으로 길을 잡습니다. 드디어 험로의 중간에 들어섰는데 아무 일도 없었습니다. 그곳에서 잠시 쉬기로 하고 조조는 주변을 둘러보며 이렇게 말합니다. "주유와 제갈량은 정말 재주가 없는 놈들이다. 나 같으면 이곳에 매복군을 둘 텐데 말이다."

하지만 그 말이 떨어지기 무섭게 매복해 있던 관우가 군대를 이끌고 나오는 것 아니겠습니까? 사실 이는 모두 제갈량이 마련해 둔 계책이었습니다. 험로에 모닥불을 피운 것도, 조조가 화용도를 선택할 것을 알고 관우를 배치한 것도 모두 제갈량이 주도한 것이었죠. 제갈량은 조조가 병법에 밝다는 걸 잘 알고 있었기 때문에 조조가 지나치게 의심하여 잘못된 판단을 하도록 유도한 것입니다. 여기서도 제갈량은 조조를 뛰어넘는 대단한 지략가임을 알 수 있습니다.

조조와 관우의 머리싸움이 본격적으로 전개되었습니다. 제갈량으로부터 조조를 산 채로 잡아오라는 명을 받은 관우로서는 큰 공을 세울 기회라 자신만만했죠. 이때 조조는 관우 앞에 머리를 조아리며 이전에 자네를 잘 대해줬으니 이번에 살려줄 수 없겠는가 하고 말합니다. 그러자 관우는 관도에서 안량과 문추를 베었으니 이제 그 빚은 없지 않느냐고 반박합니다. 그러자 조조는 관우가 떠날 때 오관을 지나며 여섯 장수를 벤 것은 어찌 생각하지 않느냐고 되묻습니다. 그리고 관우 당신은 〈춘추春秋〉를 숙독했으니 은혜를 갚는 도리를 잘 알지 않느냐고 큰소리쳤지요.

의리를 중시하고 성정이 단순한 관우는 조조의 당당한 응대에 마음이 흔들리기 시작했습니다. 조조의 거처에 있을 때 그는 조조에게 받은 은혜가 많았습니다. 미녀와 온갖 재물을 받았고 무엇보다 적토마를 얻을 수 있었죠. 관우는 관도에서 세운 공이 커서 조조에게 받은 은혜는 다 갚았다고 생각했습니다. 하지만 관우가 전혀 예상하지 못한 말을 조조에게서 들을 줄이야! 바로 조조를 떠나며 했던 오관참육장은 생각하지 않았던 것입니다. 이런 관우 같은 인물을 협상 책임자로 임명하면 절대 안 된다는 사실을 알려줍니다. 나와 상대의 배트나BATNA*를 제대로 알아야 하는데 관우는 전혀 준비가 안 되었던 겁니다.

최근 중국에서 방영된 드라마 〈삼국지〉에서는 조조가 검을 들고 관우 앞에 나아가 "운장, 죽이기 싫겠지만 군령을 어길 수 없지. 나를 베게나, 원망 않겠네. 저승에서 웃으며 지켜보겠네. 자네와 같은 영웅의 손에 죽는 것은 큰 영광일세."라고 말하는 명장면이 탄생했습니다. 마음 약한 관우를 흔들어보려는 산전수전 다 겪은 조조의 노련한 행동이었던 겁니다.

마음이 여린 관우는 흔들렸습니다. 비록 제갈량의 군령을 받았지만, 조조에게 다 갚지 못한 빚이 남아 있다고 느낀 겁니다. 고민하던 관우는 이렇게 명을 내립니다. "흩어져라. 보내주라." 그렇게 조조를 통과시켜주었고 군령을 어겨 받을 벌을 감수했습니다. 군령보다 자신이 받은 은혜에 보답해야 한다는 의리가 더 앞선다고 본 것이죠. 역사에 빛나는 의리의 화신다운 결정이었습니다.

이 장면은 그동안 제갈량을 인정하지 않고 틈만 나면 대들던 관우와 장비의 기를 꺾는 기회가 되었습니다. 신통력을 보유한 제갈량은 관우가 화용도에서 조조를 풀어줄 것을 예상했다고 하는데요. 천기를 봤더니 조조는 아직 죽을 때가 되지 않았고, 어차피 살아 돌아갈 목숨이니 관우를 길들이는 방책으로 화용도로 조조를 끌어들였다고 말입니다.

* BATNA는 Best Alternative To a Negotiated Agreement의 약자로, 협상할 때 알고 있어야 할 최선의 대안을 의미한다. 그러니까 나의 조건과 상대의 조건을 제대로 알고 있어야 최선의 결과를 도출할 수 있다.

본영으로 복귀한 관우는 제갈량이 성대한 연회를 연 것을 알게 됩니다. 그리고 제갈량은 관우에게 술을 주며 왜 조조를 잡아오지 않았느냐고 물었죠. 관우가 조조를 잡지 못했다고 대답하자 그럼 수하 장수를 몇명이나 베었냐고 묻자 관우는 하나도 베지 못했다고 대답합니다. 그러자 제갈량은 크게 화를 내며 조조군은 겨우 몇 백의 패잔병뿐으로 저항이 불가능한 상황이었는데 어찌 성과가 없느냐고 묻습니다. 혹시 일부러 조조를 놓아준 것은 아닌지, 떠나기 전 조조의 수급을 가져오지 못하면 목숨을 내놓겠다는 군령장을 쓰지 않았느냐고 화를 냈습니다.

관우가 우물쭈물 답을 못 하자 제갈량은 군사의 패를 들고 군령장에 따라 관우를 처형하라고 지시를 내렸습니다. 이에 마음 약한 유비가 무릎을 꿇고 관우를 용서해 달라고 빌고, 평소 제갈량을 못마땅해하던 장비도 툴툴거리며 "형님들 다 죽이려면 나 혼자 남아서 형님들 무덤 파게 시키지 말고 나도 죽여주쇼."라며 무릎을 꿇습니다. 이에 제갈량은 마지못한 척 유비의 도량을 내세우며 관우를 용서합니다. 다시는 군사의 명을 거역하지 말라는 말을 붙였고, 관우는 부끄러워하며 물러갔습니다.

조조와 관우가 만난 화용도

조조는 오림의 군선이 불타자 다른 지역에 있던 배들도 모두 불태워버리고 북쪽으로 퇴각했다. 그때 지났던 길이 바로 화용도다. 하지만 그는 화용도에서 제갈량이 매복시킨 군사들을 만난 적이 없다. 더구나 소설이나 드라마에서 묘사한 것처럼 매복군이 있거나 이곳을 전혀 빠져나갈 수 없는 계곡길이 있는 것도 아니었다. 조조가 지나던 길은 모두 늪지대나 진창이어서 병사들을 시켜 풀을 베어다 길을 메우게 해서 간신히 말을 타고 지날 수 있었다. 이때 길도 나쁘고 허기진 병사들은 말에 짓밟혀 목숨을 잃는 경우가 많았다. 바로 이런 장면에 관우를 등장시켜 조조와 머리싸움을 하게 한 것은 남송의 민중들과 나관중의 꾀다. 단순하고 의리를 중시하는 관우와 그에 대적하는 조조의 치졸하지만 노련한 지략을 함께 볼 수 있어 좋았기 때문이다.

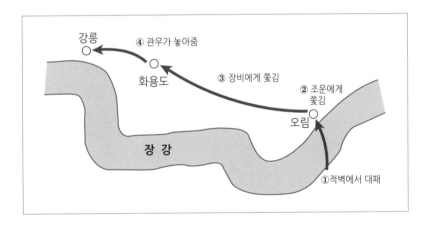

삼국의 격전장, 형주

유비, 손권과 혼인동맹을 맺다

조조가 형주를 얻을 목적으로 남하했던 사건은 유비에게 뜻하지 않은 기회를 제공했습니다. 천하가 어지러워진 지 20여 년, 유비는 고향에서 출발해 여러 지역을 전전했지만 제대로 된 근거지를 갖지 못했습니다. 하지만 조조가 형주로 쳐들어와 이 땅을 쉽게 얻었다가 적벽에서 패해 돌아간 뒤 형주는 무주공산이 되었던 겁니다. 오랫동안 형주에 머물렀던 유비에게 자연스럽게 권력이 쥐어질 수 있었죠. 여기에는 적벽대전을 함께 치러낸 손권과 주유의 도움도 컸습니다.

주유와 유비는 조조가 물러나면서 남겨둔, 조인, 서황, 우금, 진교 등이 지키던 강릉을 일 년 넘게 공격했습니다. 주유는 수군을 이끌었고, 육지에서는 유비가 협력했습니다. 둘의 연합작전에 고립된 조인은 더 이상 버티기 어렵게 되자 강릉을 버리고 북쪽 양번襄樊으로 달아났습니다.

유비는 관우, 장비와 함께 형주의 나머지 지역을 토벌하기 위해 애썼습니다. 주인 없이 비어 있는 땅이었으니 하루라도 빨리 지배권을 획득해야 했지요. 그러면서 유비는 유표의 장자인 유기를 형주목으로 추대해 형주를 차지한 명분으로 삼았습니다. 그리고 제갈량과 함께 형주의 강남 지방에 속한 무릉武陵, 영릉零陵, 계양桂陽, 장사長沙 등 4군을 접수했습니다. 이때 유기를 형주목에 추대한 건 민중들의 저항을 없앤 '신의 한 수'였습니다.

이때 큰 소득이 있었는데, 황충이 예물을 바치며 유비에게 투항한 것이었습니다. 황충은 원래 유표 휘하에서 중랑장을 지냈고 장사군 유현에서 주둔하고 있었는데요. 조조가 패퇴한 뒤 장사태수 한현이 유비에게 투항하자 이에 함께했습니다. 황충은 10년 뒤 유비가 한중을 공격할 때 큰 공을 세웁니다. 유비가 한중왕이 되자 제갈량의 건의에 따라 관우는 전장군前將軍, 마초는 좌장군左將軍, 장비는 우장군右將軍, 황충은 후장군後將軍으로 봉해졌습니다. 여기에 조운이 더해져 촉한의 '오호대장군五虎大將軍'이라 불립니다.

손권과 주유는 형주의 나머지 지역인 장사와 무릉 일부를 점령했습니다. 넓은 형주의 강남 지역 세 군은 유비, 나머지 하나는 손권의 차지가 되었는데요. 촉나라로 통하는 물길이 있는 이릉 지역도 손권의 영향권이었죠. 그런데 유기가 젊은 나이에 갑자기 병사하자 유비는 형주목을 대행하며 치안을 돌보게 됩니다. 유기가 이끌던 수만의 군사는 모두 유비의 것이 되었고, 호북(湖北, 지금의 후베이) 지역 일부도 유비의 손에 들어왔습니다. 결국 부하들은 유비를 형주목으로 추대했는데요. 실질적 군사력을 가진 세력이었으니 당연한 일이었을 것이고 유비만큼 적당한 지도자도 없었습니다. 드디어 유비는 긴 고생 끝에 넓고 풍요로운 형주라는

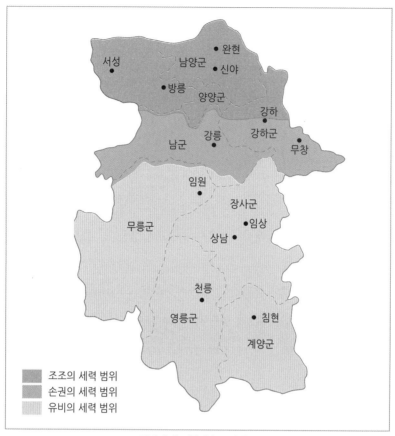

적벽대전 이후 형주 세력도

기반을 갖게 되었네요. 유비에게는 하늘이 주는 운이 따르는 모양입니다. 비록 동한시대 형주 7군 가운데 북쪽 일부는 조조의 세력권이었고, 이릉을 포함한 장강 유역의 남군南郡과 강하군江夏郡 일부 지역은 손권의 세력권이었지만, 형주의 실질적 주인은 유비였습니다.

이때 유비가 해야 할 실질적 과제는 손권과의 적절한 동맹 체결이었습니다. 두 세력에게 조조는 공동의 적이었는데요. 209년 3월, 양번을 지킨 조조는 수군을 조련하고 유비를 공략할 준비를 했습니다. 또 12월에는 군사를 보내 손권이 포위하고 있던 합비(合肥, 지금의 안휘성 성도)를 구했고, 탕구장군 장료를 합비에 주둔시켜 손권을 직접적으로 압박했습니다. 때문에 유비와 손권 둘 사이에는 강한 적을 상대하기 위해서는 서로 협력해야만 살아남을 수 있다는 절박함이 생겨났던 것입니다.

합비는 오나라의 수도인 건업建業(지금의 남경, 오吳·송宋·양梁 등의 도읍지)에서 그리 멀지 않은 곳입니다. 그러니 손권 입장에서는 먼 형주 지역보다 건업이 더 염려되는 상황이었습니다. 더구나 강남 4군을 정복한 유비에게는 형주의 관리와 군사들이 모여들어 점점 세력이 커졌는데요. '손권이 형주를 유비에게 빌려주었다.'라는 말이 있는 것처럼 조조를 물리친 주인공은 손권과 주유였지만 그 과실을 실질적으로 따먹은 건 유비였습니다.

그래서 생겨난 일이 유비와 손권 누이동생의 결혼입니다. 이때 소설에서 유비가 결혼하기 위해 오나라로 가는 이야기가 전개되는데요. 제갈량은 조운에게 호위를 맡게 하고 유비에게 3개의 비단 주머니를 건네줍니다. 필요할 때마다 열어서 그 안에 있는 계책대로 행동하라고 말이지요. 앞으로 벌어질 일까지 모두 내다본 제갈량의 신통한 능력을 알려주려는 에피소드라 할 수 있습니다. 다른 한편으로 보면 제갈량에게 모든 걸 의지하는 유비의 모습이 바보 같아 보이기도 합니다.

손부인孫夫人의 어머니 오국태는 유비를 만나보고 나서 그가 마음에 들어 혼사를 승인했다는데요. 마흔아홉 살 먹은 홀아비 남자가 딸의 신랑감으로 흡족했을까요? 유비와 겨우 스무 살 남짓한 손권의 이복동생이 맺어진 건 정략결혼 아니면 불가능했을 겁니다. 비록 이복동생이라 하더라도 꽃다운 나이의 동생을 나이 많은 홀아비에게 시집보낸다는 게 쉽지는 않았을 테죠. 유비에게 적당한 딸이 있어 젊은 손권에게 시집보냈다면 보기 좋았겠지만, 난리통에 자식을 제대로 건사하지 못한 유비에겐 그럴 만한 딸이 없었지요.

이는 세력이 점점 커지는 유비에게 두려움을 느낀 손권의 적극적 노력이었다고 봐야 할 것입니다. 이런 일은 역사에서 그리 드문 일이 아니죠. 조조라는 강력한 공동의 적이 있기에 정략결혼을 통해 서로 관계를 맺어두려 했던 겁니다. 그런데 이렇게 유비와 결혼으로 맺어진 손부인은 어린 나이지만 만만치 않은 여인이었던 듯합니다. 「촉서-법정전」에는 손부인의 모습을 이렇게 보여주고 있습니다. "손권의 여동생은 재기가 있고 강인하고 용감하며 여러 오라비의 풍모를 지니고 있었다. 시중드는 하녀 100여 명이 모두 직접 칼을 잡고 모시며 서 있으므로 유비는 내실에 들어갈 때마다 늘 마음 깊숙이 두려움을 느꼈다."

손부인의 아버지는 〈삼국지〉 최고 무장 가운데 하나였던 손견이고, 오빠는 용맹하기로 유명한 손책이었으니 비록 여자이지만 기가 아주 셌던 모양입니다. 나이가 많은 남편이 젊은 아내의 방에 들어갈 때마다 두려워했던 유비의 모습을 상상하면 아주 웃깁니다. 부부간의 정도 없었는지 자식이 있었다는 이야기도 없네요. 두 세력간 동맹관계를 유지하기 위한 정략결혼이니 어쩔 수 없이 몇 년을 부부로 지내야 했을 것입니다. 결국 유비가 익주를 공략하기 위해 서쪽으로 떠나자 손부인은 오나라로 돌아가는데요. 이는 결정적으로 유비와 손권이 갈라서는 계기가 되었습니다.

유비와 손권 두 사람이 우호관계를 맺자 두 세력은 나름대로 좋은 지원군이 되었습니다. 육상전투에 강점을 가진 유비와 강력한 수군을 보유한 손권은 좋은 짝이 되었던 것이죠. 형주를 사이좋게 둘로 나눠 서쪽은 유비가, 동쪽은 손권이 차지하는 모양새를 갖췄습니다. 하지만 둘은 서로 영원히 좋은 관계를 유지하리라고 보지 않았습니다. 특히 유비는 군사력을 지속적으로 확장했고, 서쪽 익주에 대한 관심을 접지 않았습니다. 제갈량이 이야기한 융중대의 계책으로는 형주와 익주를 모두 차지해 조조에 대항할 수 있어야 하기 때문입니다.

오나라 대장군 주유도 유비의 세력 확장을 가만히 보고 있지만은 않았습니다. 유비를 구슬려 북쪽 조조와 맞서도록 하는 데 힘을 썼습니다. 이때 나온 계책이 유비와 손권이 공동으로 한중과 촉나라를 점령하자는 것이었는데요. 유비를 촉나라로 보내 그곳을 점령하게 하고 장로의 군사를 합치고 굳게 지키면서 마초와 협력해 조조를 서쪽에서 압박하는 방안이었습니다. 그리고 주유는 양양을 공략해 점령하고 허도를 압박한다면 중원을 바라볼 수 있지 않겠는가 하는 것이었습니다.

하지만 이 계책이 실현되지 못한 것은 결정적으로 주유가 〈삼국지〉의 주인공이 되기에는 명이 길지 못했다는 점에 있습니다. 그는 함께 강동을 정벌했던 손책과 동서간이었는데, 손책은 화살에 맞아 일찍 죽었고 주유는 병에 걸렸습니다. 절세미인으로 유명한 대교(大喬, 손책의 부인)와 소교(小喬, 주유의 부인) 자매는 남편 복이 지지리도 없네요. 주유는 강릉으로 돌아가던 길에 파릉에서 병에 걸려 죽음을 맞이했습니다. 그때 그는 자신의 힘으로 제압할 수 없는 제갈량에 대해 이런 말을 남겼다는데요.

"하늘이시여! 기왕에 주유를 내시고 어찌 제갈량을 또 내셨습니까?"

제갈량과 금낭묘계

유비는 오나라로 아내를 맞이하러 가는 도중에 해를 입을까 두려워했다. 이에 제갈량은 유비를 안심시키며 조운을 호위무사로 딸려 보냈다. 그러고는 조운에게 세 개의 비단 주머니를 건네 필요할 때마다 안에 있는 묘책에 따라 행동하도록 했다. 명을 받은 조운은 어려운 일을 만날 때마다 금낭 하나씩을 열어보고 그대로 행하니 신기하게도 잘 해결되었다. 그리하여 유비 호위의 임무를 무사히 마치고 형주로 돌아올 수 있었던 것이다.

제갈량이 세상을 떠나고 위연이 모반했을 때였다. 제갈량에 뒤이어 일을 보던 양의가 이렇게 말했다. "승상께서 임종하시면서 금낭 하나를 남기셨는데 위연이 모반하거든 이 주머니를 열어보면 계책이 있으니 그대로 하라고 하시었소." 그래서 금낭에서 나온 계책대로 일은 추진되었고, 위연의 반란은 손쉽게 제압되었다. 죽음 이후까지 내다본 제갈량의 예지력이 아닐 수 없다. 이를 '금낭묘계'라 하는데 소설 속 제갈량이 자주 썼던 특기였다.

이 또한 초선차전처럼 순수한 픽션은 아니었다. 조조가 했던 일을 가져다가 제갈량에 적용했던 것이다. 「위서-장료전」에는 다음과 같은 기록이 있다. "조조는 손권을 정벌하고 돌아가는 길에 장료, 악진樂進과 이전에게 병사 7천을 주어 합비를 지키게 했다. 그리고 호군 설제에게 교지를 주며 겉봉에 이렇게 썼다. '적이 오거든 뜯어보라.' 오래지 않아 손권이 10만 대군을 이끌고 합비를 포위했고 장수들이 교지를 뜯어보니 이렇게 씌어 있었다. '만일 손권이 오면 장료와 이전은 나가 싸우고 낙진은 성을 지키며 호군 설제는 싸움에 참가하지 말라.'"

장수들은 조조의 말을 따랐고 손권의 대군을 물리칠 수 있었다. 이는 장수 네 명의 특징을 정확히 읽은 조조의 리더십을 제대로 보여준다. 적이 대군으로 공격할 때 나가서 적과 싸워야 할 자와 성을 지켜야 할 자를 제대로 구분해 주었던 것이다. 제갈량의 금낭묘계는 조금 황당하지만, 조조의 인물 활용법은 보다 현실적이라 할 수 있다.

관중을 공략하는 조조

적벽대전에서 패하고 허도로 돌아간 조조는 전략상의 실수에 아쉬움을 달랬지만 어쩔 수 없는 일이었습니다. 그때 이렇게 말했다던가요?

"만약 봉효가 살아 있었더라면 내가 이 지경에 이르지는 않았을 텐데."

봉효 곽가가 살아 있었다면 형주 점령으로 끝내지 않았을까 하는 후회의 말이었겠죠. 그랬다면 좀더 안정된 상황에서 유비를 비롯한 여타 작은 세력들을 차근차근 공략할 수 있었을 겁니다. 하지만 유표의 사망과 그 아들 유종이 항복하는 바람에 너무 손쉽게 형주를 얻었기에 다른 전쟁을 벌이지 않을 수 없었습니다. 군대란 원래 피를 먹고 사는 존재인데, 싸우지 않고 넓은 땅을 차지했으니 장수들은 공적을 세울 기회가 없었던 것이지요. 그러니 조조를 부추겨 유비와 남은 무리들을 처단하자고 주장했을 겁니다. 하지만 조조에게는 운이 거기까지였습니다. 습기가 많은 남쪽 지방의 역병 때문에 많은 병사들이 죽어나갔으니까요. 그 결과 오림에서 많은 손실을 입었고, 형주마저 남쪽을 빼앗기고 북쪽 일부만을 얻게 되었습니다.

그래서인지 조조는 자신의 주요 근거지를 업성으로 바꾸었습니다. 허도는 형주와 가깝기에 안전하지 않다고 봤을까요? 아마도 자신의 주력군인 유목기병대가 하북 지역에서 머물기를 더 좋아했기 때문일 겁니다. 아무래도 하북이 말을 키우기에 좋고 잘 개발된 땅이기도 했구요. 대신 허도에는 헌제를 그대로 놔두어 명목상 한나라의 수도를 유지했습니다.

그리고 헌제를 감시하는 인력을 제외하고 대부분의 인사들은 업성에서 활동하게 됩니다.

조조가 다음번 공략해야 할 지역은 관중 지방이었습니다. 관중은 이각과 곽사가 죽은 뒤 한수와 마초 등 여러 군벌들이 분할 점거하고 있었습니다. 조조가 북방과 형주를 공략할 동안 특별히 적이 되지는 않은 상태였죠. 그렇다고 완전히 복속된 것도 아니었습니다. 천하평정을 꿈꾸는 조조에게는 그냥 놔둘 수 없는 중요한 지역이기도 했습니다. 이 전쟁의 명목은 한중의 장로를 토벌하기 위해서였다고 사서에 기록되어 있습니다. 하지만 그건 가도멸괵假途滅虢*의 고사와 같지 않았을까요? 일본 도요토미 히데요시가 명나라를 쳐들어가기 위해서라고 말하며 한반도를 침략한 것과 다르지 않습니다. 관중을 지나지 않고는 험한 진령산맥秦嶺山脈 한가운데 있는 한중으로 갈 방법이 전혀 없습니다. 그러니 관중을 평정하지 않으면 장로가 점거한 한중을 공략할 수 없는 것이지요.

조조는 장로 토벌을 명분으로 길을 열어달라고 마등의 아들 마초와 한수에게 전했습니다. 말하자면 당신들은 상관없다고 한 것이죠. 하지만 관중을 지배하던 한수나 마초 입장에서 보면 자신들이 우선 정벌 대상이라는 것은 삼척동자도 다 알 만한 일입니다. 만약 아무런 행동을 취하지 않는다면 그들이 가진 관중의 기득권은 없어질 게 뻔한 일이었습니다. 결국 조조의 침공에 한수와 마초가 대항해 싸움이 벌어지는데, 이를 동관전투 또는 위남전투渭南戰鬪라고 부릅니다. 관중의 입구에 해당하는 동관東

---

* 길을 빌려 괵나라를 멸한다는 것을 이르는 말로, 춘추시대 진晉 헌공이 괵나라를 멸하기 위해 길을 빌려달라고 이웃인 우虞나라에 말하지만 그렇게 되면 우나라도 멸망할 수 있다는 뜻이다.

關을 두고 싸움이 시작되었고 위수 남쪽에서 전투가 끝났기 때문입니다.

이 싸움은 소설과 역사에서 전개과정이 조금 다릅니다. 소설에선 마초가 장안성을 공략하고 동관까지 점령하기에 조조가 이를 막기 위해 출전했다고 나옵니다. 하지만 동관은 관중의 목구멍 같은 곳입니다. 이곳을 잘 막고 있으면 관동군이 쳐들어올 수 없는 곳이죠. 훗날 당나라 때 낙양을 초토화시킨 안녹산의 군대를 막기 위해 현종이 고선지 장군을 이곳에 파견했습니다.* 당연히 마초는 이 지역을 우선 점령해 동쪽에서 진군하는 조조군을 막아야 했습니다.

그러니까 실제 역사에서는 조조가 싸움을 시작한 당사자였습니다. 관중을 공략하기 위해 선제공격을 시행했던 겁니다. 그런데 길이 좁은 이곳에서 조조는 목숨을 잃을 위기에 처합니다. 마초가 이끄는 강력한 서량군대에 밀려 맹장 우금과 장합이 패했고, 조조마저 강을 건너다 조홍과 하후연의 도움으로 겨우 살아납니다. 이때의 일화가 '할수기포割鬚棄袍'라는 고사성어가 되었습니다. 그러니까 수염을 자르고 도포까지 벗어던지며 위기를 벗어나야 할 만큼 급박했다는 이야기입니다.

조조는 손자병법을 익힌 군사전략의 천재였습니다. 그리고 지휘자에게 필수 능력인 지리에 관한 지식이 탁월했죠. 우선 그는 마초와의 싸움을 지구전으로 바꿉니다. 동관은 진령산맥과 황하 사이 좁은 지역에 있는 천혜의 요새였기에 이를 정면대결로 뚫기는 쉽지 않다고 본 것입니다. 따라서 마초군의 경계심을 늦추기 위해 공격 속도를 늦추었고, 한편으로는 황하를 우회해서 건너는 작전으로 바꾸었습니다. 황하는 동관이

---

* 서기 755년 당현종시대 안녹산의 반란군이 낙양을 폐허로 만들고 장안으로 진격해 오자 현종은 고선지를 동관에 배치했고 적을 막아냈다. 하지만 고선지 장군은 환관 변영성의 무고에 의해 죽고 만다.

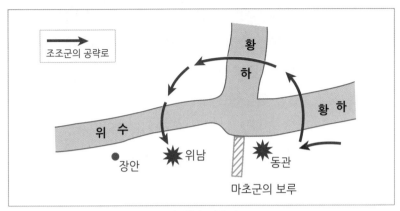

동관·위남 전투지도

있는 위치에서는 동쪽으로 흐르지만, 조금만 서쪽 상류로 가면 북에서 남으로 흐릅니다. 그러니까 조조는 황하를 남에서 북으로, 동에서 서로 두 번 건너 관중으로 들어간 뒤, 다시 위수를 건너 마초군을 뒤쪽에서 칠 생각이었습니다.

이때 위수를 건넌 조조군은 아군을 보호할 군진을 만드는 데 애로사항이 있었습니다. 강의 모래로는 안전한 진지를 구축하기 어려웠던 겁니다. 이때 어느 노인이 지금이 겨울이므로 모래로 벽을 만들고 그 위에 물을 뿌리면 얼어붙을 것이니, 좋은 방벽이 될 것이라는 조언을 해줍니다. 그렇게 안전진지를 만들었고 결국 마초군을 물리치게 됩니다. 갑자기 조조군이 위수를 건너오자 마초군은 허둥지둥하다가 전투에 패했습니다. 바로 위남에서 벌어졌던 전투에서 조조군이 승리를 거뒀죠.

이때 조조군의 승리에는 적군, 즉 마초와 한수의 알력다툼도 큰 몫을 차지했습니다. 물론 소설에서는 조조가 한수와 마초간에 반간계를 써서 오해하게 만들었다고 나오지만, 그건 이긴 자가 마음대로 쓸 수 있는 묘미 중 하나이구요. 결과는 이 싸움에서 조조군이 이겼다는 것입니다. 단한 번의 공격으로 마초 진영은 패배했고, 한수를 비롯한 서량군 대부분은 조조에게 투항했습니다. 한편 마초는 겨우 30여 기만 이끌고 농서隴西로 달아났다가 한중의 장로에게 의탁했습니다. 그리고 훗날 유비에게 귀순해 큰 역할을 하게 됩니다. 결국 과거 진秦나라 500년의 터전이었고, 서한 시기 수도가 위치했던 관중이 조조의 완벽한 패권에 들어옵니다. 이로써 천하의 절반 이상이 조조의 세력권이 된 것입니다.

마초는 전략을 모르는 장수였나?

소설에서 마초는 허저, 장비 등의 맹장들과 대적할 만큼 무용은 강력했지만, 지략은 휘하 장수 방덕에게 의존했다고 기술되어 있다. 하지만 역사 기록을 보면 마초는 무용뿐만 아니라 야전에서의 지휘능력과 상황판단 능력이 뛰어난 장수였다. 조조가 강을 건너려고 할 때 그 의도를 간파하고 적극 공략한 것은 그의 뛰어난 지휘력 때문이었다. 그렇다면 관중 지역을 조조에게 빼앗긴 근본 원인은 어디에 있었을까?

이는 조조에 맞서 싸우던 관중을 지키는 수비군의 구성 때문이었다고 할 수 있다. 이들에게는 통일된 지휘체계가 없었다. 조조의 반간계로 한수와 마초가 알력을 빚은 게 아니라 애초부터 이들은 서로를 믿지 않았다. 잠시 공동의 적으로 조조를 상대했을 뿐, 상황이 어려워지자 지휘체계가 무너져내렸던 것이다. 그렇게 보면 마초는 유능한 장수였던 건 분명하지만 조조에 대항할 만한 그릇은 아니었다는 이야기도 된다.

익주 정벌과 촉나라

한중과 익주는 어떤 곳인가

진령산맥과 파군巴郡 산지에 둘러싸여 있는 한중에는 종교 교단 성격의 정치체제가 있었는데, 세상 사람들은 이를 '오두미도'라 불렀습니다. 장각의 태평도太平道와 함께 가장 이른 시기에 등장한 도교 교단이었는데요. 이는 동한 말에 장릉이란 자가 촉나라 성도 부근의 학명산에서 창시했다고 전해집니다. 창시자인 장릉을 천사로 숭배했기 때문에 천사교天師教 또는 천사도天師道라고도 불렀습니다. 그런데 장릉은 종교 창시자로서 전설적 인물이고, 그의 손자인 장로가 교주의 지위를 계승하여 교법과 교단 조직을 정비했습니다. 때문에 장릉과 그 아들 장형, 손자 장로 3대를 삼장三張이라고 하는데요.

원래 오두미도 교단은 장수張脩가 이끌던 교단이었는데, 장로가 장수를 죽이고 교주의 위치를 차지했고 한중을 본거지로 만들었습니다. 그 후

동한의 정치적 혼란기를 이용해 정치와 종교가 결합된 왕국을 건설했던 것입니다. 그리고 그 누구도 이 지역을 공략하려 하지 않았기 때문에 장로는 30년 가까이 자신의 왕국을 유지할 수 있었습니다.

그런데 가까이 있는 익주목 유장과의 관계가 문제였습니다. 유장의 아버지 유언이 살아 있을 때에는 장로가 그를 높여 모셨지만, 유언이 죽고 그의 아들 유장이 승계하자 따르지 않았습니다. 장로는 독자적 영역을 갖기 원했던 반면 유장은 자신의 세력권에 두려고 했기 때문이겠지요. 이에 유장은 성도에 머무르던 장로의 모친과 식솔들을 모조리 죽였습니다. 이 때문에 장로와 유장의 관계는 극도로 악화되었고 장로가 군사적 위협을 가했습니다.

이에 익주목 유장은 장송과 협의한 뒤 형주의 유비에게 법정을 보내 군사협력을 요청했습니다. 관중을 평정한 조조가 곧 장로를 토벌할 것이라는 소문도 유비와 협력하려는 이유였습니다. 하지만 호랑이를 자신의 영토에 끌어들이는지도 모른 채, 같은 황족이니 유비와 좋은 관계를 유지할 수 있으리라는 허황한 생각을 가졌던 것이죠. 그런데 형주에 사신으로 떠나게 된 법정은 본래 유장을 좋아하지 않았습니다. 그는 유장이 천하를 좌지우지할 만한 큰 인물이 아니라고 봤습니다. 이런 생각을 갖고 유비를 만나고 돌아온 법정은 유비가 마음에 들었습니다. 그리고 장송과 함께 유장에게 유비의 도움을 받아 장로의 공격에 대비할 것을 건의했습니다.

한편 법정은 유비 진영에 익주를 차지할 좋은 기회이니 이를 잘 활용하라고 말했습니다. 일단 익주에 군사를 이끌고 들어온 뒤 형편을 봐서 유장을 공략하라고 말이지요. 그러니까 자신의 주군을 속이고 외부의 인사에게 나라를 맡기려는 속셈이었습니다. 유장이 얼마나 무능했으면 장송이나 법정에게 신임을 얻지 못했을까요? 목숨 부지하기 쉽지 않은 난세이니 능력 있는 주군을 모시고 싶은 마음이야 모두에게 있겠지만, 유장의 신세가 안타까워 보입니다.

한편 마음씨 좋은 유비는 법정의 제안에 차마 같은 집안의 기반을 탈취하는 일을 주저했습니다. 하지만 방통을 위시한 여러 책사들이 이 기회를 살려야 한다고 설득하자 유비는 결정을 내렸습니다. 장강 삼협의 물길을 거슬러 통과해야만 갈 수 있는 익주는 수비는 쉽고 공격은 어려운 난공불락의 요새와 같은 곳인데, 협력한다는 명목으로 군사를 이끌고 간다는 건 하늘이 도와준 기회였습니다.

유비는 장송을 환대했는가?

소설에는 형주에 있는 유비를 찾아온 유장의 책사 장송을 환대하는 장면이 꽤 길게 등장한다. 조조에게 기용되기를 기대하고 낙양으로 갔던 장송은 용모가 추해 자신을 채용하지 않는 조조에게 실망했다. 그래서 익주로 돌아가지 않고 유비를 찾아갔는데, 이때 유비는 엄청난 환대로 그를 맞이했다. 먼저 조운이 수백 기를 거느리고 형주의 경계에서 장송을 맞아들였고, 형주 땅에 들어서자 관우가 북을 두드리며 적극 환영하는 것 아닌가!

하룻밤을 지내고 조운과 관우의 호위를 받으며 형주성 가까이 가자 유비가 제갈량과 방통을 데리고 몸소 장송을 맞으러 달려왔다. 그렇게 유비와 만나게 된 장송은 그에게 서천으로 들어가 촉 땅을 수중에 넣으라고 권유했다. 그리고 촉 땅의 지도를 바쳤는데, 지명과 노정, 거리와 폭, 산천의 형세 등 서천 공략에 필요한 내용이 상세히 적혀 있었다. 유비는 장송에게 감사를 표하며 수십 리 밖에까지 환송했다.

그런데 역사 기록에는 장송이 유비를 직접 찾아가 만난 일이 없다. 조조를 만나고 돌아온 장송이 유장에게 조조와의 관계를 끊고 유비와 교류하기를 권했고, 법정을 사자로 보내길 추천했을 뿐이다. 소설에서 유비가 장송을 환영하고 크게 대접하는 장면이 그려진 이유는 유비가 얼마나 덕이 있는 사람인지를 그리기 위해서였다. 익주의 별가종사別駕從

吏에 불과한 장송 같은 이를 잘 대해주는 유비이니 다른 이들에게는 어떻겠는가? 장송을 이마가 좁고 머리는 뾰족하며 코는 들창코인 추남으로 그린 것도 같은 이유다. 방통이나 장송처럼 못생겼든 제갈량처럼 가진 게 없든 귀한 인물이라면 누구나 잘 대접하는 유비다.

유비 마침내 익주를 얻다

서기 211년 유비는 방통, 황충, 위연 등과 서천西川으로 들어갔고, 형주에는 제갈량과 관우, 장비, 조운이 남아 지키도록 했습니다. 이때 유비에게 시집왔던 손부인이 오나라로 돌아갔는데, 이로부터 유비와 손권의 동맹은 허물어지기 시작했습니다. 북방의 조조와 대항해 싸우던 남방 동맹이 깨진 것이죠. 훗날 이는 유비에게 좋지 못하게 작용했습니다.

유비가 군사를 이끌고 익주에 들어가자 유장은 친히 나가 맞아들였고, 군량을 제공하는 등 성의를 다했습니다. 유비는 유장의 요구에 따라 가맹관으로 나가 장로를 막았습니다. 그런데 장로를 제대로 공략했다는 이야기는 나오지 않습니다. 대신 자신이 점령한 지역에서 군기를 삼엄하게 하고 은덕을 널리 베풀어 백성들의 인심을 얻기 위해 열과 성의를 다했습니다. 그러니까 장로를 공격하는 척하며 시간을 벌고 있었다고 봐야겠네요.

그렇게 2년이 지나자 유비는 유장과 사이가 틀어지는 일이 발생하는데요. 조조가 손권을 정벌했고, 이에 손권이 유비에게 구원요청을 합니다. 만약 유비가 손권을 도와 병력을 보낸다면 자신이 비워둔 형주가 조조의 공격 대상이 될 수 있습니다. 이에 유비는 유장에게 병사 1만 명과 군수물자를 요구하며 동쪽으로 가겠다고 요청했습니다. 하지만 유장 입장에서는 유비의 요구가 마음에 들 리 없는데요. 그동안 장로를 공격하겠다고 해놓고 제대로 성과를 낸 적이 없으니 말입니다.

결국 이는 둘 사이의 불화로 이어집니다. 유장은 병사 4천 명과 군량미도 요구량의 절반만 제공하겠다고 했고, 장송이 유비를 끌어들인 이유도 알게 되어 그를 처형했습니다. 유비는 이런 상황을 기다리고 있었던 것 아닐까요? 유장이 들어줄 수 없는 무리한 요구를 해서 명분을 자기 쪽으로 돌려놓는 것, 결국 유비와 유장은 단단히 사이가 틀어졌고 유비는 성도를 공략할 명분을 얻게 됩니다.

유비가 제장들을 모아놓고 성도 공략에 대해 회의할 때 방통이 유비에게 세 가지 계책을 제시합니다.

"상책上策은 은밀히 정병을 뽑아 밤낮으로 달려가 곧바로 성도를 습격하십시오. 유장은 지금 강하지 않은데다가 대비하지 못하고 있으니 일거에 평정 가능합니다. 중책中策은 듣자 하니 양회, 고패高沛란 자가 유장에게 장군을 형주로 돌려보내라고 간언하고 있다 합니다. 그러니 장군께서는 형주에 위급한 일이 있어 되돌아간다고 고하십시오. 그리하면 필시 두 사람이 장군을 만나러 올 것입니다. 이때 그들을 붙잡고 진격하여 성도로 향하면 됩니다. 하책下策은 일단 백제성으로 물러나 형주와 연결하고 서서히 돌아와 도모하는 것입니다. 하지만 망설이며 거행하지 않는다면 오래지 않아 큰 곤란을 겪을 수 있습니다."

그러자 유비는 중책을 선택했고, 방통의 말대로 양회와 고패가 찾아오자 그들을 참수하고 성도로 향했습니다. 지나는 곳마다 성을 공격해 번번이 싸움에 이겼습니다. 유비가 익주에 있는 기간 동안 민심을 얻었기에 많은 이들의 투항이 이어졌는데요. 결국 유장이 머물던 낙성을 포위한 지 수십 일만에 유장이 성에서 나와 투항했습니다.

낙성전투에서 〈삼국지〉를 사랑하는 사람들에게 안타까운 일이 벌어지는데, 바로 방통의 전사였습니다. 익주 진입부터 장로와 대치, 그리고 낙성 공격까지 전략을 주도했던 방통이 화살에 맞아 죽은 건 유비에게는 뼈아픈 일이었습니다. 역사가 진수가 방통과 법정에 대해 평가하기를 방통은 순욱과 막상막하이며 법정은 정욱과 곽가에 비견된다 할 정도로 방통은 대단한 인물이었습니다. 만약 방통이 이때 죽지 않았다면 삼국의 역사는 어떻게 전개되었을까요? 그랬다면 제갈량이 형주를 떠나지 않았을 것이고, 훗날 관우가 형주를 잃지 않았을 것이고 천하는 촉나라의 차지가 되었을까요? 역사에는 가정이 없지만 뛰어난 인물의 아쉬운 죽음은 상상의 나래를 펼치게 만듭니다.

결국 이러한 희생과 고난이 있었지만 유비는 익주를 차지할 수 있었고, 형주에 있던 제갈량은 성도로 들어와 그를 보좌하고 법정은 상담역이 되었습니다. 또한 동화, 황권, 이엄 등 익주의 인사들을 영입할 수 있었습니다. 이로써 형주와 익주를 점령한 유비, 북방 지역의 맹주 조조, 장강의 험한 물길을 차지한 손권. 이제 제갈량이 말했던 '천하삼분지계'의 기초 그림이 만들어졌습니다.

방통은 정말 못생겼던가?

소설에서 방통은 제갈량, 서서와 친구 사이로 나온다. 스승 사마휘로부터 "와룡과 봉추 중 하나만 얻으면 천하를 얻을 수 있다."라는 소리를 들을 만큼 뛰어난 인물이었다. 하지만 그는 외모가 볼품없었기 때문에 사람들에게 인정받지 못했다고 한다. 나관중은 그의 성격이 거만하고 외모가 추해 사람들이 좋아하지 않았다고 설정했다.

방통은 적벽대전에서 연환계를 시행해 전쟁에서 승리하는 업적을 세웠기에 주유가 갑자기 사망하자 장례식에 참석했다. 그때 손권은 그의 외모가 볼품없고 거만한 자세에 질려 채용하지 않았다. 유비도 그의 외모가 추했기에 능력을 인정하지 않았다고 한다. 그래서 유비는 그에게 작은 마을인 뇌양현의 현령자리를 맡겼는데, 이에 뿔이 난 방통은 정사를 제대로 돌보지 않았다. 이 소식을 들은 유비는 장비를 보내 감사를 하도록 했다. 여기서 장비의 불같은 성질을 강조하기 위해 방통의 목을 곧바로 치지 못하도록 손건을 붙여 보냈다. 장비가 자신을 감사하러 온 것을 알게 된 방통은 그동안 밀려 있던 업무를 반나절 만에 해치워버렸다. 깜짝 놀란 장비가 유비에게 보고하여 그 능력을 제대로 인정받았음은 물론이다.

사람에게는 첫인상이 중요하다고 한다. 하지만 첫인상이 모든 것을 결정하지는 않는다. 비록 외모가 못생겼더라도 그가 가진 탁월한 능력을 인정해 줄 수 있는 리더가 있다면 문제가 되지 않는다. 그런데 사서에는 방통의 외모에 대한 글이 나오지 않는다. 잘생겼다고도 하지 않지만 그렇다고 추남이라는 내용도 없다. 다만 방통이 어릴 때 소박하고 굼떠서 높이 평가하는 이가 없었다는 정도다. 그런데도 왜 나관중은 방통의 외모를 못생겼다고 묘사했을까? 상대적으로 제갈량의 외모를 빛나게 해주려는 의도가 아니었을까?

조조와 유비, 한중을 두고 다투다

유비가 익주를 얻어 안정화를 꾀하고 있던 214년 즈음, 허도에서는 복황후가 조조에 의해 살해당하는 일이 발생했습니다. 이미 2년 전 조조는 위공魏公이 되었고, 공식적으로도 헌제를 제치고 국사를 마음대로 실행하던 때였습니다. 이때 위공 등극에 반대했던 책사 순욱*은 조조에 의해 죽임을 당할 수밖에 없었는데요. 순욱에 불만을 가진 조조는 그를 전투 현장에 데리고 갔고, 빈 도시락을 보내 뜻을 전했습니다. 당신과는 더 이상 함께할 수 없다고 말입니다.

조조의 위공 등극은 조정에 있던 보수파 책사들에게 위협으로 다가왔습니다. 조만간 조조가 선양을 통해 제위에 오를 것으로 예상되었기 때문이죠. 그러자 복황후가 나서서 외척 세력을 이용해 조조를 제거하고 황권을 다시 회복하려 했습니다. 하지만 눈치 빠른 조조의 감시망에 걸려들었습니다. 결국 복황후를 포함해 그녀 소생의 두 황자도 살아남을 수 없었죠. 조조는 외척들과 황제를 지지하던 인사를 포함해 200여 명이나 죽인 뒤 자신의 세 딸을 헌제에게 시집보내 황후로 삼게 했습니다. 본격적으로 한나라가 없어지고 조조의 시대가 열리고 있었습니다.

다음해 조조는 장로를 토벌하기 위해 업성을 떠났고, 관중에서 군사를 정비해 한중으로 출발했습니다. 관중에서 한중으로 들어가려면 험난

*순욱(荀彧, 163~212)
하남 허창(許昌) 사람. 곽가의 뒤를 잇는 조조의 주요 모신(謀臣). 위나라의 북방 통일 청사진을 마련함.

한 진령을 넘어야 하는데, 그 길 중 하나가 자오곡子午谷이었습니다. [관중에서 한중으로 넘어가는 계곡은 몇 개가 있는데 조조가 정확히 어떤 곳을 거쳤는지는 알려지지 않는다.] 이곳은 사람과 말이 편히 걸을 수 있는 길이 없고 계곡에 잔도棧道를 설치해야만 했습니다. 오래전에 만든 잔도들은 무너졌고, 병사들이 잔도를 만들며 전진해야 했습니다. 무진장 고생을 하며 산과 계곡을 넘은 조조군을 기다린 건, 당연히 한중의 대장군 양양과 양임이었습니다. 결국 양평관陽平關을 두고 두 군은 대치했고, 승패가 쉽게 결판나지 않았습니다. 조조의 자랑이었던 강력한 기병은 전혀 쓸모가 없는, 방어는 쉽고 공격은 어려운 험난한 산지였기 때문입니다.

역사 기록에는 전투가 자세히 나와 있지 않지만, 소설에서는 꽤 상세히 전투상황을 묘사했습니다. 양평관을 두고 조조군과 장로군은 일진일퇴의 공방전을 펼쳤지만 서로 이기지 못하고 50여 일을 대치했습니다. 이에 조조는 하후연과 장합에게 6천의 기병을 주어 양평관을 우회하도록 지시했고, 결국 양평관은 함락되었습니다. 여기서 장로군의 대장군 양임과 부장 창기는 하후연의 손에 죽습니다. 양평관을 함락시킨 조조군은 곧바로 남정성으로 진군했고, 장로는 마초의 부하였던 방덕에게 맞서도록 했으나 중과부적이었죠. 천혜의 요새가 뚫리니 더 이상 힘을 쓰기 어려웠던 것입니다.

결국 버티지 못한 장로는 한중을 철수하고 파군으로 떠나는데, 이때 장로는 무슨 의도였는지 자신의 보물과 식량을 모아둔 창고를 파괴하지 않고 온전히 보전해 두었습니다. 그대로 둘 경우 적이 가져가 군량으로 쓰이니 불 지르고 파괴하는 것이 일반적인데 말입니다. 소설에서는 장로가 조정에 대한 충성심 때문에 그랬다고 하는데, 무슨 이유였는지는 본인만 알 것입니다. 아마도 오랫동안 자신의 열정이 담겼던 재물과 식량을 파괴하는 게 고통스러웠을 겁니다. 이 덕분에 장로는 조조에게 항복한 뒤 여생을 편안히 지낼 수 있었던 역사의 아이러니가 이어집니다.

215년, 그렇게 한중은 조조의 세력권이 되었는데, 이는 익주를 자신의 영역으로 삼으려 했던 유비에게 심각한 문제가 되었습니다. 오늘날 한중은 섬서성陝西省의 일부이지만, 지도를 들여다보면 사천성四川省의 일부라는 게 더 나을 지형을 갖고 있습니다. 관중과는 진령산맥이라는 험한 산지로 구분되어 있는 반면 익주와는 비교적 낮은 산지로 경계가 구분되기 때문인데요. 그러니까 익주 땅에서 한중은 물고기의 입과 같은 존재입니다. 조조가 한중을 가리켜 '계륵鷄肋'이라고 한 것처럼 관리하기 힘든 땅이었던 데 비해 유비에게는 반드시 확보해야 할 전략적 지역이었던 것이죠.

조조가 한중을 점령한 지 3년이 지나 유비는 익주의 통치기반이 안정되자 직접 군사를 이끌고 한중으로 진격했습니다. 전투 초반에 하후연이 참수되고 조조군이 한중을 넘겨줍니다. 아무래도 남쪽에서는 한중을 공략하기 쉬웠기 때문이었을 겁니다. 그러자 다음해 조조가 직접 군사를 이끌고 참전하는데요. 여전히 북쪽 관중 방향에서 공격하기 어려운 지형 탓으로 조조는 어려움을 겪습니다. 전투는 유비와 법정이 세운 지휘소 부근까지 화살이 날아올 정도로 치열했으나 유비는 결코 물러서지 않고 싸움을 벌였습니다. 절실함의 차이 때문이었을까요? 한중이 계륵이라고 생각한 조조는 싸움이 불리해지자 곧바로 철수합니다. 그렇게 한중은 익주를 차지한 유비의 중요한 세력권이 됩니다.

업성으로 돌아간 조조가 헌제를 겁박해 위왕이 된 뒤 유비는 한중왕漢中王이라는 호칭을 얻게 됩니다. 왜 한왕이 아니고 한중왕일까요? 한중왕은 과거 고조 유방의 호칭이었습니다. 한중에서 시작해 관중을 점령하고 항우를 물리친 뒤 한나라 황제가 되었던 것이죠. 유비 입장에서는 한실漢室 부흥을 위해 정통성을 가질 만한 적절한 호칭이었습니다. 엄연히 한나라 헌제가 살아 있는데 한왕이라 칭할 수는 없기도 했고, 한중왕은 조조의 위왕과 충분히 비교될 만한 호칭이었던 겁니다. 유비는 고조와 같은 한중왕이고 조조는 항우 같은 위왕이니, 조만간 조조를 물리치고 천하를 얻을 수 있겠다는 자신감의 표현이기도 했습니다. 결국 이로써 완벽한 천하삼분의 모습이 완성되었습니다.

먹을 것은 없지만 버리기도 아까운 무엇? 계륵

닭의 갈비뼈는 먹을 것은 없지만 그래도 버리기는 아깝다는 뜻으로 쓰인다. 이 말은 〈후한서後漢書〉 '양수전'에 나오는 것으로, 조조와 유비가 한중을 두고 싸울 때 등장했다. 한중을 점령한 유비, 장로를 토벌해 점령했다가 유비에게 빼앗겨 다시 공격에 나선 조조. 이때 조조는 쉽게 이길 수 없는 한중에서 진격이냐 후퇴냐를 두고 곤경에 빠져 있었다. 한참을 고민하고 있을 때 저녁식사가 들어왔는데 닭 요리가 나왔다. 마침 참모 한 사람이 내일의 암구호를 결정해 달라고 막사로 들어왔는데, 골똘히 생각에 빠진 조조는 이렇게 중얼거렸다. "계륵이야 계륵" 이 말을 들은 부하는 돌아가 계륵이 무슨 뜻이냐고 막료들과 협의하는데 아무도 대답을 못 했다.

이때 주부主簿로 있던 양수는 조조의 속마음을 알아차렸다. 그리고 동료들에게 내일은 철수명령이 떨어질 것이니 준비하라고 말했다. 그의 해석은 이랬다. "닭의 갈비는 먹음직한 살도 없지만 그렇다고 버리기도 아까운 것이다. 이곳 한중은 닭갈비처럼 버리기는 아깝지만 그렇다고 먹기도 힘들고 먹을 것도 별로 없으니, 돌아갈 결정이 내릴 것이다." 결국 이 말은 적중했고, 다음날 철수명령이 떨어졌다.

관우의 양번 공략전

유비가 한중을 차지한 219년, 형주를 지키던 관우는 북쪽 양양과 번성을 공략하기 시작했습니다. 관우는 왜 이 두 성을 공격했던 걸까요? 유비나 제갈량의 지시에 따른 것일까요? 결과적으로 이 전쟁으로 인해 관우는 소중한 목숨을 잃었고, 유비는 가장 중요한 지역인 형주를 잃게 됩니다. 관우가 일으킨 이 전쟁의 시작에 관해서는 여러 설이 있지만 어느 것이 옳은지 정설이 없습니다. 어쩌면 우발적으로 전투가 시작되었을 가능성도 있습니다. 엄청나게 내린 비로 번성이 갑작스럽게 수몰되었기에 전공을 세우고 싶었던 최전방 장수 관우가 싸움을 걸었을 수 있으니까요. 유비의 지시를 받기에는 너무 멀리 있었고, 작은 분쟁이 커졌을 가능성도 있습니다.

유비가 방통, 황충, 위연과 익주로 떠난 뒤 관우는 제갈량과 함께 형주를 지키는 역할을 맡았습니다. 그러다 제갈량과 장비도 방통이 사망한 이후 익주로 떠났고, 관우 홀로 형주의 책임자가 되었습니다. 그동안 손권은 형주를 자기 세력권으로 두기 위해 애썼는데, 원만한 관계유지를 위해 관우에게 혼담을 제안했습니다. 자신의 아들과 관우의 딸을 혼인시키자고 했던 것이죠. 두 세력간 동맹을 맺기에는 적절한 제안이라 할 수 있습니다. 하지만 관우는 이 제안을 일언지하에 거절했습니다. 그리고 상당히 모욕적인 말을 남겼는데요. "범의 새끼를 개의 새끼에게 줄 수 없다." 아마도 유비와 손부인의 관계가 좋지 않게 끝났기 때문에 이런 말을 하지 않았을까 싶은데요.

이걸 보면 관우는 정치적 역량이 부족했던 인물이었다는 것을 알 수 있습니다. 손권이 혼담을 제안한 건 유비와 손권이 맺었던 정략결혼 관계가 깨졌으니 형주를 공유하는 두 세력간 긴장관계를 해소하려는 의도가 있었겠죠. 만약 관우가 이 제안을 받아들였다면 어땠을까 하는 아쉬움이 남습니다. 적절한 정치적 결합으로 이웃 약소국끼리 협력하고 북방의 강자에 대항해야 하는데 말입니다. 하지만 결과는 고지식한 관우와 젊은 혈기의 손권은 함께할 수 없는 운명으로 이어집니다.

한편 관우가 군사를 조련하며 때를 기다리고 있을 때 위나라 최전방 양양과 번성에서는 홍수로 인해 병사와 군마가 대규모로 익사하는 일이 벌어졌습니다. 번성은 사람이 거주할 수 없을 정도로 물에 잠겼고, 많은 사람들이 성을 버리고 떠났습니다. 이를 알게 된 관우가 군선을 동원해 양양성을 공격하기 시작했던 것이죠. 강력한 수군을 거느린 관우는 형주자사 호수와 남양태수 부방, 그리고 우금 등이 거느린 위군을 공격해 보병과 기병 3만 명을 포로로 잡는 전과를 올렸습니다.

장강의 홍수로 인한 수몰과 관우의 공격으로 번성에는 겨우 수천의 백성만 남았을 정도로 큰 피해를 입었습니다. 물에 잠긴 높이가 무려 15미터에 이르렀다고 합니다. 성을 지키는 최고사령관은 포로가 되었고, 구원을 보낸 최정예 병력은 폭우로 인해 수몰되었습니다. 온 천하에 관우의 이름이 드높여진 순간이었는데요.

이때 조조가 받던 압박감이 얼마나 컸던지 도읍을 옮기는 것을 고려할 정도였습니다. 만약 번성이 뚫리면 그 다음은 완宛까지 일사천리이고 허도까지 거리가 그리 멀지 않습니다. 설상가상으로 조조의 본거지 업성에서는 많은 사람이 연루된 반란이 일어났습니다. 다행히 조비에게 곧바로 진압되었지만, 적어도 이들은 관우로 인한 천하의 혼란을 기회로 삼았던 겁니다. 이때에 생겨난 말이 '관우의 공격에 화하華夏가 진동했다.' 입니다. 만약 이때 한중에서 숨을 가다듬고 있던 유비까지 조조 공격에 나섰다면? 천하의 향방이 바뀌었을지도 모릅니다.

관우, 맥성에서 죽다

천재지변으로 하늘이 돕던 관우의 운명은 여기까지였습니다. 호시탐탐 형주를 노리던 손권이 움직이기 시작했던 것입니다. 소설에서는 손권이 조조와의 협의를 통해 관우를 협공하자고 했다는데, 글쎄요. 굳이 협의를 안 해도 형주 공격은 손권 입장에서 해볼 만한 싸움이었습니다. 적벽대전의 실제 승리자는 손권과 주유였는데, 그 과실은 모두 유비와 관우가 차지했으니, 손권은 이를 되찾을 기회를 엿보고 있었습니다. 유비와의 정략결혼 관계도 깨졌으니 더 이상 거리낄 것이 없었습니다.

관우의 주력군은 북방으로 떠나고 남군에는 소규모의 수비군만 있다는 것을 알게 된 대장군 여몽이 남군을 침공했습니다. 이때 남군태수 미방은 성을 버리고 투항했고, 손쉽게 강릉을 점령한 여몽은 그곳의 인심을 얻기 위해 애썼습니다. 노약자를 위로하고, 병에 걸린 자에게는 의약품을, 춥고 배고픈 자에게는 옷과 양식을 내주었습니다. 이곳 사람들에게 좋은 인상을 남겨 제대로 통치할 수 있도록 기반을 만들기 위해서였죠. 가난하고 어렵게 살아 학문을 익히지 못했기에 손권에게 공부하라는 소리를 자주 들었던 여몽은 '수불석권手不釋卷'을 통해 '괄목상대刮目相對'했습니다. 적을 죽이고 승리를 거두는 것만이 옳은 게 아니라 백성을 통치하는 것이 무엇인지 제대로 아는 여몽이었던 것입니다.

한편 장수 육손*은 장강의 물길을 차지하고 이릉으로 들어와 촉나라에서 나오는 길목을 지켰습니다. 오군의 공격 소식을 들은 촉군이 이동하는 것에 대비하기 위해서였지요. 또한 방릉태수 등보, 남향태수 곽목을 공격해 대파했고, 남은 유비의 잔당들을 모두 소탕했습니다. 또한 면수의 길목을 차단해 관우가 물길을 통해 이동할 수 없도록 했습니다. 결국 여몽이 형주 남군의 유연한 통치를 통해 민심을 얻었고, 젊은 장군 육손의 활약으로 이제 형주는 거의 오나라 땅이 되어가고 있었던 겁니다.

천재지변을 등에 업고 양번성을 몰아붙이던 관우 입장에서는 황당할 노릇이었습니다. 적을 공격하다 후방에서 침투한 또 다른 적에 의해 안정된 근거지를 잃고 비참한 상황에 처할 운명이었던 것이죠. 급박했던 관우는 양양의 포위를 풀고 퇴각할 수밖에 없었습니다. 그해 12월 맥성麥城으로 들어간 관우는 육손의 대군에게 포위되었습니다. 강력한 힘으로 위군을 몰아붙이던 관우가 갑자기 오군에 포위된 신세로 바뀌었던 거죠. 급기야 관우는 거짓항복까지 시도하면서 포위망을 뚫어보려 애썼지만, 임저(臨沮, 지금의 호북성 이창시 위안안현)에서 육손에게 사로잡히고 맙니다. 곧바로 관우와 그 아들 관평은 참살당했고 그 수급은 허도의 조조에게로 보내집니다. 덕분에 오늘날 낙양에 관우의 머리만 들어 있는 무덤인 관림關林이 만들어질 수 있었습니다.

명장 관우에게 찾아온 죽음은 왜 그렇게 허무할까요? 소설 〈삼국지〉 마니아들에게 관우의 죽음은 아주 큰 충격이었는데요. 이런 말이 있습니

* **육손**(陸遜, 183~245)
소주 사람. 군사가이자 정치가. 손책의 사위로 이릉의 전투에서 으뜸가는 공을 세움.

다. '관우가 죽을 때 삼국지를 처음 덮고, 유비가 죽을 때 삼국지를 두 번째 덮으며, 제갈량이 죽을 때 세 번째로 덮는다.' 그러니까 천하를 두고 다퉈온 영웅들의 이야기를 재미있게 읽어오다 관우의 죽음을 만나면 너무 허탈해 일단 책을 덮어야 한답니다. 읽기를 잠시 쉬어갈 만큼 관우의 죽음은 중요한 변곡점이었습니다.

어쩌면 그의 패배와 죽음은 맡겨진 역할이 역량에 비해 너무 컸기 때문 아닐까 싶습니다. 첫 번째 문제는 양번 싸움이 전혀 준비 없이 진행된 전쟁이었다는 점입니다. 천재지변이 가져다준 행운이 있었지만 준비가 미흡한 전쟁이 어떤 결과를 낳는지를 제대로 보여주고 있죠. 그러다 보니 처음부터 유비, 제갈량이 있는 익주로부터 어떠한 지원도 받을 수 없었습니다. 본거지 강릉으로부터 보급 지원도 부족했는데요. 그런데 강릉에서 양양까지 만만한 거리가 아닙니다. 보급이 늦어지자 책임자인 미방[미축의 동생이자 유비 미부인의 오빠]을 수도 없이 재촉했습니다. 이 때문에 미방과의 사이가 나빠졌습니다.

가장 결정적 실책은 군대를 상선으로 위장해 잠입한 오군에 본거지 강릉을 내준 것입니다. 미방이 쉽게 항복한 것처럼 강릉의 인심은 관우를 떠나 있었습니다. 〈삼국지〉에는 '형주를 빌린다.'라는 말이 자주 등장하는데, 이게 무슨 뜻인지 이해하기 어려운데요. 주유의 주도 아래 적벽대전에서 승리했으니 형주 땅이 모두 오나라의 것이란 말인가요? 치열한 전쟁터에서 땅을 빌려주고 빌리고 한다는 말을 이해하기 어렵지만, 어쨌든 이런 기록이 남았고 두 세력은 거래를 했습니다. 관계를 잘 유지하기 위해 손권의 누이를 유비에게 시집보내는 정략결혼도 시도했고 말이지요.

하지만 촉나라가 익주를 장악하면서 상황이 달라졌습니다. 손권은 빌려준 형주를 돌려달라고 요구했지만 유비는 당연히 거절했고, 이 때문에 관계가 악화되자 손부인은 오나라로 돌아갔습니다. 관우에게도 형주를 돌려달라고 말하며 관우의 딸과 혼인하자고 청하지만 관우는 사신을 욕하고 아주 심한 말로 응대를 하죠. 결국 이렇게 사이가 틀어진 손권은 유비와 제갈량이 없는 형주를 차지하려 노력했고, 관우가 양번에 눈을 돌린 사이 욕심을 채울 수 있었습니다.

관우와 명의 화타

드라마 〈삼국지〉에 등장하는 장면 중 가장 재미있는 것을 하나 꼽으라면 관우가 화타*에게 치료받는 장면이라 말하고 싶다. 소설에서 이 장면을 괄골요독刮骨療毒이라 하는데, '뼈를 깎아내고 독을 치료했다.'라는 뜻이다. 관우가 전투 중 오른쪽 팔에 화살을 맞았는데, 이 상처가 잘 낫지 않아 명의 화타를 불러다 치료를 받았다. 화타가 말하길 화살촉에 독이 묻어 있어서 피부를 절개하고 뼈에 있는 독을 긁어내고 피부를 봉합해야 한단다. 그러니 아주 힘들 거라 한다.

하지만 관우는 "뭐가 대수요! 나는 여기서 바둑을 두고 있을 터이니 천하의 명의 당신이 알아서 하시오!"라고 말한다. 그래서 화타는 피부를 가르고 독을 긁어냈다. 그럼에도 관우는 태연하게 바둑을 두었다. 화타는 약을 바른 뒤 절개 부분을 꿰맸다. "사흘 정도는 이쪽 팔을 쓰지 마시오!"라고 화타가 말했지만, 관우는 팔을 이리저리 돌리며 "좋아! 이제 바로 돌아왔군!" 하며 반긴다.

이 일화는 「촉서-관우전」에도 동일하게 기록되어 있는데, 관우를 치료한 의원이 누구인지는 알 수 없다. 어느 이름 없는 의원일 테지만 그가 화타가 아닌 것만은 분명하다. 왜냐하면 관우가 팔을 치료한 때는 219년인데, 화타는 이미 11년 전에 사망했기 때문이다. 또 한 가지, 사서에는 관우가 왼쪽 팔에 독화살을 맞았다고 하는데 소설에서는 오른쪽 팔로 바뀌었다. 창을 잡고 활을 쏘는 건 오른쪽이므로 오른팔의 뼈를 깎아내고 치료하는 것이 관우의 용기를 부각시키는 데 좀더 효과

적이기 때문이다. 무엇보다 관우는 용맹하기도 하지만, 치료받을 때에
도 대단한 남자였다는 것을 부각시키려 했던 나관중의 멋진 필력이라
할 수 있겠다.

* **화타**(華佗, 141~203)
안휘 박주(亳州) 사람. 의학가로 외과의 비조. 처음으로 마비산을 수술에 사용함.

이릉대전과 유비의 최후

형주를 수비하던 관우가 양번을 공략하다 몰래 침입해 들어온 오군에 패배한 뒤, 참수된 그의 머리는 조조에게 보내졌습니다. 이 때문에 유비의 중요한 거점지역이었던 형주는 손권에게 넘어갔습니다. 제갈량이 세웠던 천하삼분의 계책이 하루아침에 무너진 의미 있는 정세변화였습니다. 이 시기는 시대가 바뀌는 중요한 변곡점이기도 했습니다. 조조가 죽고 그의 아들 조비가 헌제로부터 황제 자리를 차지하게 되는데요. 이때가 220년이었는데, 광무제 유수가 서기 25년에 세운 동한은 200년을 채우지 못하고 막을 내렸던 겁니다.

한편 유비는 형주를 빼앗긴 슬픔보다 평생 동지인 관우를 잃은 것에 상당히 분통해했습니다. 그래서 오나라를 칠 계획을 세우게 되죠. 이때 많은 신하들이 반대를 했습니다. 진밀은 천시로 보아 아무런 이득이 없다고 했고, 조운은 오나라가 아니라 위나라를 쳐야 한다고 주장합니다. 모두 일리 있는 말이었습니다. 강대국 위나라가 굳건히 버티고 있는 상황에서 약소국인 촉나라와 오나라가 서로 다툰다는 것은 합당한 전략일수 없다는 것이죠.

하지만 유비의 굳건한 결심은 막을 수 없었습니다. 그래서 촉나라의 모든 역량을 모아 전쟁 준비에 착수하는데요. 문제는 그동안 전쟁터에서 유비와 함께했던 뛰어난 장수들이 잇달아 죽은 겁니다. 후장군 황충이 죽었고 우장군 장비가 범강과 장달에 의해 허무하게 죽고 말았습니다. 장비가 누굽니까? 그는 유비가 처음 뜻을 세웠을 때부터 함께했던 평생 동지였지요. 도원결의부터 시작해 침상을 함께할 정도로 친밀하면서도 유비를 극진히 섬겼습니다. 장판교에서 기병 스무 명으로 조조의 대군을 막아냈고, 익주 공략에서도 큰 공을 세웠습니다. 유비가 파서태수로 임명한 뒤에는 조조의 휘하 장수 장합의 침입을 물리쳤습니다. 거기장군이 되었다가 사례교위를 겸했으며 승진하여 서향후西鄉侯에 책봉되었죠.

하지만 장비는 리더로서 심각한 문제가 있었습니다. 아랫사람을 지나치게 엄하게 대하면서도 그들을 측근에 기용하고 있었던 것이죠. 그래서 유비는 장비에게 화를 부를지 모르니 조심하라고 일렀건만, 그는 자신의 문제점을 제대로 인식하지 못했습니다. 유비가 오나라를 토벌하려고 군사들을 집결시키고 있을 때 장비는 휘하 두 장수에 의해 목숨을 잃게 됩니다. 유비가 관우를 애도하는 의미에서 사흘 안에 흰 갑옷과 흰 군복, 그리고 흰 깃발을 준비하라고 지시를 내렸는데, 조금 무리한 요구였죠. 이것을 조달하는 임무를 맡은 범강과 장달이 사흘 안에 어떻게 준비하냐고 말하자, 장비가 두 장수를 나무에 매달고 50대의 곤장을 쳤습니다. 그러고는 다음날까지 준비하지 못하면 목을 베겠다고 엄포를 놓았으니, 두 장수가 술에 취해 잠든 장비의 목을 노린 건 어쩌면 당연한 일일지도 모릅니다.

이렇게 여러 신하들의 반대와 측근의 죽음에도 불구하고 유비는 오나라 정벌을 떠납니다. 제갈량은 왜 조운과 달리 적극적으로 반대하지 않았을까요? 손권의 책사로 있던 그의 형 제갈근 때문이었을까요? 형주를 잃은 것과 관우의 사망에도 제갈근의 역할이 상당히 컸기 때문에 제갈량은 아무래도 신중할 수밖에 없었겠죠. 그런데 전쟁은 결과론이기 때문에 만약 유비가 승리했다면 이 싸움을 적극 말리지 않은 제갈량이 칭송받았을 겁니다.

유비가 육손과 싸운 이릉대전은 그를 도울 능력 있는 장수와 통찰력 있는 책사가 부족했다는 게 가장 큰 문제였습니다. 조운은 전쟁에 반대했고, 마초는 본래 북방인이어서 그랬는지 참전시키지 않았습니다. 용맹한 장비는 비참하게 죽었고, 선봉에 설 수 있었던 황충과 뛰어난 군사참모 법정은 병으로 사망했습니다. 만약 이들이 온전히 이릉대전에 참여했다면 결과가 달라졌을지도 모릅니다.

222년 정월, 유비는 오반, 진식 등에게 먼저 수군을 이끌고 이릉으로 나아가게 했습니다. 촉에서 형주로 나가는 길은 오로지 삼협을 지나는 물길뿐입니다. 수군이 길을 개척해 삼협을 빠져나간 뒤 육지에 거점을 마련해야만 하는 원정길이었죠. 초반에는 상류에서 하류로 진군하는 유비군이 우세했습니다. 삼협 내에 있던 오군의 주요 거점을 모두 확보했고 삼협 입구의 효정猇亭까지 진출했습니다. 그러자 오군 사령관 육손은 요새화한 진영에서 수비로 일관하며 촉군의 도발에 응하지 않았고, 전선은 점차 교착상태에 빠졌습니다.

이때 유비가 쳤던 50여 개의 일자(一) 진영을 두고 여러 말이 나오는데요. 이를 전해들은 조비는 "유비는 병법을 모르는 자다. 그렇지 않고서야 어찌 그리 많은 진영을 세워 전투를 하려는가? 이는 필시 유비의 패배로 끝날 것이다."라고 말했답니다. 과연 유비의 일자 진영이 패배의 원인이었을까요? 조비의 일갈은 결과론이라 할 수 있을 것 같은데요. 싸움이 벌어졌던 현장을 확인해 보면 유비가 일자 진영을 세운 것은 당연했습니다.

그곳은 거대한 장강이 흐르는 절벽지대였습니다. 평지에서 진영을 펼쳐 다투는 싸움이 아니었다는 이야기입니다. 싸움의 전개과정을 보면 유비의 무능이라기보다는 육손이 이끄는 오군의 수전능력과 기동력이 결과를 좌우하지 않았을까 싶습니다. 오군은 숲속에 진을 친 촉군을 향해 기습작전과 화공을 전개했고, 이에 당황한 촉군 진영은 혼란에 빠졌습니다. 각 진영 간에 연락도 원활하지 않았고 지원군을 보낼 수 있는 상황도 아니었습니다.

결국 유비는 육지에 설치한 대부분의 진영을 잃은 채 일부 남은 수군을 정비해 백제성白帝城으로 퇴각했습니다. 이 전투에서 촉한은 장남, 부동 등 다수의 무장과 수만 명의 병력을 잃었습니다. 촉한을 도왔던 소수민족들의 피해도 극심했는데요. 더 심각한 건 유비와 촉한은 다시는 형주 땅을 넘볼 수 없었다는 데 있었습니다. 이듬해인 223년 4월, 유비는 의형제와 여러 장수들의 죽음, 그리고 패전으로 인한 슬픔과 허탈감이 겹쳐 성도로 돌아가지 못하고 백제성에서 죽었습니다. 한 시대를 풍미한 영웅의 쓸쓸한 몰락이었습니다.

제갈량의 8진법

유비가 육손의 화공에 처참하게 패배하고 간신히 목숨만 건져 백제성으로 퇴각했다. 이때 육손은 승리의 기세를 몰아 유비를 추격하는데 갑자기 하늘을 찌를 것 같은 살기가 느껴졌다. 정찰병을 보냈더니 "사람은 없고 돌무더기가 어지럽게 팔구십 더미 흩어져 있다."라는 보고만 할 뿐이었다. 호기심이 생긴 육손은 수십 명의 군사를 거느리고 돌무더기를 직접 보러 갔는데, 그곳에는 특별하지 않은 돌무더기만 보일 뿐이었다.

육손이 막 말머리를 돌리려는 순간 갑자기 돌개바람이 불면서 모래가 날고 돌이 구르면서 사방이 캄캄해졌다. 괴석이 우뚝 섰고 모래와 흙이 산처럼 쌓이고 강에서는 성난 파도가 일었다. 육손의 눈에 돌무더기는 살기를 품고 달려드는 병사 같았고, 강가의 모래톱은 절벽처럼 보이며 흐르는 강물 소리는 천군만마의 진군소리처럼 들렸다. 달아나려 해도 도무지 밖으로 나가는 길을 알 수 없었다. 육손이 혼비백산하여 넋이 나가 있는데 한 노인이 나타나 따라오라고 손짓했다. 노인이 이끄는 대로 따라가자 금세 돌무더기 밖으로 나갈 수 있었다. 그 노인은 바로 제갈량의 장인 황승언이었다.

이 돌무더기는 바로 소설에 나오는 제갈량이 설치했다는 팔진도八陣圖 이야기다. 다분히 도가적인 신비로운 이야기와 함께한 이 장면은 제갈량의 신통력을 보여주려는 의도에서 만들어진 스토리다. 제갈량이 만들었다는 팔진도는 병사를 훈련시키고 행군과 숙영을 하거나 싸움을 할 때 각기 다른 여러 상황에 대비하여 만든 군사 배치와 작전 방안이었다. 그러나 이는 〈손자병법〉에 이미 '팔진'이 나오는 것처럼 오래전부터 내려오는 병력 전개방식이었다.

배송지에 따르면 사마의*가 제갈량의 팔진도를 시찰한 뒤 "이것이야말로 천하의 기재다."라고 칭송했다고 한다. 또한 〈한진춘추漢晉春秋〉에는 제갈량이 팔진도를 이용해 맹획을 붙잡았다고 기록되어 있다. 그러니까 팔진도는 제갈량이 처음 개발하고 시작한 것은 아니지만, 그가 이것을 잘 실천했던 장수였다는 이야기다.

* **사마의**(司馬懿, 179~251)
하남 온현(溫縣) 사람. 위나라 중신으로 군사가. 고평릉 사변 후 국정을 장악함.

제갈공명과 북벌

영안탁고, 신의 한 수

유비가 이릉으로 떠나기 2년 전, 조조의 사망에 뒤이어 그 아들 조비가 헌제를 겁박해 천자 자리에 올랐다는 소식이 천하를 진동시켰습니다. 조비는 헌제로부터 황위를 받을 때 세 번을 양보한다는 '삼양지덕三讓之德'의 예를 갖췄는데요. 이는 요임금이 순임금에게, 순임금이 우임금에게 했던 것처럼 덕 있는 자에게 물려준다는 유가의 전통사상이었습니다. 물론 이는 전설로 내려오는 허례에 불과하고, 서한을 이은 왕망처럼 황제 자리를 빼앗은 것이죠.

이때 조비가 헌제를 죽였다는 헛소문까지 전해졌습니다. 비록 헌제 유협은 산양공으로 격하되었을지라도 천수를 누렸는데 말입니다. 멀고먼 서천의 촌구석에 사는 사람들에게는 청천벽력 같은 소리였을 겁니다. 천하의 간웅 조조도 천자 자리를 넘보지 않는데, 그 아들 조비가 후계자가 되자마자 일을 벌였으니 말입니다.

촉나라에서는 천자가 죽었다는 소식이 전해지자 유비에게 제帝로 칭하기를 권했습니다. 이때 제갈량이 가장 적극적으로 유비에게 제위에 오르도록 설득했는데요.

"조비가 한나라 조정을 빼앗았고 천하에 주인이 없어졌습니다. 대왕은 효경제孝景帝의 아들 중산정왕의 후예로 그 핏줄을 이었으므로 황제 자리에 오르는 것이 마땅합니다."

184년 황건적 토벌군에 가담하여 천하에 나온 때로부터 37년이 흐른 지금, 유비는 오로지 나라의 부흥만을 위해 달려왔습니다. 자신이 주인이 되는 나라를 만들려는 생각이 있던 건 아니었고, 그저 천자를 중심으로 안정된 세상을 이루길 바랐던 것이죠. 하지만 조비에 의해 한나라 황통이 끊어질 위기에 처한 이상, 제갈량 말대로 유씨인 자신이 제위에 오르는 건 당연한 수순이었습니다. 그가 이은 나라의 이름도 한漢이었죠.

제위에 오른다는 건 조정을 갖춘다는 의미입니다. 221년 4월, 유비는 연호를 장무章武로 정하고, 제갈량을 승상으로, 허정을 사도로 삼았습니다. 백관을 두고 종묘를 세우며 고조 이하 선조에게 제사를 올렸습니다. 5월에는 오씨를 황후로 세우고 아들 유선을 황태자로 삼았죠. 이로써 유비는 비록 천하의 일부만을 영위하는 처지였지만 제위에 올랐던 것입니다.

유비가 황제 자리에 오를 수 있었던 데는 제갈량의 공이 가장 컸습니다. 적벽대전에서 조조에게 승리를 거둔 것, 군사중랑장으로 형주의 영릉

군, 계양군, 장사군을 통솔하여 그곳에서 부세를 거둬 군사적 수요를 채울 수 있었던 것 모두 제갈량의 능력이었습니다. 익주 공략전에서는 초반에 방통에 비해 군사적 기여도가 낮았으나 나중에 장비, 조운 등과 군사를 이끌고 장강을 거슬러 올라 성도 공략전에서 제 역할을 했습니다. 따라서 익주목이 된 유비는 제갈량을 군사장군으로 삼았고, 황제 자리에 오르자 그를 승상이자 녹상서사로 삼고 부절을 주어 함께 국정을 다스리는 데까지 나아갔습니다.

그러나 황제로서 유비의 운명은 길지 못했습니다. 제위에 오른 지 2년 만인 223년 4월, 유비는 향년 63세의 나이로 사망합니다. 유비가 죽던 때, 제갈량과 이엄은 성도에서 영안永安으로 달려가 유비의 머리맡을 지켰습니다. 그의 유언을 듣기 위해서였죠. 유비는 승상 제갈량에게 아들을 부탁하고 상서령 이엄에게 보좌하도록 유언을 남겼습니다. 그리고 유선에게는 "승상을 아버지같이 섬겨라."라는 조서를 내리는데요. 이때부터 제갈량은 촉한의 승상이자 실질적 운영자로 나라를 이끌기 시작했습니다. 이후 4년간 제갈량은 이릉전투에서 잃어버린 국력을 보충하고 새로운 시대를 이끌 지도자로서 역량을 발휘합니다. 하지만 〈삼국지〉 독자들에게는 읽는 재미를 잃어버린 때가 되었습니다. 조조도, 관우도 그리고 장비와 유비마저 저세상으로 가버렸으니 집중력이 사라져버렸네요. 오직 한 사람, 제갈량의 노고에만 박수를 쳐야 합니다.

7번 사로잡아 놓아주다

제갈량은 우선 남중의 안정에 힘을 쏟았습니다. 이때의 일화가 유명한 고사로 전해지는데요. 바로 남만南蠻의 맹획을 일곱 번 잡았다가 일곱 번 놔주었다는 '칠종칠금'입니다. 소설에서는 제갈량과 맹획이 일곱 번에 걸쳐 싸운 이야기가 흥미진진하게 전개됩니다. 험한 강물 노수가 등장하고, 독이 든 샘물로 인해 고초를 겪습니다. 그때마다 제갈량은 지혜를 짜내 어려움을 이겨내고 맹획을 사로잡는데요. 흥미진진한 이야기로 풀어내고 있지만, 사천성 남부가 얼마나 험한 지리적 조건을 가졌는지 알려주는 증거이기도 합니다. 이는 20세기 초 모택동이 공산당원을 이끌고 대장정하는 과정에서 지나야 했던 험난한 길이기도 했습니다. 결국 일곱 번째 사로잡힌 맹획은 주연을 베풀어주는 제갈량에게 엎드려 절을 올리며 이렇게 말합니다.

"하늘 같은 승상의 위엄에 남방 사람들은 다시는 반역하지 않을 것입니다."

225년 봄부터 가을까지 일어난 남만 정벌 사건은 「촉서-제갈량전」에 아주 간단하게 기록되어 있습니다. 남중의 여러 군이 반란을 일으켰고 제갈량이 군대를 이끌고 남쪽으로 정벌을 나서 가을에 평정되었다고 합니다. 너무나 유명한 칠종칠금의 고사는 등장하지 않죠. 이 사건은 동진東晉의 습착치가 쓴 〈한진춘추〉에 처음 나옵니다. 〈한진춘추〉는 촉한 정통론이 형성되는 데 지대한 영향을 준 역사서죠. 그러니 제갈량에 관한 긍정적 에피소드가 많이 담겨져 있습니다. 그러다 보니 후대의 많은 이들에게 논쟁거리가 되었는데요.

우선 남만이란 지역이 어딜까요? 여러 글을 읽어보면 오늘날 중국 남부와 베트남, 미얀마 북부에 걸쳐 있는 땅이라는 설명이 많습니다. 하지만 이는 과거 중국문명의 영역을 너무 확대한 오류 중 하나입니다. 그리고 제갈량의 업적을 과장하고 싶은 중국인의 심정이 담겨 있기도 하죠. 과거의 서천西川, 즉 오늘날의 사천성만 해도 꽤 넓은 지역입니다. 그리고 남쪽의 귀주성貴州省과 운남성雲南省 지역에는 지금도 여전히 많은 소수민족들이 살고 있습니다. 남만은 넓게 보아도 오늘날 운남성을 넘지 못합니다. 그러니 제갈량이 정벌했던 남만 4군은 넓게 봐도 사천성 남부와 운남성 일부일 것입니다.

또한 제갈량이 맹획을 일곱 번 잡고 또 그때마다 풀어주었다는 것이 현실적으로 무리가 있습니다. 5월에 남만 정벌을 시작하여 4개 군을 평정하고 12월에 돌아왔는데, 이때 적의 장수를 사로잡고 놓아주고를 반복할 수는 없는 것이죠. 칠종칠금 이야기는 아마도 제갈량이 남만 사람들을 강제로 병합하는 게 현실적으로 어려우니 그들의 마음을 얻었다는 이야기로 해석하면 좋을 것입니다. 인구가 적고 국력이 약한 촉나라로서는 남만의 용맹한 이들을 병사로 쓰면 이득이 있고, 경제적 도움도 상당할 것입니다. 그러기 위해서는 그들을 폭압적으로 제압하는 것보다는 포용정책을 펴는 게 훨씬 나았을 테지요. 어쨌든 제갈량은 남만 정벌을 통해 군사적 안정도 얻고 국력을 신장하는 효과를 누렸습니다.

지도로 보는 유비의 한평생

(161~223)

양주

11 51세 211년 익주목 유장의 요청
으로 촉으로 가다

천수○

안

동

12 52세 212년 장로와 대결하다

무도○

가맹관○

한

13 54세 214년 파군 평정. 익주를
취하다. 책사 방통을 잃다

성도○

백제성

14 55세 215년 조조가 한중을 공격
해 오자 손권과 연합하다

익주

15 58세 218년 유비는 한중을 지키고
강릉에 머물던 관우가 북상하
여 번성을 포위하다

16 59세 219년 한중을 점령하여 한중
왕에 오르다. 관우를
맥성에서 잃다

교

17 61세 221년 황제라 칭하고 도읍을
성도로 함. 한나라 개국(파서 태
수 장비는 부하에게 피살되다)

18 62세 222년 이릉대전에서 패하다

19 63세 223년 백제성에서 죽다

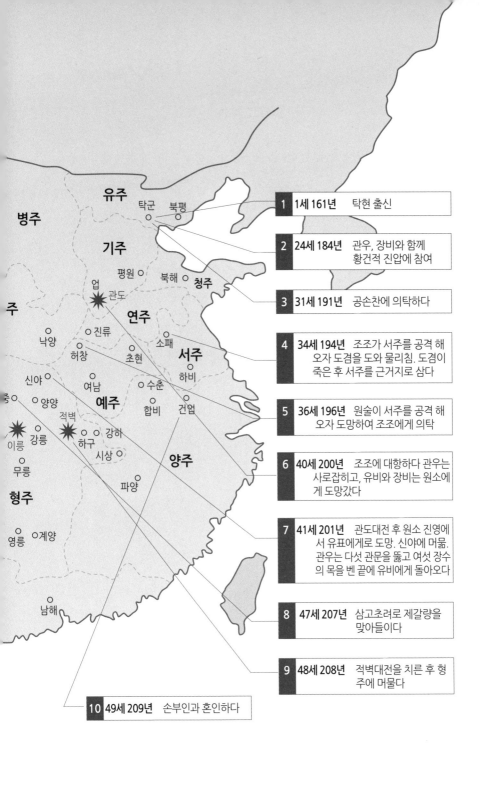

유주

병주

기주

탁군 ○ 북평

평원 ○ 북해 ○ 청주

업 ○
관도

연주

낙양 ○ 진류 ○

허창 ○ 초현 소패 ○

여남 ○ 서주

신야 ○ 수춘 ○ 하비 ○

주

예주

양양 ○ 합비 ○ 건업 ○

적벽 강하

이릉 강릉 하구 ○

무릉 ○ 시상 ○

형주

영릉 ○ 계양 ○

양주

남해 ○

1	**1세 161년** 탁현 출신
2	**24세 184년** 관우, 장비와 함께 황건적 진압에 참여
3	**31세 191년** 공손찬에 의탁하다
4	**34세 194년** 조조가 서주를 공격 해 오자 도겸을 도와 물리침. 도겸이 죽은 후 서주를 근거지로 삼다
5	**36세 196년** 원술이 서주를 공격 해 오자 도망하여 조조에게 의탁
6	**40세 200년** 조조에 대항하다 관우는 사로잡히고, 유비와 장비는 원소에 게 도망갔다
7	**41세 201년** 관도대전 후 원소 진영에 서 유표에게로 도망. 신야에 머묾. 관우는 다섯 관문을 뚫고 여섯 장수 의 목을 벤 끝에 유비에게 돌아오다
8	**47세 207년** 삼고초려로 제갈량을 맞아들이다
9	**48세 208년** 적벽대전을 치른 후 형 주에 머물다
10	**49세 209년** 손부인과 혼인하다

제갈량과 만두

제갈량이 남만 정벌을 끝내고 돌아가는 중에 노수를 건너야 했는데, 마침 내린 폭우와 바람으로 물이 거칠어 강을 건널 수 없었다. 이때 누군가 "남만 풍습에는 사람 마흔아홉 명과 검은 소, 흰 양 머리를 베어 제물로 바치면 풍랑이 잠잠해집니다."라고 말했다. 이때 제갈량은 곰곰이 생각하다가 "죄 없는 사람을 죽여 제물로 바칠 수는 없으니 사람 머리처럼 반죽을 만들고 그 안에 고기를 넣어 강물에 제사를 지내라."고 명을 내렸다. 그의 말대로 사람 머리 모양 음식을 강에 던지니 놀랍게도 물결이 잔잔해졌고, 마음 놓고 강을 건널 수 있었다. 이것이 오늘날 만두가 탄생한 유래다. 원래는 '남만사람 머리'라는 뜻에서 '만두蠻頭'였는데, '만두饅頭'로 바뀌었다고 한다. 만饅이 '속이다'라는 뜻도 있는데, 굳이 해석한다면 '속이려고 만든 머리'라는 뜻이다.

울면서 마속의 목을 베다

제갈량이 승상에 오른 지 6년, 유비가 세상을 떠난 지 4년 뒤 제갈량은 북벌을 본격적으로 추진하기 시작했습니다. 우선 관중과 가까운 촉한의 최전선 한중에 주둔했고요. 그리고 진령을 넘어 공격을 시작하기 전에 후주 유선에게 표를 올렸는데, 바로 천하의 명문장으로 유명한 〈출사표〉였습니다. 비록 승상이 황제에게 올리는 것이지만 유비가 유선에게 제갈량을 아버지처럼 섬기라는 말을 남겼듯이, 아랫사람에게 훈계하는 듯한 논조입니다. 〈출사표〉에는 삼고초려가 등장하고 천하평정의 의지도 담겨 있습니다. 그렇게 유선에게 보고한 뒤 병력을 이끌고 면양에 이르렀는데요.

한중에서 아곡도를 지나 기곡에 진을 치자 위나라 대장군 조진이 막아섰는데, 촉한 군사가 기산을 습격하자 위군은 대패하여 물러갔습니다. 그리하여 남안, 천수, 안정 세 군이 제갈량의 세력권이 되었죠. 적이 예상하지 못한 곳을 기습함으로써 관중 서쪽에 확고한 교두보를 마련한 셈이었습니다. 위나라에서는 문제 조비가 마흔의 나이에 병으로 죽고 나이 어린 조예가 황위에 오른 지 얼마 되지 않았을 때였습니다. 조예는 촉군의 갑작스러운 공격 소식에 장합에게 제갈량에 대적하도록 했습니다.

제갈량의 5차에 걸친 북벌 이야기는 소설에서 실제 현장과는 조금 동떨어진 내용이 많은데요. 특히 지리적인 면에서 현실성이 떨어집니다. 제갈량의 능력을 과장하여 표현하다 보니 그렇게 되었는데요. 한중과 관중 분지 사이에는 진령을 넘어가는 몇 갈래 계곡길이 있습니다. 가장 우측에 자오도, 그 다음이 장락도, 포야도, 그리고 기산을 거쳐 가는 길이 있습니다. 모두 마차가 넘어갈 수 없는 험난한 계곡이라 잔도를 설치해야

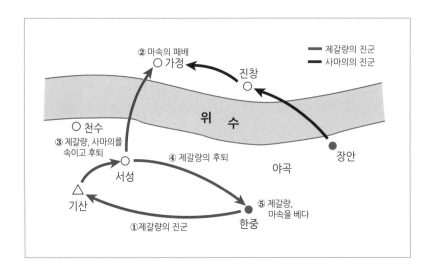

만 통행이 가능했습니다.

　제갈량은 한중에서 장안으로 곧바로 넘어갈 수 있는 계곡 길 대신 서쪽에서 관중을 공략하는 방법을 택했습니다. 자오도를 지나 장안으로 직접 공략하자는 전략은 위연의 계책이었습니다. 하지만 그 길은 한중에서 장안으로 가는 가장 짧은 길이지만 가장 험한 길이기도 했습니다. 때문에 보급 대책을 제대로 마련하기 어려워 선택하기 쉽지 않았습니다. 한편으로는 위군의 방어력이 집중된 곳이기도 했습니다. 결국 제갈량은 기산을 택할 수밖에 없었는데, 서쪽으로 우회하는 길이기는 해도 그나마 덜 험한 공격로였던 것입니다. 관중의 수비군이 대비하지 못하는 사이 기습공격을 한 덕분에 위군을 물리치고 세 군을 차지할 수 있었지요. 제갈량의 탁월한 전략도 있었지만 때론 관우의 신령이 나타나 도와주기도 했네요.

　하지만 제갈량의 북벌은 첫 번째 기습작전이 최고의 성과였고, 그 다음부터는 지지부진했습니다. 특히 눈물을 머금고 장수를 베어야 했던 읍

참마속泣斬馬謖이 가장 가슴 아픈 일이었습니다. 이 사건은 점령된 가정街亭을 방어해야 할 때, 마속이 부장 왕평의 충고를 듣지 않고 산 위에 군사를 배치했기 때문에 발생했습니다. 병서를 남보다 많이 읽었다고 자부하던 마속은 고집을 부렸고, 이에 왕평은 군사 1천 명을 주고 산 아래에 영채를 세웠습니다.

이때 가정에서 달려온 위군 사령관 장합은 마속의 군사들을 산 아래에서 포위했고, 보급이 이루어지지 않자 촉군 병사들은 갈증과 허기로 고통 받아야 했습니다. 이때 장합이 총공격 명령을 내리자 촉군은 저항도 못 하고 뿔뿔이 흩어져 도망쳤고, 마속은 이를 저지할 방법이 없었습니다. 이후 마속은 결사적으로 포위망을 뚫고 살아서 돌아왔는데, 이미 수많은 군사를 잃어버린 뒤였습니다.

이 사건은 초반 승기를 잡았던 제갈량에게는 뼈아픈 실책이었습니다. 가정을 얻게 되면 관중 공략의 확고한 교두보가 마련되는 것이었는데, 이를 잃었으니 말입니다. 제갈량은 퇴각을 명령할 수밖에 없었습니다. 그의 수중에는 겨우 2천 5백의 군사밖에는 없었는데요. 이때 등장한 에피소드가 바로 '공성계空城計'였습니다. 사마의가 공격해 오자 제갈량은 본진의 성문을 열어두고 문루 위에 올라앉아 거문고를 탔습니다. 이를 본 사마의는 성안에 매복병이 있으니 제갈량의 꾀에 넘어가지 않겠노라 결심하며 퇴각하는데요. 이는 제갈량에 비해서는 사마의가 무능한 사람이란 걸 보여주기 위한 에피소드였습니다. 천하의 꾀돌이로 유명했던 사마의가 공성계에 속을 리는 없었을 테니까요.

결국 제갈량의 1차 북벌은 실패로 돌아갔습니다. 초반의 과감한 공격으로 관중 서쪽에 교두보를 얻었는데 마속의 실책으로 인해 다시 잃어버렸으니까요. 그리고 퇴각하게 된 제갈량은 눈물을 머금고 돌아가 군법을 어긴 마속을 참수할 수밖에 없었습니다. 책임을 통감해 스스로의 지위도 낮춰달라고 후주 유선에게 요청할 정도였습니다.

오장원과 둔전

제갈량은 초조해졌습니다. 1차 공격의 결정적 승리와 마속의 패배 이후 이렇다 할 전과를 올리지 못하고 있었죠. 4차 북벌에서는 명장 장합을 죽이는 전과를 올리기도 했지만, 관중 정벌이라는 목표에는 아직 도달하지 못했습니다. 제갈량은 군사를 운용할 때 가장 힘든 점이 보급이라는 점을 잘 알고 있었습니다. 전방에서 전투가 벌어질 때 지속적으로 후방에서 보급이 이루어져야 하지요. 촉나라에서 한중을 거쳐 관중으로 가는 길이 험할 뿐만 아니라 아예 길이 없는 곳도 허다했습니다. 때문에 군량문제 해결이 가장 중요한 과제였는데요. 제갈량은 이 점을 절실하게 깨닫고 해결책을 실행에 옮기게 됩니다.

234년 봄, 다섯 번째 북벌에 올랐습니다. 이번 북벌군 규모는 사상 최대인 10만에 이르러 촉한의 모든 힘을 모아 준비한 터였습니다. 한중에서 사곡도를 거쳐 진령을 넘은 뒤 오장원五丈原에 진을 쳤습니다. 이곳은 오늘날 섬서성 미현의 서남쪽에 있는 높이 120미터의 평탄한 대지로, 동서 1km, 남북 3.5km의 조금 높은 땅이었습니다. 이곳은 평평한 표주박 모양인데, 표주박의 목에 해당하는 가장 좁은 부분의 폭이 겨우 150미터였기에 이렇게 불렸죠.

이곳 오장원은 농서로 가는 주요한 교통로의 중간 위치이며, 어느 정도 둔전을 통한 자체 보급도 가능하고, 이민족과의 연계도 가능한 지역이었습니다. 오장원의 둔전은 처음부터 제갈량이 계획한 것이었습니다. 그는 오장원 진군을 위해 미리 한중의 해당 통로에 대규모 식량창고를 준비해 두었고, 수로 활용이나 소수로도 적을 막아낼 수 있는 오장원의 지역적 이점을 계산에 넣었습니다. 만약 적은 군량이라도 현지에서 생산해 낼 수 있다면 이전 북벌에서 군량이 부족해 퇴각했던 오점을 지울 수 있을 것이라고 봤죠. 당시 사마의가 이끈 위군은 적게 잡아도 13만~20만 정도였는데, 이 정도 병력을 장기간 유지한다는 것은 위나라의 국력으로도 부담이 될 수밖에 없었습니다.

따라서 일단 유리한 지형을 잡고 물고 늘어지며 장기전으로 끌고 갈 수 있다면 위나라의 대병력도 곤란한 지경에 이를 것입니다. 또한 동서가 단절된 상황이 지속되면 서쪽 농서 지역이 언제까지 위나라 측에 남아 있으리라는 보장도 없었습니다. 만약 사마의가 이런 사정을 알고 공격해 오면 제갈량은 지형적 우위를 끼고 오장원에서 버틸 수 있었죠. 오장원은 그런 면에서 촉군에게 상당히 유리한 장소였습니다. 하지만 하늘은 그의 편이 아니었습니다. 현장에서 진두지휘하며 병력을 이끌던 제갈량이 과로로 건강을 잃고 맙니다. 결국 제갈량은 나라를 위해 애쓰다 현장에서 목숨을 잃지요.

아! 왜 이리도 슬프더냐! 이제 〈삼국지〉는 더 읽기가 싫어집니다. 아직 음흉한 찬탈자 사마의 이야기가 남았는데 말이지요. 제갈량의 결정적 불운은 상대의 약점을 꿰뚫어볼 줄 아는 지략가 사마의를 상대로 만났다는 점입니다. 만약 장합 등의 무장을 상대했다면 치열한 전투 과정을 거쳐 관중을 차지할 수도 있었을 텐데 말입니다. 하지만 제갈량의 죽음은 결코 헛되지 않았죠. 동양 최고의 지략가로 역사에 길이 남았으니까요.

육출기산의 진실

소설 〈삼국지〉의 막바지는 제갈량*의 외로운 분투로 이어진다. 바로 그의 대표활동이라 할 수 있는 육출기산[여섯 번 기산에 출병하다]이다. 한중에서 기산으로 나와 관중을 공략하다 오장원에 이르러 꿈을 이루지 못한 채 사망한 것을 말한다. 그런데 실제로 제갈량은 기산에 여섯 번이나 출병했을까? 「촉서-제갈량전」을 읽어보면 그렇지 않다. 제갈량이 위군을 맞아 싸운 것은 여섯 번이었다. 첫 번째는 228년 봄에 기산을 치고 가정에서 싸웠다. 이때 읍참마속의 사건이 있었다. 두 번째는 같은 해 겨울 산관을 나가 진창을 포위했지만 군량이 떨어져 되돌아갔다. 세 번째는 다음해 진식을 보내 무도군과 음평군을 치게 했다. 네 번째는 다음해 가을에 위나라가 자오곡과 야곡을 통해 공격해 오자 승상 제갈량이 성고와 적판에서 지켰다. 다섯 번째는 231년 기산으로 출격했고, 목우를 이용해 군수물자를 실어 날랐으나 식량이 떨어져 퇴각했다. 여섯 번째는 234년 야곡에서 출발해 무공현의 오장원을 점거하고 사마의와 위남渭南에서 대치했으나 제갈량이 병사하는 바람에 퇴각해야 했다.

결국 역사 기록을 참조하면 제갈량이 북벌을 단행한 것은 다섯 차례뿐이었다. 229년 봄에 있었던 네 번째는 위나라의 공격으로 인해 한중을 수비한 것이지, 기산으로 나간 것이 아니었다. 또한 여섯 차례의 싸움 중 첫 번째와 다섯 번째만 기산까지 나갔을 뿐이다. 소설 속 육출기산은 역사적 사실과는 부합하지 않는다고 할 수 있다. 그것도 첫 번째를 제외하고는 제대로 된 승리를 거두지도 못했다.

* **제갈량**(諸葛亮, 181~234)
산동 임기(臨沂) 사람. 정치가이자 군사가. 촉의 개국공신으로 충신의 본보기이자 지혜의 화신.

제갈량을 위한 변명

그렇다면 역사상 탁월한 능력을 가진 인물로 인정받는 제갈량의 북벌
이 성공을 거두지 못한 이유가 뭘까요? 제갈량의 군사적 능력이 부족했
다는 세간의 평가가 옳은 것일까요? 여기서는 장수로서 능력을 따지기
보다 그가 제대로 역량을 발휘하기 어려웠던 이유를 정리해 보겠습니다.
우선 위나라에 비해 경제력이나 인구수에서 오분의 일밖에 안 되었던 촉
나라는 현실적으로 힘에 부쳤습니다. 제갈량이 주장한 융중대에 따르면
형주에서 한 갈래, 관중을 거치는 또 한 갈래의 공격로가 있어야 하지만
이미 형주는 잃어버렸습니다. 관중공략은 과거 서한의 수도인 장안 근처
에도 가보지 못했죠. 제갈량은 '최선의 방어는 공격이다.'라는 자세로 촉
한의 역량을 최대한 끌어 모아 북벌을 추진했는데요. 유비와 함께 나눈
융중대의 계책을 반드시 실현하겠다는 강력한 의지가 있었을까요? 아마
도 그에게는 현상유지보다는 공격이 최선의 방법이었을 겁니다.

촉한은 위나라에 비해 경제력도 약하고 군사 숫자도 많지 않았습니다.
그럼에도 불구하고 제갈량이 아니었다면 북벌은 시도하지도 못했을 겁
니다. 제갈량은 분명 뛰어난 재상이며 능력을 가진 인물이었음에 틀림
없습니다. 촉한 백성의 숫자는 적었어도 개혁을 추진해 안정된 경제지원
체계를 수립했죠. 진나라 때 이빙李冰 부자가 만든 도강언을 잘 활용해 군
량미 조달에도 큰 문제가 없었습니다. 아랫사람으로 둔다면 참으로 맘에
드는 신하라 할 수 있죠.

제갈량이 처한 또 한 가지 어려움은 한중에서 관중으로 넘어가는 지
리적인 험난함이었습니다. 꾀돌이 사마의는 제갈량을 맞이하여 제대로
싸우지 않고 피하기만 합니다. 사마의가 하도 싸움에 나서지 않자 제갈

량은 사마의에게 선물로 치마를 보내는데, 이는 '당신을 여자로 보겠노라'는 아주 치욕적인 모욕이었습니다. 그럼에도 불구하고 사마의는 우세한 병력을 가지고도 싸움에 나서지 않고 성안에서 지키는 작전으로만 일관합니다.

과연 사마의는 왜 그랬을까요? 신출귀몰한 작전을 구사하는 제갈량이 진짜로 무서워서 그랬을까요? 진실은 바로 제갈량과 사마의가 처해진 지리적인 이유에서 찾을 수 있습니다. 중원의 싸움은 지리적 이유가 승패의 상당부분을 차지했는데요. 유목민과 농민이 싸우는 방식도 지리적인 이유가 상당히 많이 좌우했죠. 과거부터 촉나라에서 관중으로 가는 길은 험난하기로 유명했습니다. 당나라 시인 이백은 '촉도난蜀道難'이라는 시를 썼는데, 그 끝은 이렇습니다.

"촉 땅으로 가는 길 어려움이, 푸른 하늘 오르기보다 어렵나니, 몸을 돌려 서쪽을 바라보며 길게 탄식하노라."

제갈량이 관중으로 가기 위해서는 보급품을 실어 날라야 했는데, 그 길은 우마차가 지나갈 수 없는 곳이었습니다. 그래서 절벽에 구멍을 뚫고 나무를 끼워 넣어 사람이 겨우 지나갈 수 있는 길인 잔도를 만든 것이었죠. 오늘날에도 황산 등 유명한 산에는 잔도를 만드는 이가 있고 당당한 직업인이기도 합니다. 이 잔도는 사람이 등짐을 지고서만 지나갈 수 있었습니다. 제갈량은 사람이 등짐을 지는 수고를 덜기 위해 목우木牛와 유마流馬를 개발했습니다. 목우는 '나무로 만든 소'라는 뜻인데, 사람이 끄는 수레입니다. 유마는 말의 모양을 했기에 이런 이름이 붙었는

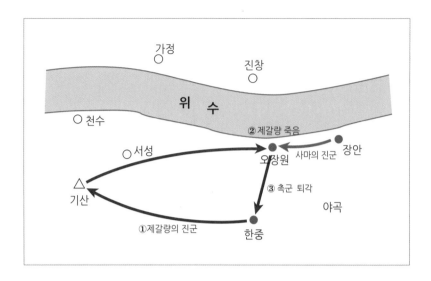

데, 모두 사람의 힘을 써야 했습니다. 둘의 차이는 목우는 바퀴 하나를 단 짐수레이고, 유마는 바퀴 네 개를 단 짐수레입니다. 하지만 사람이 식량과 보급품을 날라봤자 그 양이 얼마나 될까요? 군인들이 각자 먹을 식량을 지고서 잔도를 통해 진령을 넘어야 했으니 몇 달이나 버틸 수 있었겠습니까?

그러니 사마의와 벌인 전쟁은 근본적으로 제갈량이 불리할 수밖에 없었던 것이죠. 당연하게도 사마의 입장에서는 제갈량과 싸워 병력 손실을 입을 필요가 없는 것입니다. 성안에서 몇 달이고 있으면 촉군이 스스로 물러날 수밖에 없다는 걸 알고 있는 사마의의 전략이었던 셈입니다.

죽은 공명이 산 중달을 물리치다

소설 〈삼국지〉에서도 재미있기로 손꼽히는 장면이다. 신적 존재인 제갈공명[제갈량]에 기가 눌려 있던 사마중달[사마의]이 그가 죽었다는 소식을 듣고 군사를 동원해 급히 추격하다 살아 있는 공명을 보고 혼비백산해 달아났다는 에피소드다. 사마의가 발견한 촉병들의 깃발에는 '대한승상제갈무후大漢丞相諸葛武侯'란 글자가 펄럭이고 장령들이 밀고 있는 사륜거에는 윤건을 쓰고 깃털부채를 든 제갈량이 단정히 앉아 있는 게 아닌가. 깜짝 놀란 사마의는 계책에 말려들었다고 여기고는 황급히 말머리를 돌려 달아난다. 이러한 상황에서 위군 상당수는 자기들끼리 부딪혀 사상자가 부지기수로 생겼다. 달아나던 사마의는 손으로 머리를 어루만지며 부하에게 물었다.

"내 머리가 아직 붙어 있느냐?"

목숨을 구하려고 황급히 달아나는 사마의의 모습을 상상하면 웃음이 절로 난다. 가짜로 만든 제갈량의 나무 조각에 속아 퇴각하는 사마의. 이 모든 일은 제갈량이 죽기 전에 배치해 놓았다는 것. 제갈량이 가진 지모의 능력이 얼마나 대단한지를 알려주기 위한 소설 속 이야기다. 과연 이것이 사실일까? 「촉서-제갈량전」에 보면 사마의가 제갈량을 높이 평가한 것은 분명하다.

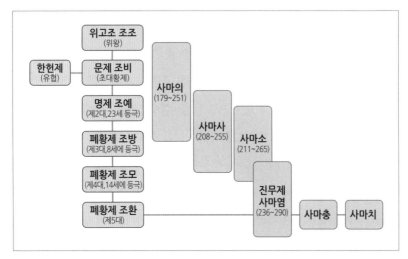

위에서 진으로 교체

후대의 많은 이야기꾼들은 제갈량의 에피소드에 기이한 스토리를 첨가했다. 당나라 시대에는 이미 죽은 제갈량이 사마의를 놀라게 했다는 기록을 남겼다. 원나라 때 간행된 〈삼국지평화三國志平話〉에는 "죽은 공명이 산 중달을 쫓아냈다!"라는 문장이 나온다. 나관중은 이미 내려오는 여러 전설을 바탕으로 상상력을 가미하여 좀더 흥미진진한 줄거리를 창조해 냈다. 살아 있는 것처럼 보이는 제갈공명의 모습에 당황하는 사마의의 바보 같은 이미지도 창조되었다. "내 머리가 아직 붙어 있느냐?"는 구절은 청대의 모종강이 첨가시킴으로써 생생한 장면이 만들어졌다. 역사적으로는 황당한 이야기지만, 문학적 구성으로 보면 잘 갖춰진 제갈량 신화가 탄생했다고 할 수 있다.

촉한의 최후와 강유

234년 제갈량이 죽은 뒤 촉한은 장완과 비의가 승상이 되어 나라를 다스렸습니다. 그런데 이들은 제갈량처럼 북벌을 추진하지 않았고 현상유지에 만족했습니다. 촉한의 국력으로는 위나라를 상대할 수 없다고 봤기 때문이었을까요? 어쨌든 나라는 별일 없이 운영되고 있었습니다. 하지만 강유*는 이러한 상황을 받아들일 수 없었습니다.

"왜 공명 승상의 뜻을 계승하지 않는 것인가? 이 좁은 땅 촉한에 머물러 있으면 미래가 보장되는가 말입니다."라고 조정회의에서 말했습니다. 그러자 승상 비의가 그런 강유를 꾸짖었습니다.

"천하의 공명 승상도 북벌을 성공하지 못했네. 지금 촉한의 능력으로는 더 이상 전쟁을 벌일 수 없다네. 그러니 국력을 다지면서 때를 봐야 하는 법이야. 그러다 보면 공명 승상과 같은 위대한 인물이 나타나지 않겠는가?"

그러다 253년 승상 비의가 위나라에서 보낸 자객에 암살 당하는 사건이 벌어졌습니다. 그리하여 군사권을 지녔던 강유가 촉한의 권력을 쥐게 되었고, 제갈량의 북벌을 계승합니다. 강유는 촉한의 국력을 끌어 모아 북벌을 재개했습니다. 마침 위나라에서는 권력을 잡은 사마씨 정권에 대한 반란이 끊이지 않아 사마사, 사마소 형제는 진압을 위해 동분서주해야 하는 입장이었습니다. 따라서 비교적 손쉽게 관중 지역을 공략할 상

*강유(姜維, 202~264)
감숙 감곡(甘谷) 사람. 위를 떠나 촉에 투항. 제갈량의 뜻을 이어 북벌에 나섰으나 실패하고 피살됨.

황이 조성되었던 겁니다.

256년 강유는 군사를 이끌고 북쪽으로 진군했고 옹주자사 왕경을 대파하는 등 전과를 올렸습니다. 하지만 강유의 촉한군은 위나라를 이기기에는 중과부적이었습니다. 위군을 상대로 더 이상 승리를 거둘 수는 없었는데요. 촉한은 현상유지를 오래 지속했지만 위나라는 넓은 국토만큼 과거에 비해 상당히 강성해져 있었던 겁니다. 강유의 북벌로 인해 촉한 경제는 어려워졌고 백성들의 부담은 무거워졌습니다. 당시 조정에서는 환관 황호가 권력을 농단하고 있었는데, 강유에 대한 원성이 높아졌습니다. 지지기반이 약한 강유는 오랜 기간 답중에 주둔하며 성도로 회군하지 못하는 지경에까지 이르렀습니다.

263년 위나라 권력자 사마소는 노장 등애와 젊은 장수 종회에게 촉나라를 토벌하라고 명했습니다. 위군이 다가오자 강유는 검각을 굳게 지키며 종회의 대군을 저지했습니다. 그러나 등애가 험한 음평도의 우회로를 통해 촉나라로 들어갔고, 촉한의 황제 유선은 항복하기에 이르렀습니다. 이때 사마소는 유선을 죽이지 않고 살려두는데요. 유선을 시험해 본 결과 죽일 필요가 없어서 그랬다는 다음과 같은 이야기가 있습니다.

사마소는 잡혀온 유선의 인물됨을 시험하기 위해 술자리를 갖고 다음과 같이 묻습니다. "당신은 촉한의 황제였고 유비의 아들입니다. 촉나라가 망했는데도 슬프지 않습니까?" 그러자 유선이 말했다. "이곳의 생활이 즐거워 촉한이 생각나지 않습니다[樂不思蜀]." 사마소는 웃으며 다시 물었다. "정말로 촉나라가 그립지 않습니까?" 그제야 옆에 있던 장소[장비의 아들]의 간언을 들은 유선은 "그립습니다. 선주의 무덤이 있는 서쪽을 보면 눈물을 납니다."라고 답했다. "그걸 누가 이야기해 줬습니까?"

사마소가 묻자 유선은 "신하가 이렇게 말하라 했습니다."

이 대화는 유선이 얼마나 무능한 사람인지를 보여주기 위해 만들어낸 것 같습니다. 과연 유선은 역사가 말해주는 것처럼 무능한 군주였을까요? 유선은 무려 41년간이나 제위에 있었습니다. 제갈량이 살아 있을 때에는 그의 강력한 권력에 눌려 있었겠지만, 허약하거나 무능하지는 않았을 것입니다. 만약 그랬다면 황위를 누군가에게 빼앗겼겠죠. 다만 유선은 나라를 부강하게 하고 천하를 차지할 만큼의 능력이 없었다고 봐야 합니다.

어쨌든 나라를 잃어버린 군주는 변명할 여지가 없습니다. 역사가가 마음대로 평가해도, 사마소 같은 권력자가 마음대로 처분해도 어쩔 수 없는 것이죠. 사마소는 유선을 안락공安樂公으로 봉해주며 평생 편히 살 수 있도록 조치해 주었습니다. 조비에게 천자 자리를 빼앗긴 헌제 유협이 제 명을 다하도록 살 수 있었던 것과 같은 경우라 할 수 있겠습니다.

촉한이 가장 먼저 망한 이유

가장 정치를 잘했다는 촉한이 삼국 중에서 가장 먼저 멸망한 사실은 역사의 아이러니다. 제갈량의 정치가 탁월해 그 기반이 탄탄했고 후임 자들도 꽤 많은 노력을 했다. 더구나 사방이 막힌 험준한 지형은 외부에서 공격하기 상당히 어려웠다. 그런데 위군의 출병부터 후주 유선의 투항까지 겨우 2개월밖에 걸리지 않았다. 제대로 된 국경방어 및 저항이 이루어지지 않았다고밖에 설명이 안 된다. 이렇게 촉한이 쉽게 멸망한 이유가 뭘까?

당연히 지도자인 유선의 무능이 첫 번째 이유였다. 그는 환관 황호가 발호하는 것도 막지 못했고 통치력도 발휘하지 못했다. 그렇다고 방어 병력을 유지하고 있던 대장군 강유를 지지하지도 못했다. 외부 침략과 더불어 내부 문제가 함께 섞여 망한다는 일반적 망국론이 여기서도 적용된다. 그런데 촉한의 멸망을 촉진시킨 내부 문제는 다른 왕조와는 구별되는 독특함이 있다. 바로 촉한인들 스스로 멸망을 원했다는 사실이다. 멸망을 원했다니 이게 무슨 말인가?

이는 촉한 지배층의 인적구성에서 그 단서를 찾을 수 있다. 앞서 이야기한 것처럼 유비가 세운 촉한 지배층의 구성 때문이었다. 인구의 대다수를 차지하는 원주민, 유장과 함께 들어온 동주인, 유비가 데리고 온 형주인, 이렇게 셋이었다. 세월이 흘러 동주인과 형주인은 점차 줄어들었고 후주 유선과 몇몇을 빼고는 원주민 출신이 상당수 지배층에

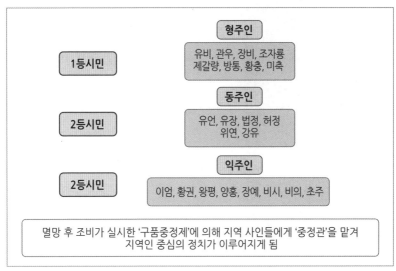

형주인

유비, 관우, 장비, 조자룡
제갈량, 방통, 황충, 미축

1등시민

동주인

유언, 유장, 법정, 허정
위연, 강유

2등시민

익주인

이엄, 황권, 왕평, 양홍, 장예, 비시, 비의, 초주

2등시민

멸망 후 조비가 실시한 '구품중정제'에 의해 지역 사인들에게 '중정관'을 맡겨
지역인 중심의 정치가 이루어지게 됨

촉한이 가장 먼저 멸망한 이유

자리를 잡았다.

익주 원주민들에게 촉나라 땅은 누가 지배해도 상관없는 일이었다. 위
군이 쳐들어오자 익주인 입장에서는 촉한이 멸망하는 게 더 나을 수
있다고 본 것이다. 그 대표격이었던 광록대부 초주는 유선에게 투항을
적극 권유했다. 이에 유선은 즉시 위군에 항복했는데 이에 반대한 건
그의 다섯째 아들 유심뿐이었다. 결국 익주 원주민들의 생각은 촉한이
멸망한 뒤 그대로 실현되었다. 유선과 외부 출신들은 모두 중원으로 떠
났고, 위나라 권력자 사마소는 초주 등을 열후에 봉하며 익주인들 스스
로 나라를 다스리게 했던 것이다.

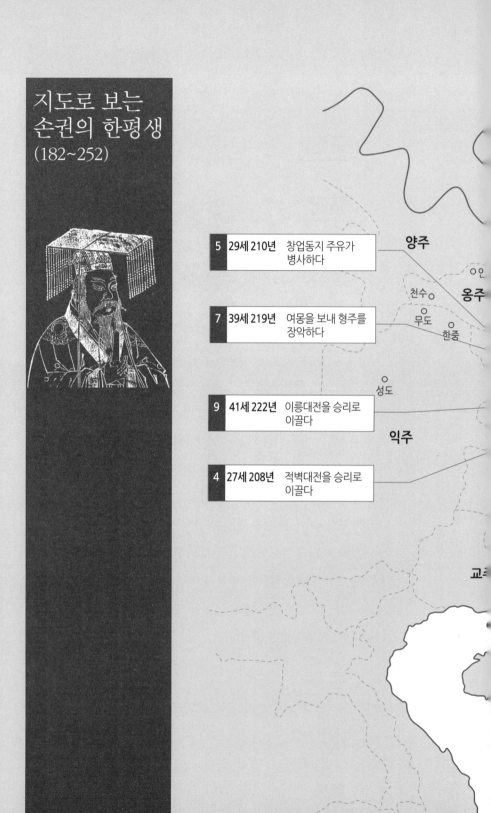

지도로 보는
손권의 한평생
(182~252)

5 **29세 210년** 창업동지 주유가
병사하다

양주

○안

천수○ **옹주**

7 **39세 219년** 여몽을 보내 형주를
장악하다

무도○ 한중

성도○

9 **41세 222년** 이릉대전을 승리로
이끌다

익주

4 **27세 208년** 적벽대전을 승리로
이끌다

교

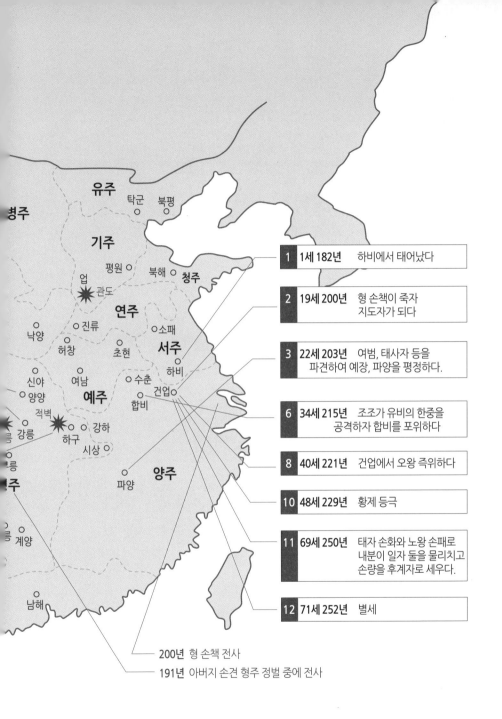

유주
병주
기주
탁군
북평
평원
업
관도
북해
청주
연주
낙양
진류
허창
초현
소패
서주
신야
여남
수춘
하비
양양
예주
건업
적벽
합비
강하
강릉
하구
시상
양주
파양
계양
남해

1	1세 182년	하비에서 태어났다
2	19세 200년	형 손책이 죽자 지도자가 되다
3	22세 203년	여범, 태사자 등을 파견하여 예장, 파양을 평정하다.
6	34세 215년	조조가 유비의 한중을 공격하자 합비를 포위하다
8	40세 221년	건업에서 오왕 즉위하다
10	48세 229년	황제 등극
11	69세 250년	태자 손화와 노왕 손패로 내분이 일자 둘을 물리치고 손량을 후계자로 세우다.
12	71세 252년	별세

200년 형 손책 전사
191년 아버지 손견 형주 정벌 중에 전사

제3장

삼국지 생존법

인생의 주인공 되는 법

포부 – 패기 – 실력 – 자기객관화

〈삼국지〉에는 수많은 인물이 등장합니다. 천하의 가장 나쁜 인간으로 불리는 동탁, 사세삼공 집안 출신의 원소, 강동의 호랑이 손책, 형주에서 안정된 세력을 일군 유표 등 나름대로 역할을 했던 사람들입니다. 그런데 그들 중에서 조조, 유비, 손권은 끝까지 살아남아 자신의 일가를 이루었고, 만세에 이름을 떨쳤습니다. 또한 이들 휘하에는 지략을 다루는 모사, 전장에서 목숨을 걸고 싸우는 장수, 뭇 남자들의 사랑을 받는 여인들이 있었죠. 이들 중 살아남은 주군을 잘 모셨던 사마의, 제갈량, 노숙 등은 역사에 이름을 남긴 주인공이 되었습니다.

반면 꿈을 이루지 못하고 중도에 탈락한 이들은 훨씬 더 많습니다. 동탁과 원소, 서주의 도겸과 유주의 공손찬, 황제를 칭했던 원술, 익주의 유장 등 역사의 한 페이지를 장식한 조연들이 있었죠. 〈삼국지〉를 읽다 보면 멋진 활약으로 사랑스러운 캐릭터를 가진 영웅도 있고, 타고난 능력을 제대로 발휘하지 못하고 사라져간 인물도 있습니다. 가장 아쉬운 인물 중 손꼽히는 이는 아마도 손견(孫堅, 155~191)과 그 아들 손책(孫策, 175~200)이 아니었을까요? 둘 다 죽음을 두려워하지 않는 용맹과 지략을 겸비했지만 아쉽게도 부상을 당했고, 이로 인해 길지 않은 생을 마감해야 했습니다. 물론 동탁이나 여포처럼 세상 사람들의 손가락질을 받으며 좋지 않은 행실을 보였던 사람도 있었습니다.

그렇다면 역사의 주인공이 된 이들과 중도에 탈락한 이들의 차이는 무엇이었을까요? 말할 것도 없이 중도 탈락한 이들은 난세를 뛰어넘을 포부와 실력이 부족했다고 해야겠습니다. 외척 하진이 불러서 낙양으로 들어와 엉겁결에 동한의 정권을 잡은 동탁은 국가를 제대로 운영할 만한 능력이 없었습니다. 정치가 무엇인지 국가경제는 어떻게 돌아가는지 공부해 본 적도 없고 경험도 없었으니 당연한 일이었죠. 자신의 힘으로 권좌에 올린 천자를 끼고 천하를 호령해 보겠다는 의지도 천하 영웅들이 인정해 주지 않았기에 실현되지 못했습니다. 이 때문에 낙양을 불태우고 장안으로 천도했지만 그 누구에게도 신뢰를 얻지 못했지요. 심지어 심복 부하였던 여포에게마저 배신당했으니까요.

하북 맹주였던 원소는 거의 모든 게 완벽했습니다. 좋은 집안 출신이어서 따르는 사람이 많았고, 넓은 영토에서 나오는 물자가 풍부했습니다. 그를 지원하던 모사와 병력의 숫자 또한 부족함이 없었습니다. 하지만 그는 아랫사람들의 신뢰를 얻지 못했습니다. 천하가 진동하고 새로운 세상이 열리는데 이에 대처하는 지략도 부족했습니다. 때문에 곁에서 바라보던 책사 순욱은 일찌감치 그를 떠나 조조에게 갔고, 허유는 중요한 순간에 원소가 가진 약점을 조조에게 알려주었습니다. 때문에 원소는 조조와 벌인 한 번의 대결에서 밀린 뒤 영향력을 잃어버렸습니다.

형주를 오랫동안 지배했던 유표는 어떠했습니까? 그는 초기에는 동한 정권으로부터 임명받은 형주자사 자리를 잘 활용했습니다. 형주는 비록 동한 14개 주 중 하나에 불과했지만, 넓은 지역에다 잘 개발된 영토가 동한 말의 전란을 겪지 않아 풍요함이 온전히 남아 있었죠. 때문에 북방으로부터 많은 인물들이 찾아와 인재난을 겪지 않았습니다. 만약 유표에게 큰 포부와 실천의지가 있었다면 더 나은 결과를 얻었을지도 모릅니다. 하지만 그에게는 혼란한 나라를 안정시키고 천하를 얻으려는 패기가 부족했습니다. 위험을 떠안기보다는 현상유지를 택했고 경쟁자들을 제압할 수 있는 중요한 기회를 모두 놓치고 맙니다.

좋은 집안의 적자였지만 세상물정 모르던 귀공자 출신 원술은 천자를 참칭했지만 아무도 그를 인정하지 않았습니다. 실력이 있어야 다른 이들이 복종할 텐데 준비도 없이 욕심만 앞섰던 것이죠. 싸움 잘하기로 유명했던 여포는 어떠했습니까? 그는 일개 무장에 불과했을 뿐 세상을 바꿀 지도자는 되지 못했습니다. 유주의 강자 공손찬은 황건적과 오환 토벌에 앞장섰지만, 원소에게는 중과부적이었습니다. 결국 끝까지 살아남아 결과물을 만들 수 있는 첫 번째 요인은 실력이라는 것입니다.

끝까지 살아남는다

승자와 패자를 가르는 또 하나의 기준은 세상이 주는 운運입니다. 21세기 창업현장에도 성공과 실패에는 운이 상당히 크게 작용한다는 것을 발견할 수 있습니다. 오늘날 1조 원 이상의 매출을 올리는 창업기업을 일컫는 '유니콘unicorn 기업'들의 성공에는 실력도 있어야겠지만 여기에 따르는 운도 무시할 수 없습니다. 이를 〈삼국지〉 인물들에게 적용해 본다면 '수명운壽命運'이라 할 수 있습니다. 세상의 일이란 것이 실력만으로 되는 건 아니고 끝까지 살아남아 버틸 수 있는 운이 있어야 하지 않을까요? 특히 천하가 진동하는 난세에는 살아남는 것이 매우 중요합니다. 동한 말처럼 황건적의 난이 일어나고 영웅들끼리 치열한 쟁투가 벌어지는 상황에서는 목숨을 보전하기가 쉽지 않았습니다. 동한 중기의 인구가 대략 5천만이었는데 난리가 벌어진 뒤에는 1천만으로 줄어들었으니 말입니다.

우선 전투현장에서 죽을 가능성입니다. 손견은 유표와 벌인 전쟁에서 겨우 36세에 전사했습니다. 날래기로 유명했던 동탁의 부하 화웅을 물리친 무용을 살리지 못했던 것이죠. 그의 아들 손책도 화살에 맞아 일찍 생을 마감해야 했습니다. 와룡봉추의 한 사람으로 일컬어지는 방통도 마찬가지였는데요. 비록 얼굴이 못생겨 손권에게 임용되지 못했지만, 군사전략만큼은 제갈량보다 한 수 위였다고 평가되기도 합니다. 하지만 그도 오래 살 운명은 아니었던지 익주의 성도를 공략하던 중에 낙봉파에서 화살을 맞아 죽고 맙니다. 조조의 사실상 후계자였던 조앙은 아버지를 살리려 자신의 말을 제공하고 적의 칼에 목숨을 잃었습니다. 만약 그가 일찍 죽지 않았다면 조조의 뒤를 이어 황제 자리에 올랐을 텐데 말입니다.

그런데 과거 전투현장에서는 적의 창칼에 찔려 죽는 것보다 질병에 걸려 사망하는 경우가 더 많았습니다. 의료기술이 발달하지 못했기에 단순한 질병이나 작은 상처에도 목숨을 잃는 경우가 허다했습니다. 흔히 역병이라 불리던 전염병도 남자들이 집단으로 모여 있는 군대에서는 치명

적이었습니다. 서양 고전의 최고봉으로 일컬어지는 〈일리아드〉에는 아폴론신이 쏘아 보낸 전염병 화살로 인해 많은 군인들이 죽어나가는 장면이 나옵니다. 당시 사람들은 전염병을 신이 보낸 벌이라 생각했습니다. 적벽대전에서 조조가 패한 결정적 이유도 바로 전염병이었습니다.

〈삼국지〉의 인물 중에서 병으로 일찍 생을 마감한 이가 참 많습니다. 적벽대전의 주유가 그렇고, 조조가 가장 사랑했다는 책사 곽가가 그랬습니다. 유비의 군사참모였던 법정도 일찍 죽어 아까운 인물 중 하나였는데, 역사가 진수는 법정에 대해 정욱과 곽가에 비견된다고 평가했습니다. 만약 법정이 살아 있었더라면 이릉의 패배는 없지 않았을까 하는 안타까움을 내비치면서 말입니다.

그에 비해 역사의 주인공 조조와 유비, 그리고 손권은 참으로 명이 길었습니다. 조조는 66세에 죽었고, 유비는 63세, 손권은 무려 70세까지 살았습니다. 세 사람은 당시 기준으로 보면 어마어마하게 오래 산 것입니다. 그런데 조조의 긴 수명은 그냥 주어진 게 아니었습니다. 그가 목숨을 잃을 뻔한 상황은 수없이 많았는데요. 동탁을 암살하려다, 마초를 토벌하다가, 한중을 공격하다가 살해될 뻔했죠. 또 천자를 허수아비로 만든 권력자 조조를 암살하려는 세력들은 수시로 그의 목숨을 노렸습니다. 때문에 언제 그의 방에 자객이 칼을 들고 올지 몰라 전전긍긍해야 했습니다. 자객을 피하기 위해 침실을 보살피던 이를 잔인하게 살해하는 등 온갖 쇼를 하기도 했는데요. 또한 조조 역시 병을 많이 앓았을 텐데 끝까지 살아남았습니다.

유비는 또 어떠했을까요? 그는 처자식을 무려 네 번이나 버리고 달아나야 했을 정도로 어려운 삶을 살았습니다. 수없이 많던 패전에서도 운이 좋아서 용케 목숨을 부지했죠. 형주에 있을 때에는 유표가 초대한 연회에 참석했다가 괴월과 채모가 준비한 살해 위협을 알아채고 피합니다. 그때마다 저승 문턱에 갔다가 돌아왔지요. 손권은 비교적 어려움이 적었지만, 그에게도 질병이 공격하지 않았을 리는 없었고, 목숨이 질긴 건 마찬가지였습니다.

결국 이 모든 어려움들을 이겨내고 끝까지 살아남은 자에게만 영광이 주어졌습니다. 동서양 사상가의 대명사인 공자(孔子, 기원전 551~기원전 479)가 73세, 소크라테스(Socrates, 기원전 470~기원전 399)가 72세까지 살았던 건 우연일까요? 서양철학의 대명사인 플라톤(Plátōn, 기원전 428~기원전 347)과 아리스토텔레스(Aristoteles, 기원전 384~기원전 322)가 위대한 저작물을 남길 수 있었던 것도 긴 수명 덕분이었습니다. 남들은 세상을 하직하던 나이인 52세에 천하를 주유하기 위해 떠났던 공자는 아주 건강했던 사람이었던 것 같은데요. 덕분에 14년이나 천하를 떠돌고도 살아 돌아와 3천 명이 넘는 제자들을 길러낼 수 있었습니다.

역사상 최고의 책사로 인정받는 제갈량은 원정을 떠난 장소인 오장원에서 죽습니다. 세상 사람들은 그의 죽음이 과로 때문이라며 안타까워하지만, 그의 인생 54년은 당시 기준으로 보면 적당한 수명을 누린 것이었습니다. 그의 경쟁자였던 방통이나 법정과 비교해도 그렇습니다. 남자 나이 오십을 넘는 경우는 흔하지 않았고 환갑을 넘기는 경우는 아주 드물었습니다. 그런 시대에 제갈량은 비록 편안한 집에서 생을 마치지 못하고 전장에서 숨을 거두었지만, 어쩌면 그런 안쓰러운 모습이 민중들의 마음에 애잔한 정을 느끼게 했던 것이죠. 결국 제 수명을 다 누렸기에 〈삼국지〉의 주인공이 될 수 있었고, '위대한 책사의 대명사'라는 칭송이 따를 수 있었던 겁니다.

이를 오늘날의 교훈으로 바꿔본다면 어떨까요? 오늘날에는 환갑을 넘어 칠순, 팔순까지 사는 사람이 많습니다. 하지만 골골 팔십 년 하면 무엇하겠습니까? 건강하게 오래 살아야 주인공이 될 수 있는 것이죠. 또 백세시대라고 하지만 모두가 오래 사는 건 아닙니다. 젊은 나이에 병에 걸려 제 역할을 못 하고 일찍 생을 마감하기도 합니다. 여기에 육체적 건강도 있지만 정신적 건강도 무시할 수 없습니다. 단순하게 오래 사는 것보다는 의미와 가치 있게, 행복하게 오래 살 수 있도록 노력해 보는 게 중요하지 않을까요?

출마자인가 출사자인가

난세의 영웅에게 꼭 필요한 역량은 무엇일까요? 동한 말, 환관과 외척의 발호로 중앙조정이 힘을 쓰지 못하자 지방의 인물들은 나름대로 역할에 주목하기 시작했습니다. 기주의 한복, 서주의 도겸, 유주의 공손찬, 형주의 유표, 익주의 유장, 한중의 장수 등이 그들이었죠. 또한 이들 휘하에는 전투력을 가진 장수들, 고대로부터 내려온 학문을 공부한 책사들이 함께하고 있었습니다. 이들은 천하의 변화를 주시하면서 자신이 어떻게 움직여야 할지 고민하고 있었죠. 이때 서량西涼 군벌 동탁이 천자를 바꾸고 천하를 호령하자 이들은 관동군에 참가해 분위기를 파악하려고 했습니다. 이들을 움직인 동기는 난세에 살아남아야 한다는 절박함이었고, 때로는 성공에 대한 욕심이었습니다. 어떤 이는 자신이 주도하는 세력권을 만들려고 노력했습니다. 조정으로부터 공식 관직을 받았던 기주목 한복이나 유주자사 유우, 형주자사 유표가 대표적이었죠.

이들은 출마자라 부를 수 있는데, 자신이 갖고 있는 출신성분, 지역거점, 군사력 등을 잘 활용해 천하에 이름을 남길 포부를 기를 수 있었습니다. 또 어떤 이들은 스스로 영역을 만들기보다 누군가를 선택해 자신의 역량이 쓰이기를 기대했습니다. 조조에 의탁했던 순욱과 곽가, 유비를 따랐던 제갈량과 방통, 손권 휘하에 있던 주유와 노숙 등이 대표적입니다. 이들은 출사자라 부를 수 있습니다. 그렇다면 어떤 이가 출마자가 되고 어떤 이는 출사를 선택하는 것일까요?

출마자는 오늘날로 보면 창업 경영자이고, 출사자는 직장인이나 전문 경영인이라 말할 수 있습니다. 이들은 해야 할 역할이 분명히 다르기 때문에 갖추어야 할 역량도 다를 수밖에 없습니다. 우선 출마자는 세상에 나가 이루고 싶은 포부가 커야 합니다. 난세는 권력의 향방이 변동예정이거나 아직 정해지지 않은 시대라 할 수 있죠. 이럴 때 내가 주인이 되겠다는 큰 꿈이 있어야 합니다. 자신에게 닥쳐올 위험을 떠안고 어떤 어려움도 이겨내겠다는 자신감도 필요하죠. 또한 세상의 변화를 볼 줄 아는 통찰력이 필요하고, 전투에서 이길 수 있는 지휘관으로서의 능력도 갖고 있어야 합니다.

조조의 고향 안휘성安徽省 박주亳州에 있는 조조기념관에는 밀랍으로 만든 조조 상 세 개가 있습니다. 각각 정치가 조조, 군인 조조, 시인 조조의 형상입니다. 사람들은 왜 세 개의 상을 만들었을까요? 이는 조조가 가진 능력이 이렇게 다양했다는 것을 보여주기 위해서였습니다. 조조는 동한 말의 난세를 평정한 뛰어난 정치인이었고, 전투현장에서는 탁월한 지휘관이었으며 병법서를 연구하고 시를 쓰는 문인이었습니다. 동탁의 난 이후 조조는 천하의 정세 변화를 읽고 그 변화에 맞춰 대응책을 구상했습니다. 그리고 판단이 서면 곧바로 실천에 옮기길 주저하지 않았습니다. 조조에 비해 더 큰 세력을 갖고 있던 원소는 관도대전에서 조조에게 패했습니다. 원소는 뛰어난 정치인이었지만 전투 지휘능력은 그렇지 못했습니다. 그리고 후계구도를 제대로 마련하지 못해 얼마 뒤 그의 세력은 무너졌습니다.

출마자는 치열한 시장경쟁에서 이겨낼 수 있어야 합니다. 난세든 평화시기이든 출마자의 성공 가능성은 아주 낮습니다. 경쟁이 치열한 만큼 뛰어난 이들이 시장에 많기 때문이죠. 또한 난세가 점차 안정을 찾으면 최종 승리를 거둘 사람은 점점 줄어듭니다. 최종적으로는 한 명만 남게 되는 것이 중원의 정치 현실입니다. 따라서 이렇게 치열한 곳에서 출마자가 갖고 있어야 할 능력 범위는 상당히 넓습니다. 세상의 변화를 볼 줄 아는 통찰력, 지략, 리더십 등이 필수입니다.

이에 비해 출사자가 갖춰야 할 능력은 비교적 단순하여, 한 가지만 확실하게 잘 하면 됩니다. 출신성분은 성공의 필요충분조건이 아닙니다. 장수將帥는 전투력과 리더십을 잘 갖추면 쓰임새가 있고, 모사謀士는 세상을 보는 통찰력과 돌아가는 정세를 잘 읽을 수 있으면 됩니다. 장료는 처음에 여포를 따랐지만 그가 죽은 뒤 조조 휘하에서 능력을 발휘했고 인정받을 수 있었죠. 모사가 갖춰야 할 또 한 가지 필수능력은 주군을 움직일 수 있는 설득력입니다. 저수는 원소 휘하에서 여러 계책을 내놨지만 번번이 원소를 설득하지 못했습니다. 반대로 제갈량은 주군 유비를 잘 설득해 자신의 생각을 관철시켜 성공을 거두었습니다.

출사자의 단점은 자신의 포부를 모두 펼치기 어렵다는 점입니다. 전

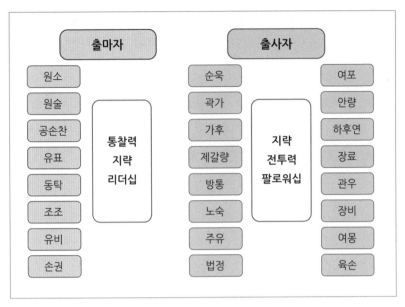

출마자와 출사자

문경영인이나 직장인은 오너 창업자의 생각을 넘어설 수 없습니다. 아무리 뛰어난 능력을 갖고 있다 하더라도 오너가 수용해 주지 않는다면 그의 능력은 발휘되기 어려운 것이죠. 제아무리 제갈량이 뛰어난 인재였어도 유비가, 그의 아들 유선이 허용해 주지 않았다면 그는 천하에 이름을 남기기 어려웠을 것입니다. 또한 그는 출사자로서 한계를 때때로 절감해야 했습니다. 출마자가 아닌 그에게 주변의 인물들이 적극적으로 지원해 주지 않았기 때문이죠.

우리가 사는 21세기는 삼국시대 같은 난세가 아닙니다. 따라서 출마자와 출사자를 딱 구분해 선택할 필요는 없습니다. 유비처럼 시작은 출사자로 했다가 때가 되면 출마자로 변신할 수 있는 것이죠. 처음엔 자신을 받아주고 능력을 키워줄 조직을 선택하고 거기서 최선을 다하면 됩니다. 그리고 점차 역량을 키워 출마자가 될 준비를 하면서 기회를 엿보면 되는 것이죠.

그런데 어떤 이는 출마자가 되어야 할 때가 다가왔는데도 몸에 밴 습관을 버리지 못해 출사자에 머무르기도 합니다. 그저 조직의 껍데기가 좋아서, 그 조직에서 주는 달콤함에 취해 폼을 내고 싶은 것입니다. 하지만 언젠가 그 달콤함은 사라집니다. 영원히 출사자로 살고 싶겠지만 현실은 그렇게 내버려두지 않습니다. 구본형 선생이 '그대 스스로를 고용하라'라고 말한 것처럼 요즘에는 스스로를 고용하는 출마자가 될 기회가 많습니다. 정보를 쉽게 구할 수 있는 도구도 많고, 세상 사람들에게 접근할 수 있는 방법도 많습니다. 조직이 없어도 자립할 수 있는 기회가 널려 있지요.

다시 언급하지만 출사자는 출마자의 한계를 넘어설 수 없다는 것! 누군가 정해놓은 한계에 나를 가두는 것만큼 불행한 것은 없답니다.

행운의 절반은 '친구' 만남에 투자하라

도원결의, 왜 복숭아밭인가

〈삼국지〉의 주인공 삼형제인 유비, 관우, 장비가 세상에 나서기 전에 한 일이 있습니다. 우리가 잘 알고 있는 유명한 '도원결의桃園結義'입니다. 물론 이는 진수의 역사서에는 등장하지 않는 소설 속 이야기입니다. 하지만 유관장 세 명이 서로 형제처럼 지냈다는 기록은 정사에도 나오는데요. 관우는 대놓고 유비와 같이 죽기로 맹세한 사이라고 말했고, 세 사람은 같은 침상을 쓸 정도로 친했다고 합니다.

그렇다면 누가 가장 나이가 많았을까요? 사서에 기록된 것과 소설에 나오는 것은 조금씩 다르지만 장비는 자기보다 연장자인 관우를 형으로 섬겼다고 합니다. 유비, 관우, 장비 순으로 되어 있어 유비의 나이가 가장 많았을 것으로 보이지만 실제로는 관우가 한 살 더 많았습니다. 사서에는 "장비가 젊어서 유비와 관우를 섬겼는데 관우가 몇 살 위였기에 형으로 삼았다."라고 기록되어 있죠. 유비는 223년에 죽었는데 그때 나이가 63세였습니다. 또 관우는 219년에 죽었는데 그때 나이가 60세였습니다. 그러니까 관우가 죽을 당시 유비는 59세였지요.그렇다면 왜 한 살이 적은 유비가 큰형이란 뜻의 '따거大哥'가 되고 관우는 아우가 되어야 했을까요? 이는 당시가 철저한 신분제 사회였다는 것을 감안해야 합니다.

관우는 고향 산서성山西省 운성현運城縣의 평범한 집안에서 태어나 사람을 죽이고 도망을 다니다가 유주 탁군에 왔고, 장비는 시장판에서 소, 돼지를 잡는 일을 했으니 신분이 그리 높지 못했습니다. 그런데 유비는 고조 유방(劉邦, 기원전 247~기원전 195)의 후예로 자신의 신분을 천명해 놓은 상태였습니다. 그런 그가 신분이 낮은 관우나 장비와 의형제를 맺는다는 것 자체가 어울리지 않는 모습입니다. 때문에 형이라기보다는 주군이라 할 수 있었는데, 셋이 모였을 때 유비가 돗자리 짜고 짚신 만들어 팔던 형편이었기에 신분을 뛰어넘을 수 있었던 것입니다. 나이보다 신분이 더 중요한 시대였으니 세 사람이 의형제를 맺어도 유비가 형이 되는 건 어쩌면 당연한 일일 것입니다. 이후의 활약으로 봐도 유비는 제후들의 인정을 받은 반면 관우는 한동안 마궁수馬弓手에 지나지 않았습니다.

이렇게 유비는 관우보다 한 살 연하였지만 이 모임의 큰형이 되었습니다. 셋의 우애가 좋다 보니 타국 사람들도 삼형제처럼 여겼다고 하는데요. 그들이 함께한 첫 에피소드 '도원결의'는 원래 원나라 만담가들의 원고인 〈삼국지평화〉에 등장하는 에피소드입니다. 바로 그 유명한 "같은 해, 같은 달, 같은 날에 태어날 수는 없었지만, 같은 해, 같은 달, 같은 날에 죽기를 원하노라!"라는 문장도 이미 〈삼국지평화〉에 나와 있던 대사였습니다. 그렇다면 하필 왜 다른 곳도 아닌 복숭아밭에서 결의를 했을까요? 여기에 특별히 의심을 가져야 할까 싶기도 합니다. 장비가 살았던 시장 골목 뒤편에 마침 복숭아밭이 있어서 거기서 결의형제를 맺었다고 하면 간단할 것 같죠. 하지만 도원결의가 우연한 사건이 아니라 이후 스토리 전개에 큰 의미부여가 가능한 사건임을 감안한다면 사과밭이나 배밭이 아니라 복숭아밭이라는 것이 중요합니다. 남송시대 시장판에서 활약하던 만담가들이 세 사람이 결의형제를 맺은 장소를 복숭아밭이라고 정한 것은 다분히 중국적인 이유가 있기 때문입니다.

복숭아밭에서 맺은 결의형제는 '영원히 끝나지 않는 인연'이라는 뜻이 내포되어 있습니다. 중국에서 복숭아는 장생불사의 의미를 가진 영험한 과일입니다. 도교가 탄생한 지역 중 하나인 산동성山東省에 가면 복숭아를 그려놓은 그림들이 여기저기 걸려 있는데요. 복숭아는 오래 삶[장생불사長生不死]을 의미하는 상징적 과일입니다. 소설 〈삼국지〉에는 중국인이 창조한 도교사상이 뿌리 깊게 자리하고 있습니다. 역사 사건들을 기반으로 하지만 소설로 변하면서 도교적 생각들이 자연스럽게 자리 잡았던 것입니다.

전설에 따르면 신선들의 거주지인 곤륜산崑崙山에는 서왕모西王母가 살고 있답니다. 서왕모는 천상의 신 옥황상제의 짝이라고 할 수 있지만 독자적 세력을 갖고 있으며, 신선들이 그녀를 모십니다. 그녀가 관장하는 복숭아밭 때문인데요. 서왕모가 관리하는 반도원에는 복숭아가 3천 6백 그루가 있는데, 입구 쪽 1천 2백 그루는 3천 년에 한 번 열립니다. 이곳 복숭아를 따 먹으면 바로 3천 년의 수명을 얻을 수 있다고 합니다. 곧바로 신선이 되는 길이죠. 또한 중앙에 있는 1천 2백 그루는 6천 년에 한 번 열리며 또한 그만큼 수명을 얻을 수 있습니다. 이 정도 수명을 얻으면 장생불사의 존재로 여겨지는데요. 안쪽의 1천 2백 그루는 9천 년에 한 번 열리는데, 또 그만큼 수명을 얻게 됩니다. 9천 년의 수명이란 바로 해와 달의 수명과 같다고 여겼습니다. 실제로 서왕모의 밭에서 복숭아 하나를 훔쳐 먹은 동방삭*은 3천 년의 수명을 얻어 신선이 되었다고 전해지고 있습니다.

사람들은 서왕모의 밭에서 자라는 복숭아를 따 먹지는 못해도 복숭아를 장생불사의 상징으로 알고 있었다는 이야기입니다. 이렇게 복숭아는 중국인들에게 오래 삶, 영구한 세월이라는 의미를 갖고 있습니다. 유관장 삼형제가 복숭아밭에서 결의형제를 맺었다는 것은 변치 않는 우정이라는 의미를 갖습니다. 남송시대 시장판의 만담가들이 도원결의란 에피소드를 창작한 것은 그런 이유가 있었던 것입니다.

정의 · 재물의 화신, 관우

중국에서 공자는 '문성文聖', 관우는 '무성武聖'으로 불리며 현縣마다 문묘, 촌村마다 무묘가 있을 정도로 추앙받고 있습니다. 특히 민간 영역에서는 공자보다 관우가 더 높은 신앙의 대상이 되어 있는데요. 이는 남북조 시대 이후 여러 역사 단계와 각 계층에 걸쳐 관우를 미화하고 신성시해 온 결과입니다. 오늘날 중국 어디를 가든 관우 신앙은 존재하는데

＊동방삭(東方朔, 기원전154~기원전93)
산동 혜민 사람. 문학가로 재능이 넘쳐났으며 특히 사부에 능함. 저서로 『동방태중집(東方太中集)』등이 있음.

요. 흔히 '삼교구류三敎九流'**에 걸쳐 관우를 신령으로 받들지 않는 경우가 없다는 말로 자주 쓰입니다. 그러니까 모든 종파와 사상에 상관없이 관우는 숭배의 대상이라는 뜻이죠. 관우는 관공에서 관왕으로, 관제에서 무재신武財神으로 변화하며 여러 단계의 우상화 과정을 거쳤습니다. 이를 관공문화라 부르는데요.

관우는 살아생전 한 번도 벼슬을 한 적이 없습니다. 조조가 한수정후漢壽亭侯로 봉했지만 이는 명목상의 호칭일 뿐 벼슬자리는 아니었습니다. 형주에서 육손에게 죽임을 당한 뒤 유비가 관우에게 장목후壯繆侯를 내렸죠. 이것도 그리 좋은 시호라 볼 수 없습니다. 그러다 남조에서부터 점차 민간 숭배와 조정의 추존을 받으며 신화화 과정이 이어집니다. 특히 삼국 이야기가 정치적으로 이용가치가 있을 때마다 관우의 존칭이 점점 높아졌는데요. 바로 유목민이 중원을 차지했을 때, 또는 유목민에 대항해야 했던 남송, 명나라 때 신격화 정도가 심했죠. 반면 남조가 무너지고 유목민이 지배층을 이뤘던 수당 시대에는 관우는 인기가 없었습니다.

북송에 이르면 요(遼, 907~1125), 금(金, 1115~1234)에 대항하는 상징 인물이 된 관우는 충혜공에 봉해졌다가 휘종 때 숭녕진군에 봉해졌고 무안왕武安王에 이르게 됩니다. 이때 관우는 무성왕 강태공과 함께 제사지낼 정도로 위치가 같아졌습니다. 중원을 유목민에게 빼앗기고 피난처에서 세운 남송 때에는 인기가 더 올라서 '장무의용무안영제왕'에 봉해졌습니다.

중국 고유 종교인 유교와 도교에서도 민간신앙의 대상이 되었는데요.

** 조조가 잘난 체하는 예형에게 "당신은 무엇을 할 줄 알기에 그러는가?"라고 묻자 예형이 대답한 말에서 유래되었다. 삼교는 유교.불교.도교, 구류는 유가.도가.법가.음양가.묵가.명가.종횡가.잡가.농가를 말하는데 중원에 있는 모든 사상이라는 의미다.

유교에서는 관우가 〈춘추좌씨전春秋左氏傳〉*을 즐겨 읽었다는 배송지의 주석에 따라 과거준비생의 총애를 받아 '시험의 신'으로 모셔지기도 했습니다. 명청 시대에 〈춘추春秋〉가 과거수험생의 필독서가 된 것도 관우의 신격화에 촉매제가 되었죠. 2박3일간 시험을 치르는 과정에서 관우의 혼령이 나타나 도와주었다는 합격생의 전설 같은 이야기도 전해집니다.

도교 영역에서 관우는 절대적인 신앙의 대상이었습니다. 소설 〈삼국지〉에는 도처에 도교적 장면들이 등장하는데요. 제갈량이 남병산 칠성단에 제를 드리고 동남풍을 몰고 오는 일, 관우가 죽은 뒤 신령이 되어 조조를 혼내고 제갈량을 돕는 것 등은 지극히 도교적입니다. 북송 때 휘종을 비롯한 황제들이 도교를 숭상했고 민간에서도 도교가 중요한 종교로 자리 잡았습니다. 이때 관우는 황제에 의해 숭녕진군으로 봉해져 본격적인 신앙 대상이 되었던 것입니다. 불교에서는 관우를 '가람보살'로 삼아 배례했습니다.

명대에 이르면 관우는 강태공을 추월하여 '문성文聖' 공자와 비견되는 '무성武聖'의 자리에 올라 '협천호국충의대제協天護國忠義大帝'가 되었습니다. 민간 영역에서는 '삼계해마대제신위三界解魔大帝神位 원진천존관성제군願趁天尊關聖帝君'이 되어 본격적으로 관성제군으로 불리게 되었습니다. 청대에 이르러서도 황제들은 지속적으로 관성제를 추존했는데, 순치제는 '충의신무관성대제'로 추존했습니다. 옹정제는 관제의 조상 3대를 공작에 추존하고, 대신들이 관제에 제사지낼 때에는 세 번 꿇어앉고 아홉 번 절하

---

* 공자가 편찬한 것으로 전해지는 역사서 〈춘추〉의 대표적인 주석서다. 좌구명이 지었다고 전해지며 좌전左傳, 좌씨전左氏傳, 좌씨춘추左氏春秋라고도 불린다. 동한 말부터 춘추를 읽는다는 것은 바로 〈춘추좌씨전〉을 읽는다는 말이었다.

는 예**를 갖추도록 했습니다. 말하자면 황제에 준하는 예법을 행했다는 것이며, 인간에서 시작해 점차 신의 자리로 올라가는 전형적인 과정을 거쳤던 겁니다.

** 삼배구고두례(三拜九敲頭禮)는 청나라 시대 황제나 대신을 만났을 때 머리를 조아려 절하는 예법이다. 병자호란에 패한 조선 인조가 청태종에게 했던 사례로 유명하다. 고두례는 명나라 시대에 황제에 대한 의식이었는데, 당시에는 오배삼고지례(五拜三叩之禮)가 행해졌다. 청나라에 이르러 삼배구고두례로 대체되었다.

서울에도 관우 사당이 있다?

서울 종로의 동묘에 가면 관우상이 있다. 동묘는 조선 선조 때 명나라 장수가 요청하여 처음 세워진 관우 사당인데, 보물 제142호로 지정되어 있고 동관왕묘東關王廟가 정식 명칭이다.

어떻게 서울 한복판에 관우 사당이 생겼을까? 임진왜란이 일어난 뒤약 3만 명의 명군이 한양에 주둔하게 되었는데, 당시 명나라 장수 진인은 독실한 관우 숭배자였다. 그는 군사를 이끌고 울산에서 일본군과 싸우다 부상을 입었고 곧바로 한양으로 후송되어 치료를 받았다. 치료가 끝나자 그는 관우의 음덕을 갚아야 한다며 사당 건립을 추진하는데, 조선 조정에서도 건립비용을 보태 1598년 5월에 사당이 건립되었다. 이것이 남관왕묘이다.

전쟁이 끝난 뒤 명나라 신종은 사신 편에 4천 금의 건립 기금을 보냈는데, 관공묘를 정식으로 설립하라는 조서와 함께였다. 지엄한 명나라황제의 조서는 '괴력난신怪力亂神'에 대해 언급하지 말라 했던 공자님 말씀을 지지하던 유학자들의 반발도 소용없었다. 그렇게 동대문 밖에 터를 잡아 선조 35년(1602) 봄에 세워진 것이 동관왕묘다.

그런데 이것이 계기가 되어 조선 땅에도 관우 숭배 사상이 자리 잡게 될 줄이야! 도교는 이미 한반도에 전해진 지 오래였고, 주자학에도 '기氣'니 '도道'니 하는 도교적 요소들이 있었다. 민간에서는 이미 최영이나 이성계 장군이 무속신앙의 숭배 대상이 되어 있었는데, 여기에

동묘

관공이 추가된 것이다. 그러다 구한말에 이르면 청나라의 영향으로 관
성교關聖敎라는 종교단체까지 등장하게 된다.

관에서 받들고 민간에서 추앙한 인물, 관우

중국이나 홍콩인들은 연초가 되면 근처 도교사원에 가서 커다란 향을 피우고 소원을 빕니다. 특히 관우상 앞에는 사람들이 많이 서 있는데, 올해에도 돈을 많이 벌게 해달라고 빌기 위해서예요. 왜냐하면 관우는 사람들이 돈을 벌게 도와주는 재물신이기 때문입니다. 관성대제가 되었고 신앙대상이 된 것은 알겠는데, 돈을 벌게 도와주는 존재가 된 사연은 무엇이었을까요?

관우가 재물신이 되는 데 결정적 역할을 한 것은 그의 고향이었던 산서 상인들이었습니다. 산서 상인은 산서상山西商 혹은 진상晉商이라고 부르는데 이 지역에 춘추시대 진晉나라가 있었기 때문입니다. 산서는 예로부터 철의 산지, 소금이 많이 나는 지역이었기에 고대부터 상인 세력이 형성되어 있었고 명청 시대에 본격적으로 활약하게 됩니다.

몽골족이 지배하던 원元나라를 밀어내고 명明나라를 세운 홍무제 주원장은 수도를 남경南京으로 정했습니다. 그러다 그의 아들 영락제 주체는 고원으로 물러난 몽골족을 경계하며 북방 방어를 위해 북경北京으로 수도를 옮겼습니다. 하지만 이로 인해 수도가 외적 침입에 취약해졌는데요. 몽골족은 변경에서 교역을 요구하며 소란을 피웠고, 때론 침략을 일삼기도 했습니다. 이를 해결하기 위해 황제가 직접 정벌에 나섰다가 몽골족에 잡혀가는 토목보土木堡의 변*이 발생했습니다. 북송 시대에 휘종과 흠종이 여진족에 사로잡힌 정강지변靖康之變처럼 황제가 유목민에게

---

* 명나라 정통제(영종) 14년(1449)에 발생한 명나라와 몽골 오이라트 부족과의 싸움에서 발생한 사건을 말한다. 이때 영종은 친정을 하다가 오이라트에 포로로 잡혔고 몸값 협상의 대상으로 전락했다. 하지만 명나라 조정은 영종의 이복동생 주기옥을 제위에 올렸고 몽골족은 협상이 이루어지지 않자 영종을 풀어주었다.

사로잡힌 황당한 사건이었습니다. 이 사건 이후 명나라는 동쪽 산해관에서 서역으로 가는 길에 있는 감숙관에 이르는 거대한 장성을 건설해야 했습니다. 오늘날 우리가 보는 만리장성은 진시황이 아닌 명나라 때 지어진 것입니다.

하지만 장성이 있다고 북방 유목민을 통제할 수 있는 것은 아니었습니다. 수시로 변경을 침입하는 몽골족을 경계하기 위해 산서성을 비롯한 북방 변경에 9개의 변진을 설치하고 80여 만의 군대가 주둔해야 했습니다. 특히 몽골초원과 화북평원을 이어주는 핵심지역인 대동 지방에는 가장 많은 병사들이 주둔했는데요. 이러한 국방정책은 장성 지역에 근무하는 거대 병력들에게 군량과 보급품을 공급해야 하는 문제를 발생시켰습니다.

이를 해결하기 위해 병사들이 지역의 농토를 일구는 둔전제屯田制를 적용하기도 했지만, 북방 지역은 날씨가 춥고 지형이 험준했습니다. 또한 장성과 가까운 화북 지역의 농업생산력만으로는 이를 감당할 수 없었습니다. 그래서 정부는 세금 추가 없는 병참지원을 위해 전국 상인들에게 대동을 비롯한 주요 군사지역에 식량과 옷, 생활용품을 제공하게 했습니다. 그 대가로 정부는 전국 각지의 염장에서 소금으로 바꿀 수 있는 염인鹽引을 주었습니다. 이를 '개중제開中制'라고 하는데, 상인들은 대동과 태원 지역에 식량 1석 3두를 가져오면 염인 1장을 받을 수 있었습니다.

이러한 개중제는 전국의 모든 상인들에게 이득을 줄 수 있는 제도였는데, 지리적으로 산서 상인들이 가장 유리했습니다. 산서성 하동河東에 있던 운성雲城 염장은 유명한 소금산지였고 대동과 태원, 그리고 북경 지역과도 가깝습니다. 따라서 산서 상인들은 미곡상과 소금상인과의 양쪽 거래에서 이득을 취할 수 있었고, 유통비용이 적게 들어 큰 이윤을 얻을 수 있었습니다. 명나라 중기 이후에는 개중법이 제대로 작동되지 않았지만, 이미 자리를 잡은 진상들은 전국 상인으로 활동할 수 있었습니다. 이를 토대로 청나라가 들어선 이후에는 표호[어음], 전포[환전], 로방[화폐전조], 당포[전당포] 등의 금융업으로 확장되었습니다.

전국으로 활동하던 진상들은 같은 고향 출신 관우에 큰 자부심을 갖고 있었습니다. 산서 지역은 예로부터 농업과 유목의 경계선에 있었는데요. 따라서 농민과 유목민이 섞여 살았고 중앙무대에서 인정받기 어려운 구조였습니다. 높은 수준의 학문을 했다거나 과거시험에 나가 이름을 떨친 사람도 별로 없었습니다. 그런데 이 지역 출신 관우는 비록 중국의 한쪽을 차지했을망정 한나라의 정통을 이은 촉한의 위대한 장수였습니다. 더구나 관우가 보여준 주군을 향한 신의와 의리는 타의추종을 불허했죠. 명나라 시대에는 이미 왕으로 추존되었고, 민간에서는 신적 존재가 되어 있었습니다.

진상들은 자기 고장 출신인 관우의 의리를 따라 정당하지 않은 거래, 신용 없는 거래는 하지 않으려 노력했습니다. 따라서 진상이 제공하는 염인이나 표호 등은 언제나 신용의 상징이었죠. 상인들은 여행 중이거나 모여 있을 때 관우상을 지참하여 제를 올렸고, 집단 거주지에는 사당을 건립했습니다. 자신들의 상업 활동이 원만하게 진행될 수 있도록 도와달라는 소망이 담겨 있었죠. 관우의 혼령이 촉나라 사람들을 도왔던 것처럼 자신들에게도 찾아오길 기대했던 것입니다. 진상 중에서 두부장수로 돈을 많이 벌었던 거상 교치용喬致庸은 이런 말을 내세웠습니다.

"내가 먼저 의義와 신信을 앞세우면 남이 주는 이利는 따라온다."

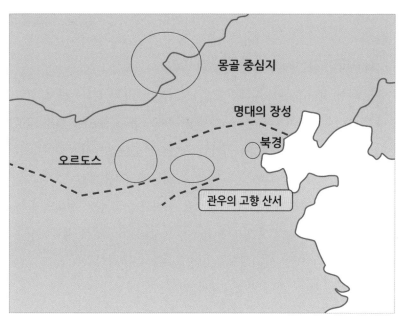

관우와 산서상인

사업에서 관우의 상징인 신의가 이익보다 우선이란 뜻입니다. 결국 다른 지역 상인들도 의리와 신용이 높은 진상이 숭앙하는 존재인 관우 신에게 같은 마음으로 빌게 되었습니다. 이것이 점차 전국으로 퍼져 관우가 전국적인 재물신으로 변신하게 된 이유입니다.

사무라이 정신에 투영된 관우의 의리*

에도 막부 시대 일본에 전해진 〈삼국지〉는 민중들의 높은 사랑을 받았다. 이때 나온 책이 나관중의 〈삼국통속연의三國志通俗演義〉를 번역 각색한 〈통속삼국지通俗三國志〉다. 저자인 코난분산湖南文山은 나관중의 소설을 기반으로 하되 진수의 역사서를 참조했다고 알려져 있다. 〈통속삼국지〉를 읽은 일본인들은 일본 남북조 시대와 중국 삼국 시대의 유사성에 감탄했고 인물들의 활약에 감동을 받았다. 이 때문에 일본에서는 그들 특유의 다양한 그림형식과 인형극으로 변주되어 문자를 모르는 민중들까지 〈삼국지〉에 빠져들게 했다.

막부 시대 다이묘[大名, 무사의 우두머리]들은 관우와 장비, 조운 등 장수들의 주군에 대한 충성심과 의리가 정권이 추구하는 이데올로기에 적합하다는 것을 알게 되었다. 막부에서는 무사적 충의가 중요시되었는데, 이는 주군이 영지나 봉록을 주었으니 목숨을 바치겠다는 계약이었다. 무사武士는 사무라이さむらい라고 하는데, 이는 모실 시侍의 일본어 발음이다. 그러니까 주군을 옆에서 모시는 자라는 뜻이고, 계약관계에 의해 절대적 충성을 바치는 게 사무라이였다.

이를 〈삼국지〉에 대입해 보면 도원결의를 맺은 관우와 장비가 평생 지켰던 가치와 사무라이의 충의는 그 형태가 다르지 않았다. 사무라이가 지켜야 할 네 가지 의무, 즉 충忠, 의義, 용勇, 명名은 막부 시대 무사들이

---

* 이은봉, 중국을 만들고 일본을 사로잡고 조선을 뒤흔든 책 이야기, 천년의상상, 2016, p257~258

갖춰야 할 기본 덕목과 상당히 유사하다. 그러니 다이묘들이 적극적으로 〈삼국지〉의 보급에 애썼음은 불문가지다. 물론 이는 유학의 기본 덕목이기도 했지만, 무사가 지켜야 할 덕목과 결합해 일본식 사무라이 정신으로 발전할 수 있었던 것이다.

천하제일의 참모 제갈량

제갈량은 누구인가?

중국 역사책을 읽다 보면 역사인물을 부르는 이름이 여러 가지로 나옵니다. 보통사람은 그의 이름으로 불리고 유명 인물의 경우에는 높임말로 부르기도 합니다. 그래서 유명 인물들은 불리는 이름이 다양합니다. 우선 어릴 때 부모로부터 받은 이름이 있습니다. 두 번째는 관례 때 붙여주는 일종의 별명인 자字가 있고, 스스로 짓는 호號가 있습니다. 대개 그 사람의 성과 함께 이름을 부르거나 자로 불러줍니다. 또 왕이나 황제의 경우 사망했을 때 받는 시호가 있고, 국가에서 내려준 벼슬 이름을 가진 이도 있습니다. 큰 공을 세운 군인이나 장군에게는 충무忠武라는 호가 많이 내려졌는데, 충무공忠武公 또는 충무후忠武侯라고 했습니다.

역사인물의 경우 사람들은 그를 높일 것인지 아니면 낮춰 부를 것인지 선택하게 됩니다. 만약 후대인들이 어떤 이를 높임말로 부른다면 그는 대중의 높은 사랑을 받고 있다고 보면 맞습니다. 예를 들면 공자公子의 이름은 공구公丘입니다. 하지만 공자로 불리죠. 신의 경지에 올랐기 때문입니다. 삼국 시대 인물 중에 조조의 자字는 맹덕孟德이지만 조맹덕이 아니라 조조(曹操, cáo cāo)라고 부릅니다. 유비도 스스로 지은 자인 현덕玄德으로 불리는 건 드물고 그냥 유비입니다. 중국 사람들은 유현덕으로 부르는 경우가 있지만 한국에서는 그렇게 부르는 경우가 드뭅니다. 그만큼 높이 존경받지 못한다는 이야기가 되겠네요.

그런데 제갈량은 중국이든 한국이든 제갈량보다는 제갈공명諸葛孔明으로 불리는 경우가 많습니다. 때론 공명선생 또는 와룡선생이란 존칭으로 불리기도 하는데요. 그만큼 사람들에게 사랑과 존경을 받는다는 뜻입니다. 중국에서도 제갈량은 춘추 시대의 관중, 북송의 왕안석에 버금가는 위대한 재상으로 평가받고 있죠. 관료 출신 중에서는 두 사람을 넘어서 공자 다음으로 존경받는 인물이 아닐까 싶습니다.

역사에 등장했던 다른 인물들과 비교해 보면 제갈량이 대단히 큰 역할을 한 사람은 아니었습니다. 중원도 아니고 산간벽지 변방에 불과한 촉한의 재상이었고, 북벌을 추진했지만 그마저도 제대로 마치지 못했습니다. 촉한은 그가 죽은 뒤 오래 지나지 않아 사마소가 지배하는 위나라에 정벌되고 말았죠. 제갈량이 아무리 뛰어난 인물이라 해도 비슷한 수준의 일을 한 이는 중국 역사에 차고도 넘칩니다.

하지만 제갈량은 역사인물 중에서 독특한 캐릭터를 차지해 많은 중국인과 한국인, 일본인에게까지 사랑받는 존재가 되었습니다. 소설 〈삼국지〉에서 신통력을 발휘했고, 주군에 대한 충성과 의리를 보였습니다. 작고 유약한 군벌 유비를 도와 촉한을 창업했고, 유비가 죽은 뒤에도 충성을 다했습니다. 이러한 자세는 후대에 본받을 만한 삶이었기에 사랑과 존경을 받는 이유입니다. 제갈량이 북벌을 시작하며 2세 황제 유선에게 올렸다는 〈출사표〉는 명문 중 명문으로 손꼽히는데, 여기서 보여주는 우국충정의 마음가짐은 제왕과 신하는 물론 민중들의 사랑을 받기에 충분합니다.

제갈량은 중원 지역인 서주 낭야 출신으로 전쟁터로 변한 고향에서 아버지를 여의고 작은아버지 제갈현과 함께 형주로 이주해 공부와 농사로 삶을 이어갔습니다. 당시 형주에는 전란을 피해온 명망 있는 문인들이 많았는데요. 후대인들은 이들을 형주학파라 부르기도 하는데, 훗날 형주가 조조 휘하에 들어간 뒤에는 대부분 낙양으로 이주했습니다. 제갈량은 지역의 유명 문인이자 부호였던 황승언의 사위가 된 덕분에 사람들에게 알려지기 시작했습니다. 그러다 젊은 인재를 찾던 유비의 눈에 띄어 그의 휘하에 들어가게 됩니다. 유비가 공명을 얻기 위해 삼고초려三顧草廬했다는 이야기는 제갈량이 후주 유선에게 올린 〈출사표〉에도 나오고 「촉서-제갈량전」에도 실려 있습니다. 그러니까 자신이 쓴 글에 유비로부터 삼고초려를 받았노라고 자랑하고 있는 것이죠.

결혼은 그의 인생에서 중요한 이벤트였습니다. 허우대만 멀쩡할 뿐 가진 것도 없고 부모도 없이 타향에서 지내야 했던 청년에게 의지할 데가 생겼기 때문입니다. 비록 그의 아내가 추한 외모임에도 개의치 않고 결혼했고, 이것은 그의 인생에 상당한 영향을 끼치게 됩니다. 장인 황승언은 부자였고 지역 명사였습니다. 따라서 외지에서 이주한 제갈량으로서는 놓칠 수 없는 기회이기도 했습니다.

그의 아내 황씨는 아주 현명했다는데요. 그의 상징과도 같은 거위 깃털 부채 학우선鶴羽扇은 아내 황씨가 준 선물이었다고 합니다. 큰일을 도모할 때 감정을 드러내지 말라는 충고와 함께였습니다. 영화 〈적벽대전〉에 보면 제갈량이 학우선을 이용해 동남풍을 일으키는 장면이 나옵니다. 북벌을 위해 전쟁터에 나갈 때도 그는 늘 이 부채를 들고 다녔습니다. 아내가 강조했던 감정을 드러내지 말라는 말을 명심해서 그랬을까요?

소설에서 제갈량은 천문을 읽고 자연을 움직이는 초인적 능력을 가진 인물로 묘사됩니다. 10만 개의 화살을 구해오고 동남풍을 일으켜 조조의 군대를 화공으로 물리칩니다. 하지만 당시 제갈량은 나이가 많지 않았고 전투에 참가한 경험과 역량을 갖추지 못했습니다. 유비가 협력을 구하기 위해 손권에게 보낸 사신에 불과했죠. 적벽대전도 우리가 아는 것처럼 거대한 전투가 아니었고, 오나라 주유와 황개가 주도하여 진행된 것이었습니다. 유비가 촉 지역을 점령해 나가고 있을 때에도 유비 곁에서 군사 업무를 담당했던 이는 제갈량이 아니라 법정과 방통이었습니다. 촉나라 정벌전에서 제갈량은 전략과 지원업무 담당이 전부였습니다. 그가 자신이 가진 역량을 제대로 발휘한 것은 유비가 죽고 2세 황제 유선을 모시고 있을 때부터였습니다. 그는 승상으로서 법치에 입각한 공명정대한 제도를 운영했고 경제발전을 위해 노력했습니다. 또한 자신에게 부여된 역할 이상의 자리를 넘보지 않았고, 능력이 부족하지만 고귀한 혈통을 가진 2세 황제 유선을 끝까지 잘 보필합니다. 결국 유능하고 충성스러운 관료의 표상이 된 것이죠.

「촉서-제갈량전」에 나오는 진수의 제갈량에 대한 평가는 이렇습니다.

"제갈량은 백성을 어루만지고 예의와 법도를 보여주었으며 공정한 정치로 백성들을 안정시켰다. 형벌은 엄정했고 마음가짐은 공평하며 상벌은 명확했다. 그가 펼치는 정치는 늘 안정되어 있었기에 백성들의 삶도 평화로웠다. 그는 세상을 다스리는 이치를 터득한 뛰어난 인재로 관중과 소하에 비길 만하다."

역사가가 이만큼 높이 평가한 인물이 역사상 몇이나 될까요? 제갈량 스스로 관중과 악의와 비교될 만한 사람이 되고 싶었다는데, 충분히 자격이 될 만한 평가라 할 수 있겠네요. 연나라 사람 악의 대신 유방의 승상 소하가 등장했지만 자신이 가려 했던 길과 남이 보는 평가가 같았으니, 제갈량은 행복한 인생을 산 사람이었다고 말할 수 있겠습니다.

일생일대의 이벤트가 된 '혼맥 네트워크'

진수는 제갈량을 일러 "출중한 재주와 영웅의 기량을 지니고 있었으며, 키가 8척이고 용모가 뛰어나 당시 사람들은 그를 기재奇才라고 생각하였다."라고 했습니다. 한마디로 잘생기고 똑똑한 사람이었다는 말입니다. 그는 남양 융중에서 낮에는 농사를 짓고 밤에는 공부하는 주경야독의 삶을 살았습니다. 그가 직접 쓴 〈출사표〉에 따르면 이렇습니다.

"저는 본시 포의[벼슬하지 않은 백성]로서 남양에서 몸소 밭을 갈며 난세에 그럭저럭 목숨을 유지했고, 제후들에게 명성이 알려져 등용되기를 바라지 않았습니다."

하지만 제갈량을 농사를 지어 생계를 잇는 농민이라고 생각하는 이는 아무도 없었을 것입니다. 좋은 집안 출신이었지만 먹고살기 위해 임시로 땅을 일구었을 따름이죠. 그의 선조 제갈풍諸葛豊은 서한 말에 사례교위를 지냈습니다. 부친 제갈규는 태산군승을 지냈고, 숙부 제갈현은 예장태수였습니다. 하지만 전란으로 황폐해진 고향을 떠나 남방 지역 형주로 이주한 그에게는 가진 것이 별로 없었습니다.

제갈량이 형주에서 얻은 중요한 인맥 네트워크가 있었으니 바로 처가였습니다. 그의 장모는 형주목 유표의 후처와 친자매 사이로, 둘 다 채풍의 딸이자 채모의 누나였습니다. 그러니까 유표는 제갈량의 부인에게는 이모부가 되는 셈이며, 채모는 제갈량 부인의 외삼촌, 제갈량 본인은 채씨 집안의 외손녀 사위였던 것이죠. 여기에 등장하는 채모는 형주 명문가 채씨 집안 출신으로 유표 밑에서 실권을 행사하던 자였습니다. 그러니까 유표는 형주의 사실상 주인이었고, 채씨 가문은 양양의 명문가이며, 채모는 유표의 심복이었으니, 제갈량에게는 최고의 인맥 네트워크였던 것입니다.

전란으로 부모를 잃고 형주로 피난온 제갈량은 어떻게 이런 처가를 두게 되었을까요? 여기에는 재미있는 사연이 전해집니다. 제갈량의 장인 황승언은 형주의 명사였습니다. 그는 좋은 집안 출신에 똑똑하고 키 크고 잘생긴 제갈량을 마음에 두었습니다. 그의 부모가 없으니 직접 섭외해 볼 요량으로 어느 날 자신의 집에 제갈량을 초대했습니다. 그리고는 주안상을 준비해 함께 술을 마시는 중 넌지시 이렇게 떠보았습니다.

"내게 과년한 딸이 하나 있는데 재주가 뛰어나 자네와 어울릴 만하다네. 다만 머리는 노랗고 피부가 조금 검지. 자네에게 시집보내려 하는데 자네 생각은 어떤가?"이런 황승언의 제안에 제갈량은 거부할 마음이 생길 수 없었을 것입니다. 황승언의 사위가 된다는 것은 단번에 사회적 지위가 높아질 수 있는 기회이기 때문이지요. 그래서 제갈량은 흔쾌히 승낙했고, 황승언은 곧바로 혼례를 치르고 수레에 여식을 태워 보냈다고 합니다. 이로써 비록 못생겼지만 현명하기로 소문났던 여인 황씨[소설에 나오는 부인의 이름은 황월영이다]가 제갈량의 부인이 되었습니다.

세상에는 이런 제갈량의 장가를 두고 다음과 같은 말이 돌았다고 합니다. "공명처럼 부인을 선택하지 말 것이니, 그리되면 아승[황승언]의 추녀를 얻게 되리라."

아내의 인물이 좋지 않으면 어떤가요? 공명은 그렇게 생각했을 것입니다. 과거에 결혼하던 사람들은 서로 얼굴을 보고 혼사를 맺는 게 아니었습니다. 부모끼리 결정하면 당사자들은 혼례식장에서나 얼굴을 볼 수 있는 법이었죠. 그리고 첫날밤 부인을 마주했는데 상대 외모가 추하게 생겼다고 무를 수 없었다는 이야기입니다. 또한 정실부인의 외모는 크게 문제될 게 없었습니다. 사대부 계급에서는 언제든 필요하면 외모가 뛰어난 첩을 두는 것이 일반적이었으니 말입니다. 또 장인 황승언이 형주에서 알아주는 집안의 가장이었으니, 제갈량의 앞길을 터주는 데는 이만한 조건이 없을 터였습니다.

이로써 제갈량은 형주의 권력자인 유표 집안사람들과 잘 아는 사이가 됩니다. 비록 유표의 형주에서 좋은 역할을 맡지는 않았지만 유표의 큰아들 유기가 곤경에 처하자 도움을 주었다는 일화도 전해집니다. 결과적으로 아내 황씨의 지혜와 인품이 높았기에 제갈량의 내조자로서 손색이 없었던 건 물론입니다. 집안관리 잘하고 아들도 하나 낳고, 남편을 빛내주기로는 그 어느 부인 못지않았다고 합니다. 세상 사람들은 못생긴 부인을 얻은 제갈량을 놀렸다지만 그게 뭐 대수겠습니까?

제갈량이 유비를 선택한 이유

우리는 제갈량이 '삼고초려'를 통해 찾아온 유비를 주군으로 모신 것을 잘 알고 있습니다. 하지만 이는 소설의 재미를 위한 구사일 뿐, 그는 나름대로의 판단 기준을 갖고 유비를 선택하지 않았을까 싶습니다. 21세기에도 취업시장은 유능한 인물을 채용하려는 조직과 이를 선택하려는 개인의 힘겨루기가 존재하는 곳입니다. 우리는 늘 개인이 약자라서 조직에서 뽑아주어야만 채용될 수 있다고 생각하는 경향이 있지만, 희소가치가 있거나 능력 있는 인재라면 반대의 경우도 많습니다. 한 번 사는 인생인데 일할 조직을 잘 선택해야 사회적 성공과 경제적 이득을 얻을 수 있는 법 아니겠습니까? 과거 시대에도 마찬가지였습니다. 난세에는 주군을 잘 선택해야 목숨을 유지하고 출세도 할 수 있으니까요. 그렇다면 제갈량은 왜 별 볼 일 없는, 형주의 객장客將에 불과한 유비를 주군으로 선택했던 것일까요? 객장이란 다시말해 용병 대장이라 할 수 있습니다.

제갈량은 숙부 제갈현과 함께 형주로 이주해 살았는데, 숙부도 일찍 사망하고 맙니다. 그러자 형 제갈근은 오나라 손권을 찾아갔고 제갈량은 아우 제갈균, 두 누이와 함께 융중으로 이사해 살았습니다. 제갈량은 조실부모하고 일찍부터 가정을 책임지는 소년가장이 되었던 것이죠. 스무 살쯤 형주의 명사 황승언의 딸과 결혼했고, 양양의 명사 사마휘 밑에서 공부를 했습니다. 이때 공부를 함께한 이들이 방통과 서서였습니다. 어려서는 부모와 숙부에게 배웠고, 커서는 이름 높은 스승을 모시며 뛰어난 동학同學들을 가진 좋은 집안 출신다운 행보였습니다.

신야성에 은거하던 유비는 인재를 찾기 위해 지역 젊은이들을 물색하고 있었습니다. 그때 만난 이가 양양의 수경선생 사마휘였습니다. 당시 양양을 비롯한 형주 지역에는 북방의 난리를 피해 모여들었던 명사들이 많았는데요. 방통의 숙부 방덕공과 사마휘 등이 대표적입니다. 당시 형주의 동향은 풍전등화였습니다. 낙양을 비롯한 중원은 이미 조조의 차지가 되었는데 형주의 지배자 유표는 천하를 얻을 기회를 놓치고 있었습니다. 위험을 떠안아야 하는 혁신 대신 현실에 안주하는 중소기업 사장의 편안함을 누리고 있었던 것이죠. 하지만 세상은 그렇게 자리에 붙어 있는 사람에게 영원한 먹을거리를 주지 않습니다. 언제든 조조가 공격을 시작해 형주를 자기 세력권에 두어도 괜찮을 상황이었건 겁니다.

조만간 닥쳐올 현실을 깨닫고 있던 사람들은 살아남기 위한 선택을 해야 했습니다. 북방의 세력가 조조를 택할 것인가, 강동의 손권을 찾아갈 것인가, 아니면 쉽지 않겠지만 자체적인 생존 노력을 해야 하는가? 설왕설래와 다양한 의견들이 있었겠죠. 이때 사마휘는 유비에게 기대를 걸었습니다. 유비는 황실의 후예였고 신의를 중시한다는 좋은 평판이 있었기에 그를 중심으로 뭉친다면 양양과 형주가 살 길이 있지 않을까 해서입니다. 그래서 인재를 추천하기 시작했고 자신의 제자들 중에서 '와룡과 봉추'를 천거하게 됩니다.

그렇다면 제갈량은 왜 유비를 선택했을까요? 제갈량은 형주 사람이 아니었고 그곳에 계속 머물러 있을 필요는 없었습니다. 의지하고 기댈 만한 주군이 있다면 언제든 떠날 수 있었죠. 당시 제갈량의 상황에서 볼 때 주군으로 모실 가능성이 있던 사람은 대략 네 명이었습니다. 첫 번째 인물은 조조였습니다. 그는 이미 원소를 물리치고 중원을 평정 중이었고, 천자를 끼고 천하를 호령하는 강자였습니다. 미래에 천하를 제패할 가능성이 가장 높았습니다. 더구나 조조를 따른다면 고향에 돌아가 벼슬을 할 수 있는 가능성도 있었습니다. 초패왕 항우처럼 금의환향하는 꿈이 멀지 않았던 겁니다.

두 번째 인물은 형주의 유표였는데, 이 사람은 개인적으로 가장 가까운 사람이었습니다. 장인 황승언과 동서지간이었으니 제갈량의 처 이모부였던 거죠. 집안사람들과 교류도 있었고 제갈량 정도 되는 인물이 언제든 찾아가면 벼슬자리 하나쯤 줄 수 있는 사이였던 것입니다. 세 번째 인물은 오나라의 손권이었고, 네 번째가 유비였습니다. 앞의 세 명에 비해 유비가 가장 세력이 약했다는 것을 알 수 있습니다. 그런데도 제갈량은 유비를 선택했습니다.

왜 그랬을까요? 일단 유표는 선택지에서 빠졌던 듯합니다. 처 이모부이긴 해도 별로 좋아하지 않았던 듯한데, 유표에 대한 세간의 평도 그리 좋지 못했습니다. 형주에 능력 있는 인물이 많았지만 잘 쓰지 않았기 때문이죠. 두 번째로 조조에게는 이미 상당히 많은 책사들이 고용되어 있었습니다. 순욱, 순유, 곽가, 가후 등 쟁쟁한 인물들이었죠. 만약 조조를 찾아간다면 일자리를 얻을 수 있겠으나 높이 쓰이리라는 보장은 없었습니다. 손권에게는 주유, 장소, 노숙이 있었고 무엇보다 형 제갈근이 먼저 자리 잡고 있었다는 게 선택할 수 없는 이유였습니다.

결국 제갈량의 선택은 유비였습니다. 다른 사람들과 비교하면 유비는 비록 세력은 약하지만 세간의 신망이 높았고, 무엇보다 자신의 쓰임새가 많아 위치가 확고해지리라는 확신이 있었습니다. 유비 휘하에는 관우, 장비, 조운 등 무인은 있었으나 자신처럼 두뇌회전이 좋고 전략을 다룰 줄

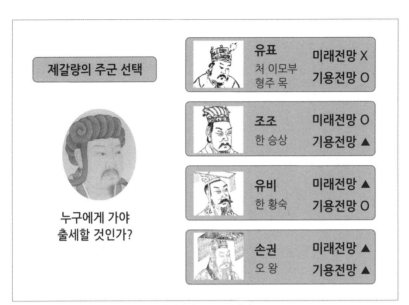

제갈량의 주군 선택	유표 처 이모부 형주 목	미래전망 X 기용전망 O
누구에게 가야 출세할 것인가?	조조 한 승상	미래전망 O 기용전망 ▲
	유비 한 황숙	미래전망 ▲ 기용전망 O
	손권 오 왕	미래전망 ▲ 기용전망 ▲

제갈량의 주군 선택법

아는 인물은 없었던 것이죠. 이렇게 유비와 천하를 도모하자 단박에 두 각을 나타낼 수 있었던 겁니다.

제갈량의 선택은 유비와 함께 있다가 조조에게로 간 친구 서서와 비교됩니다. 소설에서는 조조가 서서의 모친을 잡아두고 자기 쪽으로 오지 않으면 처형하겠다고 협박했다 나오지만, 글쎄요. 서서가 자발적으로 조조를 찾아가지 않았을까요? 서서는 위나라에서 우중랑장[황제의 시종 관]과 어사중승[지방관을 감찰하고 탄핵하는 관직]을 지냈습니다. 낮은 자리도 아니지만 그렇다고 조조에게 정책을 건의할 수 있는 핵심참모도 아니었습니다. 말하자면 정치적으로 위험하지 않은 적당한 관직을 얻어 살아갔던 것입니다.

소설에서는 서서가 조조 진영으로 간 뒤 아무런 계책도 내놓지 않고 죽는 날까지 유비에게 충성했다고 합니다. 하지만 이는 유비와 제갈량을 높이기 위한 구성일 뿐 현실성은 없습니다. 서서는 조조에게 중요한 계책을 내놓을 만한 자리에 있지 못했던 것이죠. 그보다 더 중요한 위치에서 계책을 만드는 순욱과 가후 같은 이가 있는데, 직책이 낮은 서서의 지략은 별 소용이 없었던 겁니다.

서서의 선택을 오늘날에 대입해 보면 충분히 가능한 시나리오입니다. 적벽대전이 일어나기 직전 시점의 조조는 오늘날로 치면 취업준비생 누구나 가고 싶어 하는 공공기관이나 대기업과 같습니다. 그는 이미 중원에 거대세력을 구축했기에 조조에게 가기만 하면 안정된 벼슬자리가 보장됩니다. 그러니 서서는 별 볼 일 없는 벤처기업가 유비 밑에 있다가 대기업에서 경력사원을 뽑는다니 그쪽으로 이직한 것이죠. 하지만 단점도 있습니다. 그곳에는 이미 다른 유능한 이들이 자리 잡고 있는데요. 조조 주변에는 어려운 시절부터 함께한 순욱이나 하후돈 등 주군이 신뢰하는 이들이 넘쳐납니다. 따라서 서서에게 잠재역량을 키울 기회는 주어지지 않았고, 적당한 벼슬을 맡아 직장인의 삶을 이어가게 된 것입니다. 역사에 이름을 남기는 대신 현실적인 삶을 선택한 것이죠.

제갈량은 유망 벤처기업에 취업한 똑똑한 친구입니다. 벤처기업가 유비에게는 인물이 부족하고 실현가능성이 약한 '황숙皇叔'이라는 특허기술 하나만 있는 상태입니다. 대신 유비는 세간의 신망이 두텁고, 고생을 많이 해서 마음이 여립니다. 만약 그와 함께한다면 자신의 역량을 충분히 발휘할 만큼 미래가능성은 충분합니다. 결국 유망 벤처기업가를 선택한 제갈량은 성공을 거두었습니다. 자신의 미래전략, 즉 융중대 프레젠테이션이 먹혔고, 20대 시절부터 임원이 되어 주군을 모시고 새로운 땅을 개척할 수 있었습니다. 형주를 얻었고, 군사를 이끌고 익주를 점령했습니다. 일인지하 만인지상의 승상이 되어 유비가 죽을 때 유언을 듣는 영안탁고永安託孤의 신하가 되었고, 2세 황제 유선을 모시는 최고 자리에 올랐습니다. 마침내 중국 최고의 책사, 지혜로운 인물의 대표자가 되었던 겁니다.

2인자 제갈량의 선택

유비가 백제성白帝城에서 죽을 때 일어난 중요한 일은 바로 '영안탁고'라는 장면입니다. 제갈량과 유비 사이에는 몇 번의 에피소드가 있었는데요. 그 마지막 장면이 바로 영안에서 고명대신에게 맡긴다는 뜻의 영안탁고였습니다. 여기서 유비는 제갈량의 충성 맹세를 듣게 됩니다. 그런데 유언을 남긴 유비의 말이 많은 이들에게 다양한 해석을 불러일으켰습니다. 「촉서-제갈량전」에 실린 전문을 보면 이렇습니다.

"공명의 재능은 조비의 열 배는 되니 틀림없이 나라를 안정시키고 끝내는 큰일을 이룰 것이오. 만일 그 아이[유선]가 재주가 있거든 보좌하고 그렇지 않으면 선생이 스스로 취하시오."

여기서 논란은 '선생이 스스로 취하라.'는 대목입니다. 소설 〈삼국지〉를 사랑하는 이들은 대단한 능력을 가진 제갈량이 '상황에 따라 촉한의 주인이 되어도 좋다.'라는 의미로도 봅니다. 과연 유비는 그런 뜻으로 말했을까요? 저는 이 장면에서 유비가 제갈량에게 충성 맹세를 받았다고 봅니다. 자신의 아들 유선이 나이가 어리고 부족하다는 건 천하가 다 아는 일이었습니다. 그러니 보좌하는 제갈량이 방법을 잘 선택하라는 말이었죠. 스스로 취하라는 뜻은 나라를 가지라는 게 아니라 상황을 둘러보고 좋은 방안을 잘 쓰라는 의미였다고 생각합니다.

사실 제갈량이 촉한의 제위를 욕심낸다고 해서 될 일은 절대 아니었습니다. 그는 유비에게 선택된 인물이었고, 자신의 롤모델로 생각했던 건 '관중과 악의'였지 광무제 유수가 아니었기 때문입니다. 환공을 도와 제나라를 강국으로 만들었던 관중, 연나라를 부강하게 이루었던 악의는 전형적인 2인자였습니다. 따라서 제갈량은 2인자로서 자신의 역할을 잘 알고 있었죠. 그러니까 유비가 제갈량에게 내린 영안탁고의 의미 중 첫 번째가 설명됩니다. 그건 내 아들 유선을 잘 보살피라는 것, 하지만 그 이상은 넘보지는 말라는 뜻입니다.

여기에 의미 있는 또 한 명의 인물이 있습니다. 유비가 유언을 남기던 그 자리에는 상서령 이엄도 함께하고 있었는데요. 그는 익주 지역 세력가들을 대표하고 있었습니다. 물론 이엄은 형주 남양 출신으로 조조의 침공을 피해 익주로 넘어왔지만, 유장 휘하에 있다가 유비의 침공을 막았고, 그리고 유비에 투항했으므로 익주 사람이라 할 수 있었죠. 영안탁고의 두 번째 의미는 촉한에는 세력 간 갈등이 내재되어 있으니 이를 잘 조정하라는 것입니다. 여기서 이엄의 존재가 의미 있습니다.

이엄은 유비가 한중 정벌에 나섰을 때 후방에서 마진의 반란이 일어나자 군사 5천을 이끌고 제압하는 등 군사 분야에서 공을 많이 세운 바 있습니다. 하지만 '국무총리 아래의 장관'이라 할 수 있는 상서령에 오를 정도의 인물은 아니었지요. 그럼에도 유비는 죽기 6개월 전 그를 상서령에 임명했는데, 그건 제갈량을 견제하고 익주 사람들의 마음을 달래기 위한 조치였다고 볼 수 있습니다. 승상 제갈량과 함께 국정을 나누어 담당하라는 뜻이었지요.

겨우 16세의 아들 유선에게 제위를 물려주고 떠나는 유비 입장에서 보면 제갈량의 힘이 너무 강했습니다. 만약 제갈량이 욕심을 부리면 2세 황제 유선의 위치가 어려워질 것은 뻔했습니다. 그러니 이를 견제하는 관점에서 제3의 인물이 필요했는데요. 형주 출신에 익주 사람이 되었던 이엄에게 상서령 벼슬을 주고 제갈량을 도와 익주, 동주, 형주 세력 세 그룹으로 나뉘어 있던 조정 사람들을 잘 융합하라는 명을 내렸던 겁니다. 또한 제갈량의 독주를 막고 유선을 잘 보좌하라는 책임을 맡긴 것이기도 했죠.

그렇다면 이엄은 자신의 역할을 잘 해냈을까요? 결론부터 보면 그는 소임을 다하지 못했습니다. 나중에 이평李平으로 개명한 그는 유비가 죽자 영안에 주둔하며 장강으로 통하는 길목을 수비하는 역할을 맡았습니다. 지방 병력을 담당하는 이평과 중앙 행정을 맡는 제갈량의 역할이 분담된 것입니다. 하지만 권력의 균형추는 제갈량에게 기울어 있었습니다. 시간이 흘러 제갈량이 익주목에 제후의 작위와 승상을 맡고 국가운영을 독식하자 이평도 자신의 권력을 키우기 위해 애썼습니다. 강주 부근의 5개 군을 묶어 파주를 설치하자고 조정에 건의하고 자신이 자사가 되려 했습니다. 하지만 제갈량의 반대에 좌절할 수밖에 없었습니다.

유비가 이평에게 탁고대신의 권위를 준 것은 제갈량을 견제하는 데는 기여를 했습니다. 하지만 촉한의 발전에 긍정적 영향을 주었다고 말하기는 어려울 듯합니다. 자신의 타고난 군사적 능력을 제대로 활용하기는 커녕 권력욕을 채우기에 바빴으니까요. 또한 제갈량이 북벌을 나갔을 때 보급 지원 역할을 제대로 수행하지 않았습니다. 결국 그는 이 사건으로 인해 제갈량이 주도하는 어전회의에서 탄핵을 받았습니다. 그리고 모든 관직과 명예를 잃고 서인庶人으로 강등당했습니다.

촉한의 기초를 다진 명재상

제갈량의 북벌은 촉한 경제에 어떤 영향을 끼쳤을까요? 단순하게 생각하면 지속된 전쟁으로 인해 백성들의 생활이 곤궁해졌을 것입니다. 대략 백만 명의 인구에 무려 십만 명의 군사가 있었다니 그들을 먹이고 군비를 마련해 주는 것이 보통 일은 아니었을 것입니다. 더구나 다섯 차례에 걸친 북벌에도 제대로 승리를 거두지 못했으니 나라가 피폐해지는 게 어쩌면 당연한 일이겠지요. 이기지도 못하는 무모한 전쟁을 벌이느라 국력을 소모한 승상 제갈량, 그렇게 역사는 기록해야 마땅합니다.

그런데 역사의 아이러니는 제갈량이 촉한을 통치했을 때 백성들의 생활이 가장 풍족했다는 것을 알려주고 있습니다. 반면 제갈량이 죽고 북벌을 추진하지 않은 온건파 장완과 비의가 집권했을 때에는 전쟁이 없었는데도 백성들이 굶주렸습니다. 그 이유가 뭘까요?

제갈량에 대한 평가는 역사기록에서 보이는 모습과 소설 속의 활약상이 상당히 다릅니다. 소설에서는 탁월한 지략가이며 뛰어난 장수인데다가 때로는 천기를 바꿀 수 있는 정도의 대단한 도사道士의 모습을 갖고 있기도 합니다. 하지만 역사기록 속 제갈량은 전쟁터에서 승리를 이끄는 지략가이거나 뛰어난 장수가 아니라 정치와 경제 분야를 아우르는 통치력을 갖고 있었습니다.

우선 그는 천하 정세를 정확히 읽을 줄 아는 통찰력이 있었습니다. 유비에게 정세를 브리핑했던 융중대 프레젠테이션은 그가 큰 그림을 볼 줄 아는 전략가임을 알려줍니다. 유비가 죽은 뒤에는 약소국 촉한이 강력한 위나라에 대항하려면 손권을 황제로 인정해 동맹을 유지해야 한다고 주장했습니다. 그래서 그의 통치 아래에서는 오나라와 원만한 관계를 유지하는 데 큰 노력을 기울였죠.

제갈량이 어떤 결과를 만들었는지는 사실상 기초를 닦은 촉한이라는 나라가 어떠했는지를 알면 설명이 됩니다. 촉한이 자리한 익주 지역은 동탁의 난 이후부터 유비가 들어온 214년까지 30여 년 동안 혼란의 연속이었습니다. 당시 익주에는 물과 기름처럼 섞이기 어려운 사람들이 혼재해 살고 있었습니다. 천자에 의해 목牧에 임명된 유언이 촉나라에 데리고 온 동주병, 원래부터 이 지역에 살던 토착인 호족들, 중원의 난리를 피해 이민을 떠나온 사람들이 그들이었습니다. 이들은 서로 언어가 통하지 않을 정도로 문화 차이가 매우 컸습니다.

그런데 동한으로부터 정식 임명된 익주목 유언과 그 아들 유장은 혼란한 사회를 이끌 덕을 갖추지 못했습니다. 난세에 그저 자리만 지키며 개인적 영화를 꿈꾸며 살고 있었습니다. 오죽하면 법정, 장송 같은 인사들이 유장 대신 익주를 통치할 인물로 유비를 선택했겠습니까? 결국 이들의 변심은 기대한 결과로 이어졌는데요. 북송의 사마광이 쓴 〈자치통감資治通鑑〉에 기록된 글로 보면 그들의 선택은 옳았던 듯합니다. "유비가 여러 인물들의 그릇과 능력을 다 발휘하도록 해서 익주 백성들은 크게 화합했다."

또한 촉한 황제인 유선은 무능했고 재상의 권력은 강했음에도 불구하고 제갈량을 비롯한 후계 재상들인 장완, 비의, 동윤 등 이른바 촉한사영四英들이 황실에 충성했고, 권력을 이용한 사리사욕을 추구하지 않았습니다. 위나라 조씨가 사마씨에게 나라를 빼앗긴 것처럼 남북조 시대의 황제들은 강력한 신권으로 인해 목숨을 부지하기 어려운 상황이 벌어졌는데요. 남조 정권이 동진-송-제-양-진 차례로 이어진 것이 대표적이죠. 하지만 촉한에서만큼은 예외였습니다. 유선이 다스린 40여 년 동안 강력한 힘을 가졌던 제갈량과 후계자들은 황권을 넘보지 않았습니다.

권력자들 사이의 다툼도 매우 적었는데, 제갈량이 죽은 뒤 양의와 위연의 대립이 있었지만 위연이 내분을 일으켰다가 곧 죽었고 얼마 뒤 양의도 실각하면서 곧 수습되었습니다. 비의와 동윤도 갈등을 빚었지만 업무 방식의 차이였을 뿐 권력다툼은 아니었습니다. 이러한 국가운영의 기초를 닦은 이가 바로 제갈량이었습니다. 유비가 죽은 뒤 촉한을 20여 년 동안 운영한 인물이 제갈량이었고, 그가 천명한 법치주의와 한실 부흥 정신은 촉한이 멸망하는 263년까지 이어졌던 것입니다.

뛰어난 경제운용 능력

제갈량의 통치력 중 빼놓을 수 없는 것이 경제운용 능력이었습니다. 우선 나라운영의 가장 중요한 산업인 농업에 힘을 썼습니다. 촉한의 영토인 사천분지는 예로부터 '옥야천리沃野千里 천부지토天府之土'라 불리던 곳이었습니다. 이 말은 제갈량으로부터 시작했다는데요. 그는 자신이 일군 땅을 옥토가 천리요 하늘이 내린 곳이라 부르며 번영의 터전으로 삼았습니다. 우선 전국 시대에 만들어진 관개시설 도강언都江堰을 정비해 치

수능력을 확충했습니다. 구리제九里堤라는 이름의 제방을 쌓기도 했는데
요. 자주 발생하던 홍수를 방지하고 물길을 다스려 농업생산력을 높여보
려는 의도였습니다.

파촉지역에는 전란을 피해 유민들의 이주가 끊이지 않았기에 노동력
이 풍부했습니다. 따라서 농지에 물을 잘 공급할 수만 있다면 식량생산
량을 파격적으로 늘릴 수 있었습니다. 또한 파巴 지역은 산지가 많지만
날씨가 온화하고 비가 많이 내리므로 계단식으로 개간하면 농토를 쉽게
늘릴 수 있었습니다. 익주에는 도강언뿐만 아니라 양전언楊眞堰, 오문언五
門堰 등의 수리시설이 제 역할을 하고 있었는데, 제갈량은 이런 수리시설
들을 보수하거나 새로 쌓았던 겁니다.

이렇게 농업경제를 발전시키는 것은 왕조의 통치자라면 우선적으로
시행해야 할 방책이었던 건 두말할 필요가 없습니다. 농업생산량을 늘려
국가재정을 튼튼히 하고 세금과 부역을 적절히 해서 농민이 농사일에 전
념할 수 있게 하는 것! 이것은 제왕의 필수 의무였던 것입니다.

하지만 제갈량이 다른 이들과 비교해 뛰어난 점은 당시 위나라와 오
나라 경쟁자들과는 차별화된 경제운용 방식에 있었습니다. 전통산업인
농업 대신 상공업을 일으키는 데 주력했는데요. 우선 경제력을 단기간
에 일으킬 수 있는 소금 생산에 힘썼습니다. 촉 지역에는 원래부터 정
염井鹽과 철광자원이 풍부했는데, 정염이란 지하수에 녹아 있는 소금을
말합니다. 소금이 함유된 지하수를 솥에 넣고 가열하면 수분은 증발되
고 소금이 만들어지는 것입니다. 또한 파촉 땅에는 서한 시절부터 제철
사업으로 부를 일군 이들이 많았습니다. 파촉의 풍부한 철광석, 무릉 지

역의 석유와 천연가스로 무기와 갑옷 따위를 비롯한 철제 농기구를 만들어낼 수 있었던 거죠. 제갈량은 조정에서 염철鹽鐵산업을 집중 관리하여 국가적 수요를 충족하고 재정수입도 충당했습니다. 이때부터 시작된 파촉의 소금과 철 가공 산업은 촉한이라는 국가가 사라진 뒤에도 큰 명성을 떨치게 됩니다.

또한 제갈량이 활성화시킨 촉나라 특산품 비단 산업을 빼놓을 수 없습니다. 본래 촉나라 비단은 그 품질이 우수하기로 천하에 이름이 났는데, 제갈량은 비단 산업을 더 키웠습니다. 역사기록에도 색과 무늬가 뛰어난 촉나라 비단을 칭송하는 소리가 자자했는데요. 촉의 우수한 비단은 위나라와 오나라에도 상당히 많이 수출되었는데, 왕씨와 사마씨 등의 귀족들은 촉나라 비단을 입고 궁전을 화려하게 치장했습니다. 심지어 위나라 문제[조비]는 촉나라 비단 무늬의 참신함을 극찬하면서 공급이 수요를 채우지 못함을 한탄했을 정도였죠. 그러한 과정에서 촉나라의 노동력은 여유가 생겨 병력으로 투입할 수 있었고, 위나라의 곡식 또한 비단 대금으로 촉나라로 공급되었던 거죠. 한마디로 비단 수요가 많아 백성의 고혈을 뽑아내지 않고도 북벌이 가능했던 겁니다.

제갈량이 3차 북벌을 준비하고 있을 때 오나라 손권이 황제를 칭하자 촉한의 조정에서는 논란이 일어났습니다. 다수의 사람들이 오나라와 외교관계를 끊어야 한다고 주장했습니다. 하지만 제갈량은 실리적으로 접근해 손권을 황제로 인정해야 한다고 말했습니다. 그 이유는 아주 간단했습니다. 촉나라와 오나라는 순망치한脣亡齒寒 관계이니 둘이 협력해야 위나라에 대항할 수 있다는 것이 하나였고, 또 하나는 경제적 관점이었습니다. 만약 손권이 황제가 되면 황궁이 필요하고 재상과 관리들도 임

진리(금리)거리, 비단 거리는 성도 여행의 필수 코스일 만큼 유명하다.

명해야 하며 후궁들도 모두 신분이 상승해야 하는데, 그러자면 화려한
옷이 필요할 테고 그때 촉나라 비단의 수요가 늘지 않겠느냐고 대신들
을 설득했습니다. 껍데기 명분 대신 아주 실용적인 사고를 가졌던 촉한
의 최고 재상 제갈량이었던 겁니다.

촉한에는 천연가스가 났다

익주 임공현臨邛縣에는 너비가 1미터 70센티미터이고 깊이가 약 10미터 인 화정火井이 있었다. 현에서 남쪽으로 백리 떨어진 곳이었는데, 예전 사람들은 이곳에 대나무를 던져 불을 얻기도 했다고 한다. 한때는 활 활 타오르기도 했고 때로는 사그라지기도 했다. 제갈량이 화정 이야기 를 듣고 가서 살펴보니 진짜로 불을 얻을 수 있었다고 한다. 오늘날 기 준으로 설명하면 천연가스가 솟아나왔다는 이야기인데, 제갈량이 구 체적으로 어떻게 불을 활용했는지는 알려져 있지 않다.

현실에 안주하지 않는 도전정신

제갈량 이야기를 읽을 때면 약소국 승상으로 활동하는 그가 한편으로는 애처롭고 다른 한편으로는 대단하다는 생각을 하게 됩니다. 그는 위나라의 5분의 1밖에 되지 않는 국력을 갖고도 굴하지 않는 정신으로 북벌을 추진했습니다. 촉한으로서는 그 길밖에는 도리가 없었기 때문이었을 겁니다. 현실에 안주하며 편히 지낼 수도 있었겠지만 그런 시간이 영원할 수 없다는 것을 제갈량은 그 누구보다도 잘 알았습니다. 하지만 현실은 만만치 않았습니다. 우마차가 갈 수 있는 길이 없어 잔도를 만들어야 했고, 목우와 유마를 개발해 군량미를 운송해야 했습니다. 이런 제갈량의 속사정을 뻔히 아는 능구렁이 사마의는 싸움을 걸어도 제대로 응하지 않았고요. 결국 원하는 결과물을 만들어내지 못하고 오장원에서 과로사할 수밖에 없었던 슬픈 운명이었습니다.

우리는 제갈량에게 배울 점이 참 많습니다. 그는 유능한 행정가이자 군수참모였으며, 큰 그림을 그릴 줄 아는 지략가였습니다. 또한 대를 이어서 황제에게 진심을 다한 충신이었죠. 법에 의거해 나라를 다스렸고 규정대로 사람을 썼는데, 그래서인지 촉한 조정에는 탐관오리를 발견할 수 없었습니다. 숨어 있는 지역 인재를 발탁하는 데도 애를 많이 썼는데요. 「촉서-장예전」에는 제갈량의 참모였던 촉군 성도 사람 장예(張裔, 167~230)가 제갈량을 칭찬하는 이야기가 실려 있습니다.

"승상은 상을 줄 때 멀리 있는 사람을 빼놓지 않고, 벌을 줄 때 가까이 있는 사람에게 치우치지 않으며, 공로가 없으면 작위를 취하지 못하게 했다. 형벌은 고귀한 권세에 의지해 면제되지 못하게 했는데, 이것은 촉나라 사람이 열심히 일하는 이유다."

말하자면 제갈량은 신분고하에 상관없이 신상필벌信賞必罰을 확실하게 했다는 이야기인데요. 아랫사람이 볼 때 자신의 상사가 얼마나 사람을 잘 다루는지를 말한 최고의 칭찬이 아닐 수 없습니다. 제갈량은 법에 따라 나라를 다스리려 애썼습니다. 그 과정에서 조금 엄하다는 불평이 있었지만, 사람들이 큰 불만을 갖지 않았던 이유가 바로 공평무사의 정신이었습니다. 누구에게나 똑같이 법을 적용했으니 그런 불만이 나오지 않았던 것입니다.

당연히 자신에 대해서도 엄격했습니다. 관리로서 청렴했고 검소함을 제창해 장례도 소박하게 치렀습니다. 이렇게 하지 않고서야 신상필벌을 제대로 했다고 말할 수 없겠지요. 제갈량이 출정을 앞두고 유선에게 올린 글에서 그의 청렴함을 알 수 있습니다.

"성도에는 뽕나무 8백 그루와 메마른 땅 열다섯 이랑이 있으므로 제 자손의 생활은 이것으로 충분합니다. 신이 밖에서 임무를 수행할 때에는 특별히 조달해 줄 필요가 없고 몸에 필요한 옷과 음식은 모두 관아에서 지급하니 다른 일로 해서 재산을 만들 필요가 조금도 없습니다. 신이 죽었을 때 저희 집안에 남는 비단이 있게 하거나 밖에 다른 재산이 있게 하여 폐하의 은총을 저버리지 않게 하겠습니다."

그가 세상을 떠난 뒤 사람들이 그의 재산을 살펴보았더니 그가 말한 그대로였다고 합니다. 촉한에 적용한 형벌은 엄했으나 아무도 불평을 말하지 않은 것은 바로 솔선수범과 공평무사의 정신 때문입니다.

그에게서 절대 빼놓을 수 없는 '삼고초려'에서도 우리는 세상에서 자신의 가치를 인정받으려면 어떻게 해야 하는지 확인할 수 있습니다. 사람이 누군가에게 인정받으려면 우선 실력을 키우는 일이 먼저입니다. 그리고 미래는 정확히 예측할 수 없으니 꾸준히 관찰하면서 자신의 경쟁력을 키워야 합니다. 그런데 삼고초려를 보면 실력뿐만 아니라 셀프브랜드 홍보에 대한 노하우가 있다는 점을 알 수 있습니다. '삼고초려'라는 단어는 제갈량이 직접 쓴 〈출사표〉에 등장하니까요. 내가 뛰어남을 세상 사람들이 알아주면 좋겠지만 다른 사람들은 내게 관심이 없다는 것, 그러니 끊임없이 능력을 개발하는 한편 자신을 알리는 노력도 병행해야 한다는 거죠. 만약 제갈량이 출사표에 삼고초려 이야기를 쓰지 않았다면 이런 고사가 만들어지지 않았을 겁니다.

제갈량이 능력이 부족한 2세 황제 유선을 배신하지 않고 자신의 역할을 다한 것도 후대 사람들에게 칭송받는 이유 중 하나입니다. 아무리 유비의 후계자라 하더라도 황제라면 어느 정도 능력을 갖추어야 하고 만약 그렇지 못하면 신하들에게 자리를 빼앗기는 게 역사의 흔한 모습이었죠. 그런데 제갈량과 그의 후임 승상들은 권력을 넘보지 않았습니다. 그러면서 일벌레처럼 자신의 역할에 최선을 다했습니다. 다른 나라 같으면 황제가 해야 할 일도 그들이 처리했을 정도였습니다. 제갈량이 거의 모든 업무를 직접 처리한다는 이야기를 들은 위나라의 사마의는 제갈량이 곧 사망할 것이라고 말했는데요. 그만큼 일처리가 꼼꼼하면서도 부지런했다는 말이었습니다.

타고난 창업가 조조

치세의 능신, 난세의 간웅

오나라 조정에서 긴급회의가 열렸습니다. 조조가 형주를 집어삼키고 나서 오나라에 서신을 보냈는데, 거기에 항복하라는 메시지가 들어 있었기 때문이었지요. 이때 대신들 대다수는 조조와의 싸움은 불가하니 손권에게 항복을 권유하고 있던 상황이었습니다. 그런데 유비의 명을 받아 오나라에 온 제갈량은 이런 상황을 두고 볼 수 없었습니다. 유비와 손권이 힘을 합쳐 '대조조 연합군'을 만들어야 하는데 일이 꼬이고 있었던 것입니다. 그래서 제갈량은 대장군 주유를 화나게 할 목적으로 이런 수작을 벌였습니다.

"조조는 용병을 잘해 천하의 그 누구도 맞서지 못하오. 그러니 장군께서 결단해 항복하시면 가히 처자와 부귀를 보전하게 될 것이오."

그러자 노숙이 크게 노하며 말했습니다.

"그대가 감히 우리더러 역적에게 무릎 꿇고 항복하라는 것이오?"

제갈량이 이어 말했다.

"그렇다면 제게 계책이 하나 있습니다. 수고롭게 제물을 준비할 것도 없고, 영토를 바치고 인수를 보낼 것도 없습니다. 조조는 단 두 사람만 원하니 그들을 준비하면 물러갈 것이외다."

"아니 대체 그 두 사람이 누구란 말이오?"

"제가 융중에서 기거할 적에 듣자 하니, 조조가 장하漳河에 새로 동작대銅雀臺를 하나 지어 올렸는데 그곳에 천하 미녀를 뽑아 채워 넣으려 한다고 하오. 본디 조조는 호색한인지라 강동에 사는 교橋씨 자매에 흑심이 있다 합니다. 그가 비록 백만 대군을 이끌고 강남을 호시탐탐 노리지만 이 두 여인을 얻고자 함입니다. 장군께서 교공을 찾아가 천금을 주고 두 딸을 사서 조조에게 보내시면 어떻겠소? 조조가 두 여인을 얻으면 흡족해 필히 군사를 거둘 것이외다."

이 말을 들은 주유는 화가 머리끝까지 올랐지만 한마디를 보탭니다.

"조조가 교씨 자매를 탐한다는 증거가 있소?"

그러자 제갈량은 조조의 아들 조식(曹植, 192~232)이 지었다는 그 유명한 〈동작대부〉 한 대목을 이렇게 읊습니다.

"동쪽과 남쪽에 두 교씨를 두고서 아침저녁으로 즐겨 보리라. 攬二喬 於東南兮, 樂朝夕之與共"

이 대목을 듣고 격분한 주유는 손권을 설득해 전쟁을 치르기로 결심합니다. 이로써 〈삼국지〉에서 가장 유명한 적벽대전이 시작되었던 것이지요.

소설에만 나오는 이 대목은 제갈량의 절묘한 솜씨를 보여주기 위해 창작되었습니다. 교씨 자매가 누구던가요? 과거 손책과 주유가 강동을 정벌하던 시절, 아내로 얻었던 이들 아니던가요? 제갈량은 시에 등장하는 교喬를 같은 뜻을 가진 교橋로 교묘히 바꿔치기하는 묘수를 부렸는데요. 다 알면서도 모르는 척 주유를 화나게 하기 위해 이런 언사를 날리고 있는 겁니다.

그런데 알고 보면 소설 〈삼국지〉에는 시간을 마음대로 오가는 장면이 꽤 있지만 여기서도 제갈량은 시간여행을 하고 있습니다. 우선 적벽대전은 208년 늦가을에 일어난 사건이고, 조조가 동작대를 세운 것은 210년 겨울의 일이었으니까요. 또 조식이 〈동작대부〉를 지은 건 전쟁을 치른 지 5년 뒤인 213년이었습니다. 더군다나 두 다리橋를 즐기겠다고 한 것이지, 두 교橋씨를 희롱하겠다고 한 것이 아닌데 말입니다. 아직 있지도 않은 건물 동작대와 다르게 쓰인 시를 가져다 주유를 화나게 했던 것입니다.

더 큰 반전은 신묘한 능력을 가진 제갈량을 추켜세우기 위해 그 상대편에 있던 조조를 악역으로 만들었다는 점입니다. 수십만 병력을 이끌고 형주로 남하했던 조조가 교씨 자매를 얻기 위해 전쟁을 일으켰다는 건 작가의 악의라고밖에 볼 수 없는 것이죠. 이 전쟁에서 조조가 패한 것은 분명하지만 그는 이미 중원을 석권했고 형주의 절반을 차지했기 때문에 큰 손실이 난 것은 아니었습니다. 하지만 제갈량을 최고의 능력자로, 조조를 악인의 대명사로 만들었기에 소설은 재미와 의미를 모두 얻어 시대를 관통하는 최고의 콘텐츠가 될 수 있었습니다. 강한 자를 나쁘게, 상대적으로 약한 이를 선하게 만들어 대중들의 호감을 얻었던 겁니다.

조조는 악인으로 만들기에 최상의 조건을 가진 인물이었습니다. 그는 동한의 혼란한 세상을 지나며 상당히 많은 과오를 저질렀습니다. 동탁을 공격한 뒤 도망치다 자신을 보호하려 했던 부친의 친구 여백사呂伯奢 가족을 살해한 일, 아버지의 원수를 갚기 위해 서주 백성 5만 명을 참살했던 일은 조조가 악인이 되는 가장 좋은 사례였죠. 얼마나 이 사건이 참혹했던지 조조에 대해 호의적으로 평가한 진수마저 서주대학살에 대해 '살육'이란 단어로 묘사합니다. 당시가 목숨을 부지하기 어려운 난세였던 건 분명하지만, 죄 없는 백성들까지 모조리 죽이는 일은 흔하지 않았던 것이죠.

역사가 진수는 조조를 천하통일 역량을 갖춘 뛰어난 인물로 그렸지만, 후대 역사가들 모두가 그렇게 평가했던 건 아니었습니다. 여남汝南 사람 허소는 '난세의 간웅奸雄, 치세의 능신能臣'이라 했고, 5세기 중반에 완성된 〈세설신어世說新語〉에서는 양국梁國 사람 교현은 '난세의 영웅英雄, 치세의 간적奸賊'라 했다고 기록되어 있지요. 조조는 난세에 활약한 인물이니 간웅일까요 아니면 영웅일까요?

오늘날 우리는 소설의 영향으로 조조가 극악무도한 인물이었다는 평가에 더 익숙합니다. 그에 대해서는 남송 시대 이후 간웅으로 보기 시작해 원나라 잡극 〈삼국지평화三國志平話〉를 거쳐 드라마 〈삼국연의三國演義〉에서는 본격적으로 부정적 평가를 합니다. 그런데 20세기에 들어와서 시대조류가 달라지기 시작했는데요. 중국 현대문학의 거두인 노신(魯迅, 1881~1936, 루쉰)은 조조를 '재능이 뛰어난 영웅'으로 평가했습니다. 특히 신중국 창시자인 모택동도 그를 '위대한 인물'로 칭송했는데요. 아마도 조조가 자신처럼 왕조의 창업자라는 공통점을 발견했기 때문 아닐까 싶기도 합니다. 이렇게 여러 평가가 있지만 조조라는 인물의 진면목은 여러 방향에서 살펴볼 가치가 있다고 봅니다.

시대를 읽는 탁월한 안목

동탁 암살미수 사건으로 천하에 이름이 알려진 조조는 고향 초현 부근에 있는 진류로 이동했습니다. 그리고 가재를 털어 의병을 모으기 시작했습니다. 아버지 조숭이 1억 전의 돈을 들여 태위 관직을 살 정도였으니 상당히 부자였던 것이죠. 여기에 다른 이들도 재물을 투자했는데 진류의 효렴 위자 같은 이도 있었습니다. 그렇게 돈을 준비하고 의병을 모으니 5천 명이나 되었답니다. 조조 가문의 경제력과 조조의 개인적 인기에 힘입어 가능하지 않았을까 싶은데요.

당시 중원에 조조 정도의 세력을 가진 군벌은 흔했습니다. 동탁 토벌군에 가담한 관동군의 면면을 봐도 쟁쟁한 이들이 아주 많았죠. 남양태수 원술, 기주자사 한복, 예주자사 공주, 연주자사 유대, 하내태수 왕광 등은 출신성분과 군사력에서 조조보다 훨씬 대단했습니다. 그런데 조조는 어떻게 해서 치열한 옥타곤의 싸움터에서 경쟁자들을 몰아내고 중원을 차지할 수 있었을까요?

189년에 일어난 동탁의 난에서부터 200년 관도전투에서 원소를 물리치기까지, 그리고 207년 하북 지역 전체를 그의 패권 아래 두기까지 조조는 정세를 바꾸는 전략적 판단을 했습니다. 가장 중요한 결정적 사건은 헌제 유협을 자신의 근거지인 허창으로 모시고 와서 천자의 이름으로 군벌들을 호령하게 된 것이었습니다.

영제가 죽은 뒤 소제가 즉위했으나 불과 5개월 만에 폐위되고, 동탁에 의해 아홉 살의 진류왕 유협이 새로운 황제로 등극했습니다. 하지만 동탁에 의해 등극한 황제를 인정하고 싶지 않은 제후들이 많았습니다. 그 대표적 인물이 기주목 한복과 하내에 머물고 있던 원소였죠. 낙양은 불타 폐허가 되었고 동탁은 헌제를 이끌고 장안에서 멋대로 국정을 농단하고 있었으니, 어느 누구도 동탁의 정권을 인정하고 싶지 않았던 것입니다.

그런데 195년, 동탁이 암살당하고 헌제가 장안을 탈출하여 낙양으로 도주한 뒤 제후들에게 도움을 요청하는 일이 벌어졌습니다. 이미 황제로서 권위를 잃었지만 목숨이나마 부지하기 위해 군벌들에게 손을 내밀었던 거죠. 이때 많은 이들에게 천자를 끼고 천하를 호령할 기회가 있었습니다. 하내의 원소, 회남의 원술, 형주의 유표 모두 같은 상황이었습니다. 하지만 이때 헌제를 모시기 위해 실제로 움직인 건 조조뿐이었습니다.

원소 진영에서도 헌제의 상황을 알고 있었지만 순우경과 심배 같은 이가 헌제를 받아들이는 데 적극적으로 반대했는데요. 이미 헌제는 권위를 잃었고 천하를 제패하는 데 강력한 군사력이면 되지 황제가 무슨 의미가 있겠느냐는 의견이었던 겁니다. 이런 생각은 원소도 같았습니다. 이미 몇 년 전 사세삼공 집안의 유력자였던 자신이 황족 유우를 제위에 올려놓고 마음대로 해보려고 시도했던 경험도 있었습니다. 물론 유우가 자신이 역모에 가담할 수 없다며 거절해 무위에 그치고 말았지만 말입니다.

가장 바보 같은 행보를 취한 이는 원소의 배다른 동생 원술이었습니다. 본래부터 원씨가의 적장자라 자신만만했던 원술은 욕심이 과도했습니다. 그는 〈참위서〉를 믿어 여기에 나오는 '당도고'*가 자신이라 생각했으며, 오행의 뜻에 따라 자신에게 운이 올 것을 기대했습니다. 그렇게 스

* 전해 내려오는 〈참위서〉에 '한나라를 대신할 자는 당도고(當塗高)이다.'라는 구절이 있었다. 원술은 도(塗)는 자신의 이름인 술(術)이나 자인 공로(公路)의 로(路)처럼 길과 같은 뜻이라고 봤다. 또한 원(袁)씨는 진(陳)의 후손이므로 순임금의 후예이기도 했다. 오행상생에 따르면 흙은 불에서 생겨나고[화생토火生土] 순임금은 흙, 한나라는 불이었다. 따라서 한나라 다음에는 순이 나올 것인데 그게 바로 원씨이고, 자신이 적장자이므로 자신에게 운이 올 것으로 믿은 것이다. 그의 착각에는 손책으로부터 얻은 전국옥새의 영향도 있었다.

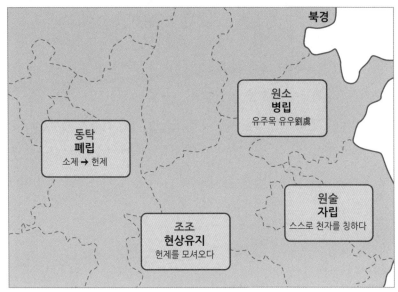

조조의 전략적 선택

스로 천자의 자리에 올랐던 것입니다. 하지만 천자는 아무것도 없이 스스로 될 수 있는 것은 아니죠? 권위를 갖추고 민중의 지지를 얻어야 합니다. 물론 군벌로 시작하는 창업자는 강력한 군사력으로 경쟁자들을 제압하면 되긴 합니다. 하지만 원술은 민중의 지지도, 강력한 군사력도 갖추지 못했으면서 폼만 잡았던 겁니다.

반면 조조는 정확히 현실을 인식했습니다. 낙양에서 추위와 배고픔에 떨고 있는 헌제는 비록 갓끈 떨어진 선비 신세이기는 해도 아직 천자로서 영향력이 있다고 봤습니다. 또 자신이 경쟁자들에 비해 출신성분이 좋지 않고 세력도 크지 않기 때문에 비빌 언덕이 있어야 한다는 판단이셨습니다. 이때 측근 일부가 반대하기도 했지만 순욱과 곽가의 주장이 강했습니다. 그들은 반드시 헌제를 모셔와 정통성을 강화해야 한다고 봤던 겁니다. 비록 동한 왕조의 힘은 약해졌지만 사계급과 백성들에게 여전히 그 명분이 살아 있다고 본 것이죠.

결국 조조와 함께한 이들의 생각은 옳았습니다. 조조는 헌제를 천자로 인정하고 보호하면서 여러 특혜를 입었고, 결정적으로 훗날 선양을 통해 위나라의 정통성을 구할 수 있었습니다. 다만 천자를 모시고 사는 대가를 치러야 했습니다. 많은 사람들이 조조가 아닌 천자가 머무는 조정으로 찾아왔고, 그들은 때로 조조를 무시하기 일쑤였습니다. 더구나 동승, 복완 등 끊임없이 자신을 암살하려는 집단과 함께 정권을 운영해야만 했던 겁니다.

민생안정, 제도, 인재경영

조조가 초기에 중원을 차지할 수 있었던 데는 앞선 전략적 판단 이외에 세 가지 중요한 실행방책이 있었습니다. 그 첫째는 둔전제屯田制 시행, 둘째는 병호제兵戶制 시행, 셋째는 적극적인 인재 확보와 활용이었습니다.

우선 둔전제가 어떤 것인지 살펴보도록 하겠습니다. 이는 동한 말부터 시작해 청나라 때까지 이어진 토지제도인데요. 바로 조조가 처음 시작했던 겁니다. 이는 군량이나 직접적 재원 확보를 목적으로 국가주도 아래 토지에 경작인을 투입해 운영하는 방법입니다. 이는 군둔軍屯과 민둔民屯으로 나뉘는데, 군둔은 변경지대에서 병사들이 농사를 짓는 것이고 민둔은 일반 농민들의 몫이었다고 이해하면 되겠습니다. 그렇다면 조조는 왜 이런 정책을 펼쳤을까요?

당시 조조 같은 군벌들의 가장 큰 애로사항은 지속적인 군량미 공급이었습니다. 황건적의 난 이후 중원 지역은 전쟁과 기근으로 많은 이들

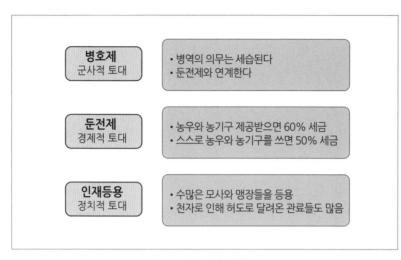

병호제 군사적 토대	• 병역의 의무는 세습된다 • 둔전제와 연계한다
둔전제 경제적 토대	• 농우와 농기구 제공받으면 60% 세금 • 스스로 농우와 농기구를 쓰면 50% 세금
인재등용 정치적 토대	• 수많은 모사와 맹장들을 등용 • 천자로 인해 허도로 달려온 관료들도 많음

조조의 3가지 방책

이 죽었고 살아남은 사람들은 땅을 버리고 유랑해야 했습니다. 「위서-무제기」에는 당시 얼마나 처참했는지를 말해주는 조조의 육성이 이렇게 나옵니다.

"나는 의병을 일으켜 폭력과 혼란을 제거했지만, 옛 땅의 사람들 대부분이 사멸했고 마을 안을 하루 종일 걸어 다녀도 아는 사람을 만나지 못했다."

사람들은 죽었거나 떠났고 농토는 버려졌으니 의병을 모았어도 이들을 먹여 살릴 재주가 없었던 것입니다. 군벌들이 전쟁에 나섰을 때 보유한 군량을 다 소비하면 후방에서 지속적으로 보급을 해주거나 현지조달을 해야 했는데요. 그러나 농지는 황폐해졌고 매일같이 굶어죽는 이들이 천하에 넘치던 시대였습니다. 현지조달이 쉽지 않았으니 군량이 떨어지면 전투를 멈추고 철수해야 했는데, 군대를 돌려도 뾰족한 답은 없었습니다. 비어 있는 땅을 일구면 되지 않느냐고 말할 수 있겠지만, 한 번 버려진 땅을 재건하는 게 만만한 일은 아닙니다. 농사란 땅을 갈고 씨를 뿌리고 풀을 제거해 주고 몇 달을 기다려야 수확을 얻을 수 있는 것입니다. 지속적으로 물을 공급해야 하는 땅과 종자, 비료, 사람이 있어야 하고, 가장 중요한 건 농토에 평화가 보장되어야 하죠. 그래야 농민이 마음 놓고 농사를 지을 수 있는 것입니다.

둔전은 조조가 확보한 평화지대, 즉 허창의 땅을 일구면서 시작되었습니다. 조조는 농민들이 떠나 비어 있는 땅에 포로로 잡은 황건의 무리들을 우선 배치했습니다. 황건군은 본래 농민들이었고 그들은 먹고살기 위해 어쩔 수 없이 가솔들을 데리고 전쟁에 참여했던 것이죠. 그들에게 평화가 보장된 땅과 농기구를 제공하기만 한다면 식량생산은 문제가 없었던 것입니다. 이들에게 적당한 토지가 제공되었고 추수기에 수확물의 50%[자기 소유의 농우農牛가 있을 경우] 또는 60%[나라에서 제공된 소를 사용할 경우]를 징수했습니다. 수확물의 60%를 나라에 바쳐야 하는 게 지나치다고 생각할지 모르지만 꽤 오랫동안 공식 소작료는 50% 정도 되었으니 그 당시로서는 무리가 없는 수준이었습니다. 이 정도면 농민들이 부유하게 살지는 못하지만 배를 굶지 않을 수준은 되었던 것입니다.

둔전제의 성과는 엄청났습니다. 몇 년이 지나자 창고에는 곡식이 가득했고 군대에는 안정적 식량공급이 가능해졌습니다. 농민 출신 유랑인들은 조조의 영내로 몰려들어 최선을 다해 농사를 지었고 정해진 분량의 세량을 납부했습니다. 덕분에 조정에서는 각지에 거점을 마련해 제때 군량을 공급할 수 있었고, 안정적 지원도 가능해졌습니다. 한편 생산한 수확물에서 세량을 내고 남은 여유분은 잉여생산물이 되어 교역상품

구분	둔전제		호조제	병호제
종류	군둔	민둔	세제	군제
	국경지대 수비병	민간 백성		
내용	부대 주둔지 부근의 토지를 개간, 평시 경작을 담당	토지를 국유화하고 유랑민을 모집해 경작을 담당	호 단위로 명주나 비단 등을 현물로 납입	병사를 일반인과 구분해 일정한 지역에 살게 함(병호) 아버지가 죽으면 아들이 병사가 됨(병역의무 세습)

으로도 쓰였습니다. 점차 조조의 세력권 안에서는 경제가 발달할 수 있었지요.

조조의 초기 성공방안 중 하나는 병호제의 시행이었습니다. 이는 둔전제와 연결되는 것이었는데요. 병역 의무를 세습하는 방식이었습니다. 둔전에 배치된 이들 중 젊은 남자들은 반드시 병사가 되어야 했습니다. 아버지가 일정한 나이까지 복무하고 나면 아들이 병사가 되고 손자가 또 의무를 잇는 것이죠. 또한 인구증가를 위해 결혼도 적극적으로 장려되었습니다. 병호에게 경작할 수 있는 토지를 제공해 안정된 생활을 보장하는 것, 사실 이는 민중들이 가장 원하는 것이었습니다.

전쟁과 기근이 끊이지 않았던 시절, 먹고살기 위해 땅을 떠난 이들은 강도가 되기도 했습니다. 그러니 고향을 떠나야 했던 농민들은 땅을 제공하는 조조에게 감사할 수밖에 없었고, 젊은 남자가 군인이 된다는 것은 지극히 당연한 일이었습니다. 군인이 되면 전공을 세워 신분상승의 가능성도 열려 있었죠. 국가로서는 둔전제와 병호제 시행 덕분에 안정적으로 군량이 생산되고 젊은 인재들을 병사로 뽑을 수 있으니 이득이었던 겁니다.

조조의 인재등용 방식

조조의 성공방안은 뭐니 뭐니 해도 그의 탁월한 인재기용과 활용방법에 있었습니다. 과거 춘추전국 시대의 제후들은 부국강병을 위해서라면 국경을 개방해 인재를 끌어들이기 위해 애썼습니다. 제나라 출신 손무가 오나라에 가서 활약했고, 방연과 함께 귀곡자에게서 배웠던 손빈孫臏이 위나라의 책사가 된 방연과 경쟁하기 위해 제나라에서 활약했습니다. 한비는 집필한 책을 들고 진왕 영정[진시황]을 찾아가기도 했습니다. 동한 말의 혼란기는 춘추전국의 경쟁시대와 다르지 않았습니다. 군벌들은 인재를 확보해 부국강병책을 만들어야 했고 인물들은 주군을 잘 선택해야 생존을 담보할 수 있는 시대였습니다.

조조는 역량 있는 인재를 끌어들이기 위해 의탁, 천거, 투항, 임명, 강요 등 쓸 수 있는 모든 방법을 다 사용했습니다. 순욱, 곽가, 순유 등은 스스로 찾아온 이들이었고, 순욱은 순유를, 곽가는 유엽을, 유엽은 만총과 여건을 천거했습니다. 원소의 본거지 업성을 격파한 뒤에는 진림과

심영이 투항해 왔고, 정욱은 조조가 친히 찾아가 데려왔습니다. 훗날 위나라의 권력을 차지하는 사마의는 강요에 의해 조조 진영으로 들어오게 됩니다. 유력자 집안출신 사마의는 환관의 후손 조조가 마음에 들지 않았던 모양입니다. 그러니 조조가 같이 일하자고 해도 계속 거절하고 꾀병을 부리기도 했는데요. 하지만 어쩔 수 없이 조조에 기용된 뒤, 조비와 조예 시절에 제 기량을 발휘합니다. 제갈량과의 마지막 대결에서 기지를 발휘하지요.

적절한 위임과 보상

조조는 자존심도 꺾고 오로지 좋은 인재를 얻기 위해 애썼습니다. 그가 관도대전에서 원소군을 추격하자 원소는 급히 도망치느라 진영을 그대로 버릴 수밖에 없었는데요. 그때 원소의 군막에서 다량의 죽간들이 발견되었습니다. 추측컨대 조조 진영의 누군가가 원소에게 보낸 편지들이었습니다. 잘못 처신하면 자신과 가족의 목숨을 부지하기 어려운 시대에 승리한 이에게 몸을 맡기려는 얄팍한 술수였던 겁니다.

이때 조조는 그 죽간들을 펼쳐보지 않고 막사 안의 화로에 집어넣어 버렸습니다. 만약 죽간 안에서 자신의 참모 이름을 발견한다면 그를 살려둘 자신이 없었기 때문이었을 겁니다. 난세라는 현실을 인정하고 자존심도 굽혀가며 그들과 함께 가려고 했던 거죠. 원소 휘하에서 조조의 죄상을 성토하는 격문을 썼던 진림의 경우에도 조조가 넓은 아량으로 봐주지 않았다면 살아남기 어려웠을 겁니다. 결국 그렇게 목숨을 건진 진림은 뛰어난 책사이자 훗날 문학가로서 이름을 떨치게 됩니다.

그렇다고 해서 조조가 아무나 영입한 것은 아니었습니다. 그만의 확고한 인재채용 원칙이 있었는데요. 「위서-무제기」에 실린 조조가 공포한 '구현령求賢令'에서 이를 발견할 수 있습니다. 구현령이란 신분의 고하를 막론하고 현명한 사람이면 인재로 등용하겠다는 원칙입니다.

"지금은 특히 현명한 사람을 구하는 급박한 시기다. 만일 청렴한 선비가 있어야만 기용할 수 있다면 환공은 어찌 천하를 제패할 수 있었겠는가? 진평에게 어찌 독실한 품행이 있었으며, 모사 소진이 어찌 신의를 지켰는가? 그러나 진평은 황제들의 사업을 정리했으며 소진은 약소국 연나라를 구했다. 비록 지위가 낮더라도 나를 도와줄 재능 있는 사람을 잘 살펴라. 나는 그들을 기용할 것이다."

조조는 인재활용에 관해 두 번 포고를 했는데, 첫 번째는 210년이었고 두 번째는 217년이었습니다. 첫 번째는 구현령이라고 하고 두 번째는 구일재령이라고 부릅니다. 구현령에서는 인재를 등용할 때 스펙이 아니라 오로지 능력만 보겠다고 천명했습니다. 진평처럼 독실한 품행이 없어도* 소진처럼 신의가 부족해도** 좋은 결과를 낼 수 있다면 쓰겠다는 말입니다. 구일재령에서는 불인불효不仁不孝하더라도 상관없다며 오로지 능력으로만 천거하라고 영을 내립니다.

구현령과 구일재령은 당시 기준으로 보면 상당히 충격적인 조치입니

---

* 진평은 본래 항우의 휘하에 있었으나 유방에게 귀의해 호군중위의 직책을 맡았다. 그러자 주발과 관영 등 장수들은 진평의 행실이 깨끗하지 못하고 뇌물을 받는 자라고 비난했다. 그러나 유방은 이에 개의치 않고 그를 총애했다.
** 소진은 진秦나라와 대척관계에 있던 동방 6국(한韓·위魏·조趙·제齊·초楚·연燕)이 상호 연합하여 진나라를 제압하자는 내용을 골자로 하는 합종책을 제시했다. 이로써 6국은 한동안 반진反秦 연대를 구축해 평화를 이루었다. 하지만 내부 결속력과 안정성이 떨어져 오래 지속되지 못했고, 그 결과 6국의 비난을 한 몸에 받은 채 비참한 말로를 맞았다.

다. 부모에게 불효하고 세상 사람들에게 욕먹더라도 오로지 능력으로만 사람을 뽑는다니요? 이는 오랜 세월 자리 잡은 인류의 보편 개념을 넘어선 것이어서 유생과 기득권층의 반발이 거셀 수밖에 없었습니다. 당시 조조의 조직에는 꽤 많은 인물들이 포진하고 있었습니다. 이미 중원을 차지했고 천하는 안정되고 있었기에 사람이 부족했다고 보기는 어렵습니다. 그런데 왜 조조는 이런 파격적 선언을 했을까요?

당시 조조의 상황이 그랬습니다. 여전히 삼국의 패권 경쟁은 이어지고 내부 반란도 끊이지 않았습니다. 하지만 자신은 나이가 벌써 오십이 넘은 지 오래, 살아갈 날이 얼마 남지 않았습니다. 그럼에도 기득권에 안주해 자신의 말에 잘 따르지 않는 이들이 상당히 많았습니다. 따라서 기득권을 갖지 않은 인재들을 영입해 조직을 혁신하고 새로운 정치를 해보려고 했던 겁니다. 하지만 이로 인한 부작용도 발생했습니다. 그의 휘하에는 능력은 있지만 흠결이 있는 장수들이 적지 않았던 겁니다. 그럼에도 이들은 자신의 흠결을 덮어두고 오로지 실력만을 사는 조조를 위해 충성을 다했습니다.

조조의 두 번째 인재기용 원칙은 다방면의 능력을 갖추지 못했어도 확실한 재능이 있다면 기용했다는 것입니다. 앞서 출사자의 기본 조건을 정리했었죠? 어떤 분야든지 한 가지 탁월한 능력만 있다면 기용 가능성이 있다는 것! 조조는 한 가지 재능만으로도 충분히 쓸 만한 인재가 될 수 있다고 생각했습니다. 그래서 각 분야의 전문가를 발탁해 그가 가진 장점을 살리는 방향으로 완전히 위임했습니다. 행동이 겸손하고 청렴해 치중종사治中從事에 임명된 모개毛玠, 국가운영 전략과 인재 등용에 실력을 발휘한 순욱, 군사전략에 탁월한 재능을 지녔던 곽가, 뛰어난 전투력을 지녔던 하후돈 · 하후연 · 장료가 이들이었죠. 가후와 장료 같은 이는 각

각 장수와 여포를 모셨던 과거 전력이 있었고, 더구나 가후는 조조의 장남인 조앙의 사망사건에 관련된 인물이었습니다. 하지만 대범한 리더 조조에게 이런 건 전혀 문제가 되지 않았습니다. 오로지 그가 가진 장점만이 인재기용 판단기준이었던 겁니다.

조조가 능력 위주의 인재관을 갖게 된 것은 현실론의 반영이기도 했습니다. 당시는 출신 가문이 가장 중요시되는 시대였습니다. 동한은 기본적으로 호족이 힘을 쓰는 사회였기에 신분에 따른 차별이 일반적으로 통용되었죠. 관동군의 18제후가 모였을 때 연합군의 맹주로 추대된 것은 원소였습니다. 그가 낙양 부근 호뢰관에 모였던 인물들 중 가장 높은 가문 출신이었기 때문입니다. 당연히 원소는 출신을 따져보고 사람을 기용했을 것입니다. 하지만 그 결과가 어떠했습니까? 먹고 먹히는 난세에는 이런 인재등용 방식이 통용될 수 없었고 오로지 실력만이 생존을 담보할 수 있었습니다. 조조 진영에 들어온 인물들은 신분을 따지지 않는 조조의 지원과 신뢰 덕분에 물 만난 고기처럼 마음껏 역량을 펼쳤습니다. 조조가 이룬 대업은 리더가 앞에서 끌고 인재들이 뒤에서 미는 상호작용에 의해 만들어진 작품이라고 해야 할 것입니다.

조조의 인재관리법을 21세기 기업경영에 그대로 적용할 수 있을까요? 기업경영의 현장은 전형적 난세입니다. 한정된 시장을 차지하기 위해 치열한 경쟁이 벌어지고 변화 속도는 아주 빠릅니다. 그 어느 조직도 안정된 미래를 보장받지 못합니다. 기득권과 스펙을 중시해서는 언제든 치고 들어오는 경쟁자를 물리칠 수도 없고, 끊임없이 마음이 변하는 고객을 이해할 수도 없습니다. 물론 세부적인 실천 방법에서 조조의 방책이 그대로 쓰일 수는 없겠지만 그 원칙은 충분히 수용 가능하다고 봅니다. 조조가 쓴 단행가의 마지막 구절처럼 말입니다.

'주공토포周公吐哺 천하귀심天下歸心' 주나라 권력자 주공周公이 씹던 음식마저 뱉고서 손님을 맞이했기에 천하의 마음이 그에게 돌아갔다는 의미인데, 주공처럼 인재를 아껴야 인재를 얻는다는 뜻입니다.

정리해 보면 이렇습니다. 첫째, 오로지 능력 있는 인재의 확보와 운영이 경영에서 최우선되어야 한다는 것, 할 수 있는 모든 방법을 써서 인재를 확보해야 한다는 것입니다. 둘째, 확보된 인재라면 그가 갖고 있는 잠재능력을 최대한 발휘할 수 있게 해야 한다는 것이죠. 셋째, 한 가지 능력만이라도 출중하다면 다방면의 능력을 다 갖추지 않았어도 등용하라는 것입니다. 사람은 각자의 역할이 있는 법인데 한 가지라도 확실한 능력이 있다면 적절한 업무 분장을 통해 실력을 발휘할 수 있게 하는 것도 리더의 역할과 책임이라 할 수 있습니다.

능력주의 인재기용에 반기를 든 호족들

조조의 인재기용 방식을 모든 이가 좋아했을까? 당연히 그렇지 않다. 동한제국은 호족의 국가였다. 따라서 호족의 영향력이 상당히 컸고 벼슬자리도 호족들이 주로 차지했다. 그런데 조조가 신분고하에 상관없이 사람을 쓰자 많은 이들이 불만을 가졌다. 겉으로 드러난 사건이 공유, 양수*, 예형이 조조에게 죽임을 당한 일이다. 이들은 각자의 사건에 휘말려 죽게 되었지만 근본적인 이유는 조조의 인재채용 방식을 마음에 내켜하지 않았기 때문이다.

조조가 죽자 후계자 조비는 곧바로 제위에 오르는데, 이때 주변 인물들은 반대하지 않았다. 조비가 '구품중정제九品中正制'를 시행하겠다고 했기 때문이다. 이는 원래 능력 있는 인재를 발탁해 쓰겠다는 의도로 시작했다. 하지만 잘 들여다보면 인재의 추천 및 선발권이 유력 문벌에게 있었다. 결국 호족들이 벼슬자리를 나눠 가질 수 있도록 만든 제도였다. 아버지 조조는 신분에 상관없이 인재를 쓰겠다고 했지만 조비는 호족들과 함께 국가를 운영하는 방침으로 바꾼 것이다.

*양수(楊修, 175~219)
섬서 화음(華陰) 사람. 양표(楊彪)의 아들이자 원술(袁術)의 외손자. 문학가로 조조에게 죽임을 당함.

천재적 임기응변술

당시는 평화가 사라지고 군웅이 할거하며 치열하게 싸웠던 시대였습니다. 누가, 어떻게 하면 이런 난세에 목숨을 부지할 것이며 어떻게 천하를 나눠 가질 수 있을지를 고민했죠. 이런 시기에 어느 정도 성과를 올린 인물치고 그의 행동 모두가 타의 모범이 될 수는 없었습니다. 한고조 유방이 수없이 많은 난관을 뚫고 천자 자리에 오르기까지, 명태조 주원장이 아무것도 가진 것 없는 자에서 천하를 제패하기까지 행했던 일들은 좋은 일과 나쁜 일이 섞여 있을 수밖에 없었던 겁니다.

그런데 우리는 소설의 영향으로 조조가 벌인 나쁜 행태를 많이 알게 되었는데요. 난세의 간웅이라 불릴 만한 여러 사건들입니다. 조조는 잔혹한 리더였으며 여색을 지나치게 밝혔고 권모술수에도 능했습니다. 또한 상황 대처능력이 뛰어났는데요. 이 과정에서 사람을 쉽게 죽이기도 하고 자신이 세운 법과 원칙을 무너뜨리기도 했습니다. 오늘날의 기준으로 보면 받아들이기 어렵지만, 손쉽게 사람이 죽어나가던 난세라는 점을 감안해야 합니다.

유방이나 주원장처럼 왕조 창업자들은 임기응변에 능했습니다. 그들은 왕조를 창업하기 위해 행동한 게 아니었기 때문에 당연히 치밀한 계획도 없었습니다. 그저 앞으로 달려 나가는 과정에서 맞닥뜨린 문제들을 최선을 다해 해결하려고 노력했죠. 군량이 부족해 고통 받는 것을 이겨내기 위해 애썼던 조조의 임기응변책이 전해 내려옵니다. 왕후라는 자의 목을 빌린 이야기인데요. 권모술수의 대가다운 방법이지만 이건 조조가 살았던 난세에만 통용될 수 있는 이야기로 봐야 합니다.

조조가 군사를 이끌고 원술을 공격하던 어느 날, 군량을 담당하는 왕후가 보고를 올렸습니다. "보급 군량이 부족합니다. 합당한 대책을 세워주셔야 합니다." 조조는 당장 군량을 확보할 재간이 없다는 것을 알고 있었습니다. 그래서 왕후에게 이런 계책을 쓰도록 말했지요. "기존보다 작은 되박을 써서 각 부대에 보급하시오." 그렇게 며칠이 지나자 병사들은 지급되는 보리 양이 줄었다는 것을 알아차렸고, 움직임이 흉흉해졌습니다. 장수가 식량을 제대로 공급해 주지 못한다면 군사들은 언제든 떠날 가능성이 높았던 때였습니다. 그러자 조조는 보급 책임자 왕후를 불러들여 이렇게 말했습니다. "오늘 자네의 목을 빌려야겠네. 그래야 군사들의 마음을 잡을 수 있겠네그려. 자네의 식솔들은 잘 챙기도록 하겠네." 그리고 왕후의 목을 쳐서 긴 장대에 걸어두고 이런 글을 써 붙였다고 합니다. "이 자가 됫박을 속여 군사들에게 보급했으니 그 잘못을 묻노라."

'난세의 간웅'다운 조조만이 할 수 있는 임기응변입니다.

또 이런 일도 있었습니다. 행군하는 병사들에게 보리밭을 절대 훼손하지 말 것을 명했는데요. 만약 그러지 않을 경우 목을 칠 것이라 했습니다. 군량이 소중하던 시기였으니 당연한 지시였습니다. 그러던 어느 날 그가 탄 말이 날뛰어 보리밭 한가운데로 들어가 버렸습니다. 겸연쩍은 모습으로 밭에서 나온 조조는 자신의 머리카락을 칼로 잘라버렸는데요. 자신의 목을 칠 수는 없고 머리카락을 자름으로써 스스로 내린 명을 지키려 했던 것입니다. 물론 이는 여러 해석이 가능합니다. 자기가 명해 놓고도 자신의 잘못을 빠져나간 것이라 할 수도 있고, 당시 머리카락을 자르는 것은 중요한 형벌이었기 때문에 적당한 벌을 내렸던 것으로 볼 수도 있습니다.

또한 조조는 자신을 암살하려는 시도가 많은 것을 알고 있었습니다. 대표적으로 동승이 주도한 암살사건이 있었죠. 조조가 조정에서 권력을 강화하자 왕자복, 충집, 오석, 오자란, 유비 등과 모의해 조조를 제거하려 한 사건입니다. 그러나 계획이 발각되어 유비를 제외한 모든 관련자들이 처형되었고, 임신 중이던 동승의 딸 동귀비도 죽을 수밖에 없었습니다. 조조의 권력이 강화되면 될수록 그를 암살하려는 시도는 많을 수밖에 없었는데요. 이런 상황에서 조조는 자신의 암살을 미연에 방지하기 위한 여러 쇼를 계획했습니다.

어느 날 조조는 침실 가까이에서 복무하는 신하에게 칼을 지참하고 있으라고 명했습니다. 어전회의가 열렸을 때 그 신하의 몸을 수색하도록 호위무사들에게 명했고, 신하는 끌려갈 수밖에 없었습니다. 조조가 살려 줄 것이라고 생각했지만 목이 잘릴 때까지 별도의 명은 없었습니다. 암살자를 가까이 오지 못하도록 하기 위한 궁여지책이었던 겁니다.

우리는 역사상 최고 나쁜 군주로 진시황과 수양제를 꼽지만, 이들은 망한 나라의 군주였다는 공통점이 있습니다. 이들과 비교해 한고조[유방]나 송태조 조광윤은 성공한 창업자였습니다. 앞선 두 사람은 역사가들에게 좋지 않은 평가를 받는 반면 뒤의 두 사람은 성군으로 칭송을 듣습니다. 그 이유는 간단합니다. 나라를 망친 군주와 창업에 성공한 군주의 차이 때문입니다.

그런데 조조는 창업에 성공한 이였는데도 왜 칭송보다 좋지 않은 평가가 더 많을까요? 그 이유는 그가 세운 위나라가 겨우 46년의 명운밖에 갖지 못했기 때문입니다. 조씨의 위나라는 5대 황제 조환이 진晉나라 무제 사마염에게 권력을 넘겼고, 사마씨의 서진西晉 또한 명운이 50여 년밖에 되지 못했습니다. 역사가 진수는 조조를 나쁘게 평가하지 않았고 성공한 창업 군주로 대했지만, 남조 사람들은 조조로 인해 자신들이 중원을 잃어버렸다며 조조의 좋지 않은 행동들을 들춰냈습니다. 좋은 점은 깎아내리고 나쁜 점은 부각시켰던 겁니다. 그렇다면 성공한 창업 경영자가 될 수 있는 방법은 무엇일까요? 가장 좋은 건 유방이나 주원장처럼 지속성 있는 조직을 만드는 것입니다. 과정이야 어떻든 결과가 좋으면 탁월한 경영자로 인정받는 것처럼 자리에서 물러난 뒤에도 자손들에 의해 제국이 이어질 수 있다면 성공한 이로 칭송받을 수 있는 것이죠. 그렇다면 어떻게 해야 지속성 있는 조직을 만들 수 있을까요?

우선 창업자는 조조처럼 임기응변에 강해야 합니다. 사업계획을 세우긴 하지만 그 계획대로 순순히 수행되리라는 보장이 없는 게 경영현장입니다. 두 번째는 신상필벌에 철저하고 때로는 대의를 위해 소를 희생하는, 리더로서 아픔을 감수하는 일도 해야 합니다. 성장을 지속해야 하는데 창업 멤버가 먼저 온 사람이라는 명목으로 자리를 차지하고 있을 때, 혁신을 꾀해야 하는데 누군가 발목을 잡을 때, 리더는 과감해져야 합니다. 때론 사업 방향을 바꾸는 모험도 필요하고, 그에 맞지 않는 사람을 정리하는 일도 해야 합니다. 손에 피를 묻히는 것을 두려워한다면 조직의 안정이나 지속가능성은 얻기 어렵습니다. 그런 면에서 조조는 비록 호불호의 평가가 공존하지만 창업기업가에게 좋은 롤모델이 될 수 있는 것이죠.

실전과 이론에 밝은 병법 전문가

조조는 공부하면 할수록 빠져들게 되는 매력 있는 남자입니다. 그는 자타가 공인하는 당대 최고의 전략가였습니다. 실전싸움에 능했을 뿐만 아니라 병법 이론에도 밝았습니다. 말하자면 이론과 실전을 두루 갖춘 인물이라 할 수 있는데요. 원소를 떠났던 곽가가 조조에게 영입된 뒤 주변 사람에게 이런 말을 했다고 합니다.

"조공은 원소와 비교해 열 가지 면(도道, 의義, 치治, 도度, 모謀, 덕德, 인仁, 명明, 문文, 무武)에서 뛰어나다."

한마디로 최고의 칭찬인데요. 모든 면에서 원소보다 뛰어난 능력을 갖추었다는 것이죠. 곽가가 평가한 대로 조조는 다방면에 능력이 있었고 병가와 법가 사상의 신봉자였습니다. 따라서 통치권역 내에서 엄격한 법치를 구현하기 위해 애썼습니다. 아마도 그가 〈손자병법孫子兵法〉과 더불어 〈한비자韓非子〉를 숙독했기 때문일 것입니다.

조조가 오늘날 많은 이들이 읽는 〈손자병법〉을 주석한 〈손자약해孫子略解〉를 펴냈다는 것은 잘 알려져 있지 않습니다. 이 책 말고도 생전에 많은 병서를 지었지만, 중원이 온통 전쟁터로 변한 남북조 시대에 대부분 사라졌습니다. 수명운이 긴 조조의 주석이 붙어 있어서 그랬는지 〈손자병법〉은 운 좋게 살아남았습니다. 그래서 오늘날 우리가 읽는 〈손자병법〉은 위나라 조조가 주석을 한 판본이라 해서 〈위무주손자魏武註孫子 본〉이라 부릅니다.

조조뿐만 아니라 당나라 이후 많은 이들이 〈손자병법〉의 주석에 매달렸습니다. 당나라의 두목, 이전, 진호, 두우와 송나라의 장예, 매효신, 왕석 등 열한 명 이상의 주석가 이름이 알려져 있습니다. 하지만 모두 조조의 주석 수준에는 이르지 못한 것으로 전해집니다. 글의 수준이 높고 낮은지는 독자가 평가하는 것인데 이들은 조조만큼 인정받지 못했다는 이야기입니다. 왜 그럴까요? 자세히 들여다보면 그럴 만한 이유가 충분합니다. 조조를 제외한 나머지 주석가들은 모두 실전경험이 없는 서생들이었기 때문입니다. 조조는 실제 전투를 치른 국가 최고 지도자이면서도 병법에 통달했으니, 그의 주석이 독자들에게 최고로 인정받을 수밖에 없는 것입니다.

나폴레옹의 적국 프로이센 사람이었던 클라우제비츠(Clausewitz, 1780~1831)가 〈전쟁론〉으로 이름을 떨치는 것도 바로 현장경험 덕분입니다. 나폴레옹과의 전투에서 작전참모로 종군했고, 한때는 포로가 되기도 했던 경험이 그의 글에 녹아 있기 때문입니다. 그런데 클라우제비츠는 적군의 입장에서 나폴레옹의 전략을 평가한 반면 조조는 자신이 직접 실행한 생각들을 손자병법 주석에 적용했습니다. 실전과 이론에 모두 탁월했던 조조 주석의 〈손자병법〉이 미 육군 사관학교를 비롯한 세계의 많은 군사학교에서 필독서가 된 이유입니다.

그런데 〈손자병법〉이 원래 82편이었는지 아니면 13편이었는지가 오랜 논란거리였습니다. 동한의 역사가 반고가 쓴 〈한서-예문지〉에는 82편이 있었다고 기록되어 있기 때문입니다. 그런데 반고보다 백여 년이나 앞선 서한의 사마천이 쓴 〈사기-손무오기열전〉에는 13편이라고 쓰여 있습니다. 앞선 사람이 13편이라고 했으면 후대 사람은 그대로 써야 하지만 무슨 연유인지 반고는 82편이라고 했습니다. 이 때문에 조조를 좋지 않게 보았던 후대인들은 그가 82편 중에서 자신의 마음에 드는 13편만을 골라 편집하고 주석을 붙였다고 해석했습니다. 그래서 최근까지는 원래 82편이었는데 조조에 의해 13편만이 정리되었고 나머지는 손실된 것이 정설로 전해져왔습니다.

그러다 1972년 산동성 임기현 은작산에서 발견된 서한 시대 묘에서 죽간본 〈손자병법〉과 〈손빈병법〉이 동시에 출토되었습니다. 이 죽간들은 지금까지의 두 가지 논란을 확실하게 정리했는데요. 〈손자병법〉이 13편뿐이라는 사실과 〈손자병법〉과 〈손빈병법〉은 별개의 병서라는 것입니다. 지금까지 〈손자병법〉은 손무와 손빈의 공동저작물로 알려져 왔지만 무덤에서 죽간이 출토되면서 이를 구분해서 봐야 한다고 알려준 것입니다. 또한 조조가 82편 중에서 13편을 골라 편집하고 주석한 게 아니라 당대에 이미 13편만이 전해졌다는 결론이었습니다.

당대 최고의 문학가 조조

조조가 당대 최고의 문학가였으며 시인이었다는 사실도 절대 빼놓을 수 없습니다. 이는 그가 얼마나 다양한 능력을 가진 매력적인 인물이었는지를 말해주는데요. 난세의 간웅이라고 평가되면서도 절대 그를 나쁜 인물로 말하기 어려운 이유는 바로 문무文武를 겸비했기 때문입니다. 왕조를 창업한 인물들의 면면을 보면 대다수가 탁월한 전투력과 리더십을 기반으로 했다는 것을 알 수 있습니다. 페르시아의 키루스(Cyrus, 기원전 580~기원전 529)나 마케도니아의 알렉산드로스(Alexandros, 기원전 356~기원전 323)가 대표적이죠. 한고조 유방, 수문제 양견, 명태조 주원장 같은 경우 낮은 출신성분에 제대로 배우지 못했지만 저돌적 추진력으로 새로운 시대를 연 사람들입니다. 하지만 조조처럼 전투력, 리더십과 함께 문학적 소양까지 갖춘 사람은 찾아보기 어렵습니다. 동한의 창업자 광무제 유수나 북송의 조광윤[송태조]은 학문을 숭상하기는 했으나 조조처럼 스스로 문인이 되지는 못했습니다.

　이들과 비교해 보면 조조의 문학적 재능과 그가 남긴 결과물은 비교 대상을 찾아보기 어렵습니다. 조조는 오언시五言詩[한 구가 다섯 글자로 된 한시]를 즐겨 지었는데, 동한 말기까지만 해도 시는 어디까지나 민요의 일종이었습니다. 공자가 정리한 것으로 알려져 있는 〈시경詩經〉은 황하 유역에서 전해 내려오는 민요를 정리한 것이죠. 그런 시의 격조를 높여 예술작품의 경지로 만든 장본인이 바로 조조였습니다. 다음은 조조가 남긴 시 중에서 〈단가행短歌行〉입니다. 인생이 얼마나 짧은지 노래하고 있네요.

白日何短短	밝은 대낮은 어찌 그리 짧은고
百年苦易滿	인생 백년에 말도 많고 탈도 많네.
蒼穹浩茫茫	푸른 하늘은 끝도 없이 아득하니
萬劫太極長	만겁 세월에 우주만물 영원하도다.
麻姑垂兩鬢	마고 선녀 늘어뜨린 머리카락도
一半已成霜	태반이 벌써 서리가 내렸구나.
天公見玉女	천공께서 선녀를 보신 연후에
大笑億千場	크게 웃은 것이 억만 번이라.
吳欲攬六龍	나는 여섯 용의 고삐 잡고서
廻車挂扶桑	수레 돌려 부상 나무에 매어놓고
北斗酌美酒	북두칠성 국자로 맛난 술 퍼내어
勸龍各一觴	여섯 용에게 한 잔씩 권하리라.
富貴非所願	부귀를 바라는 바 아니거늘
爲人駐頹光	세상을 위해 가는 해 잡고 싶어라.

조조는 스스로 문학을 사랑한 것뿐만 아니라 다른 이들의 학문 활동에도 적극 지원에 나섰습니다. 창조적 결과물은 그것이 탄생할 수 있는 환경이 만들어지지 않으면 생겨날 수 없는 법입니다. 창작자들에게 최소한의 경제적 지원과 자유로운 활동이 보장되어야만 가능한 것이죠. 조조는 그 어떤 왕조의 리더보다도 적극적으로 문인들을 지원했던 것입니다. 난리를 피해 형주에 모여 있던 이들을 후대인들은 형주학파라 불렀지만, 유표가 그들을 적극 후원했다는 이야기는 알려져 있지 않습니다. 그러니 조조가 유표에 비해 얼마나 대단한 인물이었는지를 알 수 있습니다.

그렇게 조조가 적극적으로 지원해 형성된 문학사조를 '건안문학建安文學'이라 부르는데요. 건안建安 시대의 문학, 즉 헌제의 연호가 건안이었기 때문에 붙여진 이름입니다. 이때 활동한 문인은 조조와 그의 두 아들 조비와 조식 등 이른바 '삼조三曹'와 공융* · 진림陳琳 · 왕찬王粲 · 서간徐幹 · 완우阮瑀 · 응창應瑒 · 유정劉楨 등 이른바 '건안칠자建安七子'였습니다. 여기에 조조가 좋아했던 여류시인 채문희**는 건안칠자에 포함되지는 않아도 빼놓을 수 없는 인물이었습니다.

조씨 삼부자와 일곱 명의 학자뿐만 아니라 많은 이들이 위나라 근거지였던 업성에서 재능을 뽐냈는데요. 이들은 평소에는 궁중에 출입하며 재주를 겨루었습니다. 그리고 조조가 군대를 이끌고 전장에 나가면 막사에서도 서로 글을 나누었다고 합니다. 때론 전란의 쓰라림을 읊었고 혹은 여유 있는 삶에 대해서도 글을 남겼습니다. 이들은 그때까지 내려오

* **공융**(孔融, 153~208)
동한의 문학가로 공자의 20대
손. 건안칠자의 하나로 조조에
게 죽임을 당함.

** **채문희**(蔡文姬, 177~239)
개봉(開封) 사람으로 채옹의 딸.
문학가로 박학하고 시부에 능함.
작품으로 〈호가십팔박(胡笳十八
拍)〉이 있음.

던 시 제작 방식을 탈피하여 5언 절구를 문학 창작의 주요형식으로 자리 잡게 했습니다. 〈시경〉에 나오는 시들은 주로 4글자체를 썼는데, 동한 시기에 이르러 5글자 형식의 시가 등장하기 시작했고 건안 시대에 확고하게 자리 잡혔습니다. 그래서 오언시가 흥성하기 시작했고, 칠언시도 이때 시작되었습니다. 그래서 후대인들은 이 시기를 문학의 황금기로 여겨 이때의 문학작품을 창작의 모범으로 삼기도 했습니다.

조비와 조식의 후계자 경쟁

조조의 장남 조앙은 장수와 벌인 싸움에서 죽었다. 이 때문에 후계자 자리를 두고 조비*와 조식**은 경쟁을 벌여야 했다. 조조는 꽤 오래 살았기 때문에 긴 시간을 두고 후계자를 선택할 시간이 있었고, 결국 조비가 후계자로 선택받았다. 조비가 황제자리에 오른 뒤 동생이자 경쟁자였던 조식을 끊임없이 핍박했다. 재주 많은 조식이 자신의 자리를 위협하는 걸림돌이었던 것이다.

어느 날 조식이 역모에 가담했다고 알려져 조비에게 불려가 목숨을 내놓아야 하는 상황에 몰렸다. 형 조비는 동생을 불러다가 이렇게 취조했다. "어찌 네가 역모에 가담했는가?", "형님, 저는 그런 일을 하지 않았습니다. 하지만 어찌 하오리까. 형님께서 그리 보신다면 처분에 맡기리다.", "너에게 기회를 주겠노라. 너의 시 짓는 재주가 그렇게 높다던데 일곱 걸음 안에 시를 짓는다면 살려주겠다."

아우를 그냥 죽였다는 소리를 듣고 싶지 않았기에 쉽지 않은 조건을 내걸어 자신에게 쏠릴 비난을 면해보려는 얄팍한 술수였다. 그때 조식은 당황하지 않고 태연히 일곱 걸음을 걸으며 시를 지었다. 천하에 회자되는 조식의 〈칠보시〉는 이렇다.

煮豆燃豆萁　　콩대를 태워 콩을 삶으니
豆在釜中泣　　콩이 가마솥 안에서 우는구나

本是同根生　　본디 한 뿌리에서 나왔건만
相煎何太急　　어찌하여 이리 급하게 볶아대는가

하찮은 콩에 비유해 풀이하고 있지만 조식의 평소 감정이 잘 실려 있다. 같은 부모를 둔 형제지간인데 형은 황제가 되어 권력을 휘두르고 아우는 목숨이 위태로운 지경이니 얼마나 애절했을까? 그 비유가 절묘해 대놓고 비난하는 것이 아닌, 말문이 막히게 하는 시구다. 같은 뿌리에서 나왔으면서도 때만 되면 야박하게 구는 형이자 황제인 조비를 멋진 5언시로 비난하고 있으니 말이다. 이 시를 황제만 들었다면 모른 체했겠지만 주변인들은 얼마나 감탄했을까? 결국 조비는 차마 조식을 죽이지 못하고 살려주었다고 한다.

*조비(曹丕, 187~226)
위나라 초대 황제(재위 220~226). 새로운 관리선발제도인 구품중정제를 시행하는 등 내정에 힘썼다.

**조식(曹植, 192~232)
조조의 아들로 문학적 재능이 뛰어났다.

조조는 왜 황제가 되지 않았을까?

조조는 213년 정월, 유수구濡須口에 진군하여 손권의 서쪽 진영을 깨뜨리고 돌아온 뒤 헌제로부터 '위공魏公'에 봉해지며 구석九錫을 받습니다. 구석이란 거마車馬, 의복衣服, 악기樂器, 주호朱戶, 납폐納陛, 호분虎賁, 궁시弓矢, 부월斧鉞, 거창규찬秬鬯圭瓚의 아홉 개 물품으로, 한나라 이후 큰 공을 세우거나 신임하는 신하에게 천자가 내리는 특전이었습니다. 공을 세웠으니 당연히 받을 수 있는 상이라 생각할 수 있겠지만 여기에는 숨은 의미가 있었는데요.

구석은 왕망 이후 선양이라는 미명 아래 황제찬탈전의 승리자에게 국공 작위와 함께 주어지던 물건이었습니다. 이를 받은 이를 보면 조조, 위나라의 사마소, 서진의 사마륜, 동진東晋의 환현과 유유, 유송劉宋의 소도성, 양梁나라의 진패선, 북주北周의 양견이었습니다. 이들 중 몇몇을 제외하고는 자연스럽게 천자 자리를 찬탈했던 겁니다.

조조는 위공에 봉해지기 일 년 전, 검리상전劍履上殿, 입조불추入朝不趨, 알찬불명謁讚不名의 세 가지 특권을 받았습니다. 앞선 시기 동탁이 헌제로부터 받았던 바로 그 권리였습니다. 이는 한나라의 개국공신 소하가 처음 받았는데, 공신이나 보정대신에게 내리는 특권이었죠. 하지만 시대가 바뀌니 이것도 구석과 더불어 찬탈 직전 권력자의 상징이 되어버렸습니다.

그로부터 3년 뒤 헌제는 조조의 작위를 높여 '위왕魏王'으로 삼았습니다. 물론 궁정 신하들이 물밑작업을 해서 헌제로 하여금 실행하게 했겠죠. 이미 조조가 보낸 세 딸이 황후가 되었기 때문에 조조는 천자의 장인이며 최고 실권자였으니 그리 힘든 일도 아니었습니다. 다음해 10월, 조조는 열두 류[관 앞뒤로 늘어뜨리는 옥]를 단 관을 쓰고, 여섯 필 말이 끄

거마(車馬)	의복(衣服)	악기=악현(樂懸)
금거대로와 병거용로 각 한 채, 붉은 마 8필 덕을 베푼 자에게 하사	곤면지복 및 신발 한 쌍 백성을 편안하게 한 자에게 하사	음을 교정하는 기구, 백성을 화평하고 즐겁게 한 자에게 하사
주호(朱戶)	납폐(納陛)	호분(虎賁)
붉은 칠을 한 대문 민중이 많은 자에게 하사	폐전각에 오르는 계단 좋은 말을 바친 자에게 하사	호랑이처럼 용맹한 무사 300명. 악을 물리친 자에게 하사
부월=철월(鐵鉞)	궁시(弓矢)	거창규찬(秬鬯圭瓚)
형구와 도끼 죄진 자를 주살한 자에게 하사	붉은 활 1벌, 화살 1백 개 은 활10벌, 화살 1천 개 불의를 징벌한 자에게 하사	거창은 진귀한 곡식으로 주조한 술, 규찬은 술을 뜨는 도구. 효도한 자에게 하사

'구석'이란? 아홉 가지 예기로, 천자가 제후나 대신들 가운데 혁혁한 공헌을 세운 자에게 하사하여 최고의 예우를 하던 것. 그러나 후대에는 임금 자리를 찬탈하는 상징물이 됨

는 황금장식 수레를 탈 수 있게 되었습니다. 돌아가는 상황을 보면 사실상 황제가 되었던 것입니다. 그런데 그로부터 4년 뒤 조조는 황제 자리에 오르지 못하고 사망합니다. 위공에서 위왕을 거쳐가는 복잡한 단계를 쓰지 않고도 그 스스로 제위에 오를 힘이 있었는데, 왜 조조는 그러지 않았을까요?

문제의 징조는 212년 동소 등이 조조의 작위를 국공國公으로 승진시키고 구석의 예물을 갖추어 공훈을 표창해야 한다고 주장할 때부터 시작되었습니다. 마땅히 동소는 조조의 가장 큰 신임을 받고 있던 순욱의 의견을 물었죠. 하지만 이때 순욱의 태도가 이런 상황에 긍정적이지 않았습니다. 그가 말하길 "조공이 의로운 군을 일으킨 것은 조정을 바로잡고 국가를 안정시키기 위해서이지 않았느냐. 그러니 구석 같은 것은 사양

해야 옳지 않은가!"라고 합니다. 구석은 천자의 자리를 찬탈하려는 생각이 있는 자가 받는 것이니, 순욱은 조조가 그래서는 안 된다고 말한 것입니다. 조조가 세우는 새로운 왕조가 아닌 한나라의 부흥을 생각하고 있었던 거죠.

조조가 위국공에 오른다는 것은 아무리 형식상 한漢 왕조의 아래라고 하지만 별도의 나라가 세워진다는 뜻입니다. 조조는 위공에 취임한 뒤 종묘와 사직을 따로 세우는데요. 더 큰 문제는 이미 나쁜 선례가 있었다는 점입니다. 왕망이 안한공安漢公에 취임했고 결국은 왕조의 찬탈로 이어졌던 것이지요. 유씨 한나라 왕조에 충성하려는 순욱의 입장에서는 이것만큼은 절대 안 된다고 생각했을 것입니다.

순욱이 원소 곁을 떠나 조조에게 온 서기 191년 이래로 두 사람은 20년이 넘는 시간 동안 긴밀한 관계를 유지했습니다. 하지만 조조가 승승장구하고 최고 자리에 오르자 입장이 변한 것이죠. 아니, 순욱의 생각은 변함없었는데 조조의 상황이 변했다고 봐야 옳을 것입니다. 결국 조조는 순욱에게 불만을 갖게 되고 기회를 봐서 그를 처리합니다. 「위서-순욱전」에는 그가 수춘壽春에서 머물다 병으로 죽었다고 나오지만, 다른 이야기에는 조조가 보낸 빈 찬합을 보고 스스로 목숨을 끊었다고도 합니다.

조조가 황제 지위를 탐내고 있는데 불만을 가진 사람이 순욱뿐이었을까요? 아마 허도의 궁정에서 헌제를 모시던 상당수 인물들이 이런 생각을 가졌을 것입니다. 조조는 황제가 될 자격이 없다고 말입니다. 예나 지금이나 권력자의 혈통은 아주 중요한 법인데, 조조는 그런 면에서 불리한 위치에 있었습니다. 아버지 조숭이 동한의 중상시를 지낸 조등曹騰의 양자가 되었기 때문입니다. 조조는 그렇게 환관의 후계자였고 원래의 성은 하후夏侯씨였던 거죠. 누가 봐도 고귀한 집안 출신은 아니었습니다.

이미 천하의 권력을 차지하고 있었으니 힘으로 눌러 황제 자리에 오르겠다면 못 할 일은 없었지만 상당한 무리가 따랐을 겁니다. 그 대표적인 것이 복황후와 그 아버지 복완이 벌인 조조 암살미수 사건입니다. 복황후는 아버지에게 몰래 조조를 도모해 달라고 편지를 주고받으며 모의를 했습니다. 하지만 복완은 이를 제대로 시행하지 못하다가 건안 18년인 213년 봄에 암살모의가 발각되었습니다.

이 사건을 알게 된 조조는 헌제를 겁박해 복황후를 폐위하게 하고, 조서를 내려 옥새와 인수印綬를 빼앗았습니다. 그리고 상서령 화흠에게 일러 병사들을 데리고 궁궐로 들어가 복황후를 잡아들이게 했습니다. 이때 문을 닫아걸고 벽 사이에 숨어 있던 복황후를 화흠이 잡아끌고 나왔다고 합니다. 비록 제국의 국모 황후였지만 조조의 권력 앞에서는 어쩔 수 없었던 것입니다. 이후 복황후는 유폐되어 살해되었고 복씨 일족은 삼족을 멸하게 되었습니다. 이러한 사건들을 겪으면서 조조는 황제 자리에 오르는 것을 포기했을 것입니다. 자신이 제위에 오르는 것을 반대하는 사람들이 많은데 굳이 무리할 필요가 없다고 판단했을 테지요. 이미 나이 60을 넘어 너무 늙었던 이유도 있었을 것입니다. 220년 그의 아들 조비가 위왕이 되어 뒤를 이었고, 그해 아버지 조조가 죽자 일 년도 지나지 않아 황제 자리에 오르게 됩니다. 주변 인물들은 조비가 선양을 통해 제위에 오르는 것을 그리 반대하지 않았던 듯합니다. 헌제를 죽이지 않고 식읍 1만 호를 주어 산양공에 봉한 것을 보면 말이지요. 조비의 권력은 안정적이었을 뿐만 아니라 아버지 조조와는 다르게 처음부터 고귀한 혈통의 후계자가 되어 있었습니다. 또한 사족들을 달래려고 '구품중정제'를 도입한 것도 조비의 권력 안정에 크게 기여했습니다. 아버지 조조가 썼던 '오로지 능력에 따른' 인재기용 방식을 포기했던 것입니다.

조비는 왜 헌제를 죽이지 않았을까?

강제 선양을 통해 황제 자리를 빼앗으면 전임 황제를 죽여야 할 듯하다. 만약 살려두면 그가 반란무리의 얼굴마담이 될 가능성이 있으니 말이다. 그런데 위문제 조비는 헌제 유협을 강등시켜 산양공에 봉했을 뿐 살해하지 않았다. 오히려 유협은 조비보다 더 오래 살았다. 그렇다면 조비는 왜 유협을 살려두었을까?

역사상 평화로운 선양을 통해 제위를 찬탈한 원조는 왕망이다. 그는 소제로부터 자리를 이어받았지만 소제를 살려두었다. 다음 순서는 조비였고, 세 번째는 사마염이 조조의 손자 조환으로부터 선양을 받았고 또 그를 살려두었다. 이전 황제를 죽이지 않았다는 것은 그를 중심으로 한 반란의 조짐이 전혀 없었다는 것을 의미한다. 이미 힘을 잃어 죽이지 않아도 될 위인이라면 살려두어 덕이 있는 지도자라는 평을 듣는 게 나을 테니까 말이다.

그런데 시간이 흘러 남조에서는 다른 양상이 나타난다. 동진에 이어 유송을 세운 유유는 선양을 받은 뒤 공제를 살해했다. 그 다음 양나라를 세운 무제 소연은 제나라 화제를 살해했고, 진패선은 남진南陳을 건국한 뒤 양나라 황제 소방지를 살해한다. 여기에는 공통점이 있는데 창업자가 스스로 황위에 오를 때 전임 황제를 살해했다는 것이다. 그러니까 창업자의 권력기반이 강하지 못할 때에는 전임 황제를 살해해야만 자신의 제위를 보장받을 수 있었던 것이다. 그런 면에서 보면 조조

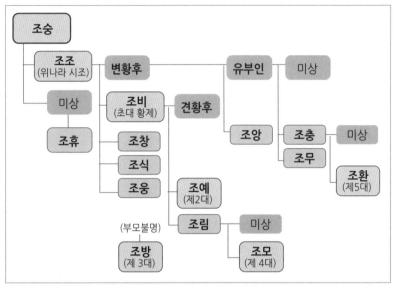

조조의 가계도

가 제위에 오르지 않은 이유를 알 수 있다.

또 하나 다른 사례로는 북송의 창업자 조광윤은 제위를 찬탈한 뒤 후주後周의 공제를 살려두었고 평생을 편안히 지내도록 보살폈다. 후주의 권력기반은 크지 않았고 공제의 권위도 그리 높지 않았던 탓이다. 공제를 무리하게 죽일 필요는 없었다는 이야기다.

관계형 리더 유비

사람을 매혹하는 유비의 인덕

역사가 진수는 유비에 대해 이렇게 평했습니다.

"도량이 넓고 의지가 강하며 마음이 너그럽고 인물을 알아보며 선비를 예우했다. 그는 고조의 풍모를 지녔고 영웅의 그릇이었다."

우리가 알고 있는 유비는 툭하면 눈물 흘리고 처자식 버리기를 밥 먹듯 하던 유약한 인물 아니던가요? 허우대는 멀쩡한데 싸움터에 가서 제대로 이기지 못했고, 단지 잘한 것은 삼고초려를 통해 제갈공명을 영입한 것! 그런데 촉나라 출신 역사가가 바라본 유비는 그렇지 않았던 모양입니다. 당시 촉나라 사람들 역시 유비에 대한 평가를 이렇게 했을 겁니다. 촉나라 출신이지만 위나라 입장에서 역사를 기록했던 진수이니 인위적으로 유비를 높여야 할 이유는 없었을 테니까요.

잘 생각해 보면 이런 긍정적 평가는 당연합니다. 유비는 아무런 기반도 없이 시작해 수많은 경쟁자들을 물리치고 끝까지 살아남았고, 조조·손권과 함께 천하의 한자리를 차지했습니다. 고향을 떠나 여러 군웅들과 협력과 배신을 거듭하며 천하를 떠돌면서도 늘 점잖고 훌륭한 사람으로 대접받았습니다. 언제나 인의仁義를 가장 중요한 신조로 여겼고, 후대인들에게서 '유현덕[유비]은 셋 중에서 가장 훌륭한 인의군자仁義君子'라고 평가받았죠. 동한 말에 유비 정도 되는 인물은 수도 없이 많았습니다. 그렇다면 그는 어떻게 해서 경쟁자들을 물리치고 조조도 이루지 못한 황제 자리에 오를 수 있었던 걸까요?

유비의 성공을 생각할 때 그가 가진 두 가지 강점을 빼놓을 수 없습니다. 하나는 입버릇처럼 말하던 자신의 출신성분에 관한 자신감이었고, 또하나는 세상 사람들이 인정하는 인간적 매력이었습니다.

"나는 중산정왕 유승劉勝의 후예이며 황실의 혈통을 이어받은 몸으로 천하를 안정시키는 역할을 하고 싶다."

중산정왕中山靖王 유승은 누구였을까요? 그는 서한의 6대 황제인 경제의 아홉 번째 아들이었고, 한무제 유철의 배다른 형이었습니다. 오초칠국의 난* 이후 새로 생긴 중산의 왕으로 봉해졌는데, 기록에 따르면 유승은 술과 여자를 좋아하기로 손꼽히던 인물이었습니다. 본처 외에 첩이 아주 많았기에 아들과 손자를 합치면 120여 명이나 되었다고 하는데요.

---

* 고조 유방의 치세 이후 봉국이 된 유씨들은 세력을 키웠다. 그러다 6대 경제는 이들의 힘을 빼기 위해 영토삭감 조치를 했고, 이에 오나라와 초나라 등 일곱 국이 연합하여 반발했다. 이 난이 진압된 뒤 중앙정부의 힘은 강화되었고 무제가 등장해 절대권력을 쥘 수 있었다.

1968년 발굴된 그의 무덤에서 나온 출토 유물을 보면 키가 약 185~186 센티미터 정도였습니다. 이렇게 허우대 멀쩡한 제후왕이 중국 역사상 가장 강력한 힘을 가졌던 무제 치하에서 할 수 있는 일은 주색잡기밖에는 없었을 것입니다. 더구나 천수를 누렸으니 자식이 많을 수밖에요.

하여튼 유비는 그 120명 중 한 명인 육성정후 유정劉貞의 후손이었고, 그리고 그때로부터 270년의 세월이 흘렀습니다. 더구나 그 사이 제후에 봉해진 사람이 하나도 없어 일찌감치 평민이 되었습니다. 270년이 흐르는 동안 유승의 피를 이어받은 사람은 몇이나 되었을까요? 서한이 신新나라로 바뀌고 다시 동한이 되는 사이 엄청난 재난이 있었고, 또 동한 말의 혼란기에 많은 사람이 죽었다고 해도 그 숫자는 꽤 많았을 것입니다.

하지만 유비가 황족의 일원이라는 주장을 의심했던 사람은 없었던 모양입니다. 많은 이들이 그를 황족으로 인정해 주었으니까요. 도겸은 유비를 예주자사로 추천했고 자신이 갖고 있던 땅 서주를 유비에게 맡겼습니다. 조조는 자신을 찾아온 유비를 예주목, 좌장군으로 추천한 다음 깍듯한 예우를 갖춰 대우했습니다. 밖에 나갈 때에는 같은 수레를 타고 옆자리에 앉았다고 합니다. 천하의 영웅은 자신과 유비뿐이라고 했을 정도였으니까요.

원소는 한술 더 떴습니다. 유비가 자신을 찾아오자 수하 장군을 보내 영접했고 성 밖에서 유비를 맞아들였습니다. 형주의 유표는 원소에게서 도망친 유비를 받아들였으며, 익주의 유장은 나라를 빼앗기는 줄도 모른 채 그를 받아들였습니다. 결국 유비의 혈통은 '한[촉한]'의 황제 자리에까지 이어질 수 있었던 가장 큰 원동력이었습니다. 후대인들이 촉한 정통론을 말할 수 있는 근거도 그가 유씨 황족의 혈통을 이었다는 사실이었습니다.

그러나 혈통만으로 창업자가 될 수 있다면 동한 황족과 더 가까웠던 유주목 유우나 형주자사 유표가 더 가능성이 높았습니다. 황건적의 난이 발생한 184년부터 유비가 익주를 차지한 214년까지 30년 동안 투쟁하며 살아온 그의 또 다른 경쟁력이 없었다면 제위에 오르기는 불가능했죠. 그건 바로 사람들을 끌어들이는 유비 특유의 매력, 즉 '인덕人德'이었습니다. 유비를 한 번 만난 사람들은 그에게 반했고, 비록 환경이 어려워져도 곁을 떠나지 않았습니다. 젊어서부터 생사고락을 같이한 장비나 관우는 그렇다 치더라도 제갈량이나 미축 같은 이는 유비가 별 볼 일 없던 시절에 만난 이들이었습니다. 만약 이들이 다른 사람에게 갔더라면 더 좋은 대우를 받았을 수도 있었습니다. 법정이나 장송은 유장을 모시고 있으면서도 유비의 인품에 반해 유장 대신 유비를 선택합니다.

당시는 세상에 이름을 남기는 것뿐만 아니라 목숨을 유지하기 위해서도 뛰어난 주군을 찾는 이합집산이 일반화된 시대였습니다. 원소 휘하에 있던 순욱은 가족을 이끌고 조조를 찾았고, 동탁에게 쫓기던 조조를 구해주었던 진궁은 조조가 여백사 일가를 무참히 살해하는 것을 보고는 그를 떠났습니다. 그러나 진궁은 여포를 섬기다가 조조에게 잡혀 죽음을 맞습니다.

그런데 한번 유비와 인연을 맺은 이들은 좀처럼 그를 떠나지 않았습니다. 관우는 조조에게 큰 은혜를 입었으면서도 유비에게 돌아가려는 의지를 굽히지 않죠. 또한 중요한 책사나 장수 역할을 하지 않더라도 재물을 유비에게 제공한 경우도 많았습니다. 유비가 관우, 장비와 함께 황건적 토벌군에 가담하려는 시점에 지역 상인이었던 장세평과 소쌍이라는 인물들이 유비에게 거금을 제공했습니다. 서주 상인이었던 미축은 유비가 서주로 찾아오자 수천 명의 노비와 금은을 제공해 도왔습니다. 또한

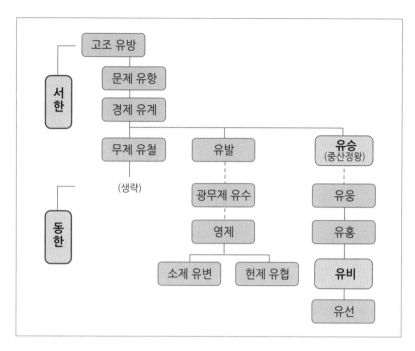

유비의 족보

자신의 누이동생을 유비에게 시집보냈는데요. 그녀가 바로 유비의 두 번째 부인이 되는 미부인糜夫人이었습니다. 미축은 유비에게 자신의 인생을 맡겼던 겁니다. 비록 군사적 능력은 없었고 책사 역할도 제대로 하지 못했지만, 미축은 생의 끝까지 유비를 섬겼습니다. 한번 맺은 인연을 끝까지 지키려 했던 건 관우뿐만 아니었고, 유비와 함께한 거의 모든 이들의 특징이었습니다. 오로지 유비에게서만 발견할 수 있었던 인덕의 힘 아니었을까요?

외유내강형 원칙주의자

중국 역사는 끊임없이 통일과 분열을 반복했습니다. 처음에는 작은 나라들로부터 시작했고, 진나라가 통일한 뒤 얼마 지나지 않아 분열기를 거친 다음 거대제국인 한나라가 탄생했습니다. 그런데 통일제국을 이끈다는 건 만만한 일이 아니었습니다. 결국 동한 말 군웅의 쟁투시대는 예정되어 있었던 것이죠. 이들은 끊임없이 실력대결을 펼쳐 누군가가 통일제국을 이룰 것이었습니다. 그러니 작은 땅을 차지하고 있다고 해도 그 끝은 무엇인지 알 수 없었다는 이야기입니다. 천하가 움직이는 난세인데 작은 것을 가졌다고 그 자리에 안주하고 머물면 언제 잃어버릴지 몰랐던 게 현실이었습니다.

형주에 그렇게 많은 인재들이 머물고 있었음에도 수장 유표에게 몰려들지 않았던 이유가 바로 거기에 있었습니다. 반면 많은 이들이 유비에게 찾아온 이유 중 하나는 현실에 머물지 않았다는 점이었습니다. 유비는 조조가 그렇게 좋은 대우를 해주었어도 떠났고, 적벽대전을 치른 뒤 형주에서도 근거지를 마련하기 위해 애썼습니다. 이를 보면 유비는 출사자가 아니었고 전형적 출마자였습니다. 주군이 맡기는 작은 역할에 머물고 싶은 생각이 전혀 없었습니다. 올바른 세상을 만들어보려는 패기가 있던 유비는 주어지는 현실을 받아들일 수 없었습니다. 다음과 같은 그에 관한 일화가 전해집니다.

"유비가 황건적 토벌 공로로 작은 고을을 맡아 다스리게 된 적이 있었다. 그는 백성들을 사랑했고 정성껏 그들을 보살폈다. 덕분에 유비를 칭송하는 목소리가 백성들 사이에 자자해졌다. 그러던 어느 날 중앙에서 감독관이 내려왔는데, 그는 관행처럼 유비에게 뇌물을 요구했다. 자신에게 뇌물을 제공하면 좋은 평가보고를 하겠다고 말이다. 처음에는 잘 설득해 문제를 풀어보려고 애썼으나 감독관이 완강하게 나오자 화가 난 유비는 그를 끌어내 나무에 묶어버렸다. 그리고 죽지 않을 만큼 매질을 했다. 유비를 잘못 본 것이다."

시골 출신 협객의 객기를 부려본 것인데요. 관아의 아전들도 감독관의 평소 행실을 알고 있었던지 이를 말리는 사람이 없었습니다. 그러고나서 유비는 관리의 상징인 '인수'를 감독관의 목에 걸어놓고 관아를 떠났다고 합니다. 이런 벼슬자리라면 안 하겠다는 자세로 던져버렸던 것이죠. 이런 고집스러운 자세가 없었다면 후대의 황제 유비는 만들어지지 못했을 겁니다.

이러한 원칙주의는 의외의 행운으로 돌아왔습니다. 형제들을 데리고 떠난 유비는 유주목 공손찬을 찾아갔는데, 유비와는 노식 밑에서 동문수학했던 인연이 있었습니다. 당시 공손찬은 원소와 하북 지방 패권을 두고 다투던 중이었습니다. 그러니 여러 맹장을 거느린 유비가 찾아오니 얼마나 반가웠을까요? 그곳에서 유비는 공손찬의 객장이 되어 몇 번의 싸움에서 큰 공적을 세웠습니다. 그리고 원소와의 전투가 소강상태에 접어들 무렵 서주목 도겸이 공손찬에게 구원요청을 했습니다. 도겸은 조조와 치열하게 쟁투 중이었고, 군사력이 부족해 애를 먹고 있었죠.

그렇게 공손찬의 명을 받아 1천여 명의 군사를 거느린 유비는 황하를 건너 서주로 들어갔고, 높은 환대를 받았습니다. 평소 유비의 인덕이 천하에 알려진 때문이었습니다. 그곳에서도 유비는 백성들의 신망을 얻었는데요. 이때 그에게 큰 행운이 찾아옵니다. 도겸이 갑자기 병에 걸려 죽게 되었던 겁니다. 목숨이 경각에 다다랐음을 안 도겸은 급하게 유비를 불러들여 마지막 유언을 남깁니다.

"서주를 지키고 백성을 보호할 사람은 유현덕 장군밖에 없소이다. 그러니 내가 죽은 뒤 서주를 맡아주시오."

하지만 유비는 극구 사양합니다. 자신은 그럴 자격이 없다고 하면서 말입니다. 도겸이 죽고 나자 서주 사람들은 유비에게 간곡하게 청했는데, 북해태수 공융 같은 천하의 명망가도 그런 사람 중 하나였습니다. 결국 유비는 못 이기는 척하며 서주를 맡았습니다. 유비의 이런 신중한 태도는 명성을 더욱 높였고 안팎으로 높은 지지를 얻을 수 있었습니다. 이때 그에게 경제적 지원을 했던 인물이 바로 미축이었습니다. 천하에 신의가 없는 사람으로 명성이 높은 여포도 유비의 매력에 빠졌습니다. 여포는 하비성을 두고 공격과 방어를 반복하면서도 유비와는 나쁘지 않은 관계를 유지했는데요. 두 사람은 참 이상한 사이였습니다.

조조에게 의탁해 머물 때에도 유비는 의연한 자세를 유지했습니다. 조조는 유비를 잡아두기 위해 꽤 많은 호의를 베풀었습니다. 황제에게 표를 올려 벼슬을 제공했고 자신의 집에 머무르는 귀한 상객으로 대접했습니다. 유비가 덕을 가진 인물이라는 것이 천하에 알려져 있기에 그를 데리고 있으면 자신의 이미지도 상당히 높아지리라 기대한 것입니다. 환관의 손자인 자신과 비교해 보면 상당히 격이 다르다고 느꼈을지도 모릅니다. 아마 유비가 다른 이들처럼 평범한 인물이었다면 조조에게 의탁해 편안한 삶을 살 수 있었을 것입니다. 관우와 장비도 조조 휘하의 장수가 되어 고생하지 않고 자신의 전투역량을 최대한 발휘할 수 있었을 것이고요.

하지만 유비는 현실에 머무르는 행동을 하지 않았습니다. 자신은 조조의 수하 장수로 머물 생각이 전혀 없었습니다. 비록 목숨을 잃을 수도 있고 어려움에 처할 수도 있겠지만, 유비에겐 천하를 안정시키고 황실을 부흥시킨다는 원대한 꿈이 있었기 때문입니다. 가슴에 큰 꿈을 꾸는 사람은 누군가의 지시를 받으면서 사는 일이 가장 받아들이기 어려운 일입니다. 그게 바로 출마자의 자세죠. 결국 유비는 조조에게서 떠나려 기회를 엿봤고 실제로 성공을 거두었습니다.

의義를 숭상하는 대표인물 유비

유비의 생은 도원에서 맺은 결의형제로부터 시작해 아우 살해에 대한 보복으로 군사를 일으켜 오나라를 정벌하다 일생을 마치는 것으로 끝났다. 시작도 끝도 오로지 '의로움'이다. 덕성과 인품이 지극히 높아 조조의 잔인하고 교활한 모습과는 대비되는 모습이다. 분명 그는 의로움이 몸에 밴 인물이었고, 그것이 그의 성공에 중요한 요인이 되었다. 심지어 그를 죽이려 찾아왔던 자객조차도 차마 찌르지 못하고 돌아갈 정도였으니 말이다.

후대인들은 조조와 대비되는 유비의 의로움을 더 강조하고 싶었다. 그래서 거짓 의리도 진짜로 둔갑하는 경우가 많았다. 유표가 살아 있을 때 유비에게 나라를 맡기겠다는 의사를 표시한 적이 있었다. 하지만 유표의 속마음은 그게 아니었고 실상은 나이 어린 둘째아들 유종劉琮에게 후사가 결정되어 있던 참이었다. 유비는 이런 속사정을 읽고는 "나는 그런 중책을 맡을 수 없소."라며 거절했다. 제갈량이 유비에게 왜 형주를 맡는 것을 거절했느냐고 묻자 "유경승[유표]은 나를 지극한 은혜와 예의로 대해주었소. 그런데 어찌 그런 불의를 행할 수 있겠소!" 유비의 이 말을 들은 제갈량은 이렇게 탄복했다. "공께서는 정녕 인자하신 주군이십니다."

유비가 익주를 공략하는 과정도 비슷하다. 제갈량의 융중대에 따르면 익주는 유비가 반드시 확보해야 하는 땅이었다. 하지만 소설에 나오는 유비에게서는 그런 속셈을 읽을 수 없다. 익주는 유장의 땅이지만 대의를 위해 어쩔 수 없이 진입했다는 태도다. 이릉전투를 일으킨 것도 사실은 형주를 되찾기 위한 전략적 선택이라고 볼 수 있지만, 관우의 원수를 갚기 위해서라고 포장되었다. 다분히 유비를 의로운 영웅으로 만들기 위한 각색이었다.

인재를 중시하는 포용의 리더

유비에게 온 인재들은 하나같이 그를 적극 지지하고 따랐는데요. 한 발 더 나아가 자신의 모든 것을 내놓게 하는 묘한 힘이 유비에게 있었습니다. 한 번 맺은 인연을 죽을 때까지 유지하려 했던 도원결의 삼형제 의리는 역사시대 내내 사람들의 본보기가 되었죠. 관우는 조조와의 싸움에서 진 뒤 유비의 가족과 함께 조조에게 잡혀 있었습니다. 평소 관우를 흠모했던 조조는 그를 자기 사람으로 만들기 위해 애썼는데요. 재물을 주고 여자를 제공하고 편안한 숙소를 마련해 주었지요. 여포에게서 얻은 적토마를 그에게 제공하기까지 했는데요. 하지만 아무리 온갖 것을 주어도 유비를 향한 관우의 의리를 무너뜨릴 수 없었습니다. 결국 조조의 회유를 물리치고 유비가 있던 진영을 가기 위해 애썼던 오관참육장의 에피소드가 탄생했습니다.

유비가 공손찬의 객장으로 있을 때 만나게 된 조운은 젊은 무명의 방랑 장수였습니다. 훗날 조운은 뛰어난 무예와 함께 전략에도 능한 최정상의 장수로 성장하는데요. 유비가 그렇게 만든 공이 큽니다. 장판長坂에서 목숨 걸고 유선을 구해온 조운을 챙기려고 자신의 아들을 팽개치는 모습은 유비가 아랫사람들을 어떻게 대했는지 잘 알려줍니다. 이렇게 조운은 자신의 목숨을 기꺼이 주군에게 바치려는 장수가 되었던 것입니다.

삼고초려를 통해 받아들인 제갈량을 대하는 태도는 어떻습니까? 아무리 서서가 제갈량은 직접 찾아가야만 만날 수 있다는 말을 했다고 해서 그대로 실행하는 사람이 있을까요? 보통사람 같으면 말도 안 되는 소리라고 일축했을 겁니다. 스물일곱밖에 안 먹은 젊은 놈이 싸가지 없이 천하에 명성 높은 어른에게 오라고 한다고 큰소리쳤겠죠. 하지만 유비는 직접 실행에 옮겼습니다. 그리고 제갈량을 얻었는데, 이는 유비의 인생에 가장 중요한 영향을 미쳤습니다.

그때까지 유비는 뜻만 높았을 뿐 여러 군웅들의 객장을 담당하던 장수에 지나지 않았습니다. 제대로 된 전략도 없고 천하 정세를 볼 줄 아는 그릇도 아니었습니다. 그저 힘깨나 쓰는 몇몇을 거느린 의협 무리였을 뿐입니다. 그런데 제갈량이라는 젊은이는 기존 인물들과는 달랐습니다. 리더를 한 단계 높은 경지로 올려줄 수 있는 책사이자 2인자가 될 인물이었죠. 일찍이 조조에게는 순욱이, 손권에게는 노숙이 그런 사람이었습니다.

제갈량이 유비와 함께한 뒤 두 사람은 일반적인 군신관계가 아니었습니다. 말하자면 창업 동지라 할 수 있었는데요. 창업 동지들은 중도에 헤어지기 쉬운데 둘은 끝까지 함께했습니다. 창업을 함께한 사람들이 중도에 헤어지는 건 리더의 그릇이 부족해서인 경우가 많습니다. 창업 리더는 강한 추진력, 조직 장악력, 미래를 보는 통찰력 등이 있어야 하는데, 그렇지 못할 경우 상황이 변하면 다른 이들이 떠나게 되는 것이죠. 유비는 그런 면에서 보면 확실히 창업 경영자로서 자질이 있었습니다. 천하에 잘 알려진 덕이 있었고, 아랫사람을 포용할 줄도 알았습니다. 누구든 그를 접하기만 하면 절대 떠나지 않는 매력도 있었죠. 유비와 제갈량 두 사람이 끝까지 좋은 관계를 유지한 가장 중요한 이유가 삼고초려에 있다고 해도 틀리지 않을 것입니다. 많은 이들이 이 장면을 좋아하는 이유가 인재를 구하려는 지극정성이 마음을 울리기 때문입니다.

유비의 인품이 얼마나 훌륭했으면 법정과 장송은 기존 주군을 배반하기까지 합니다. 익주목 유장을 섬기던 두 사람은 유비를 알게 된 뒤 그를 끌어들여 익주를 넘기려고 계획을 짰습니다. 유장이 그릇이 작고 유약해 조조가 쳐들어올 경우 당해낼 수 없을 것이라고 판단했던 것이죠. 한마디로 유장을 섬겨서는 미래를 담보할 수 없으니 능력 있는 인물로 알려진 유비를 모시려고 했던 계획이었습니다. 그들은 출사자로서 주군을 잘 골라야 한다는 확실한 명분이 있었습니다. 결국 두 사람의 계략으로 유비는 큰 힘을 들이지 않고 익주로 진입할 수 있었고, 유장과의 쟁투를 거쳐 익주를 얻게 되었습니다. 한마디로 인덕으로 얻은 소중한 근거지라 할 수 있겠습니다.

아랫사람을 대하는 유비의 덕은 익주에서도 발휘됩니다. 앞서 설명한 것처럼 유비가 세운 촉한은 이질적인 특성을 가진 세 그룹의 사람들로 구성되어 있었는데요. 이들 세 그룹은 물과 기름같이 섞이기 어려운 존재들이었습니다. 그럴 수밖에 없는 것이 본래 익주 토박이들이 살던 땅에 유언 부자가 데려온 사람들이 권력을 잡고 있었으니까요. 외부인이 들어와 힘을 쓰니 본토인들의 저항이 없을 수 없겠죠. 그러한 상황에 다시 유비가 형주인들을 데리고 왔습니다. 유비와 형주인들이 지배자로서 군림하게 되니 세 그룹 간에 끊임없는 알력 다툼이 생겨날 수밖에 없었습니다. 그럼에도 유비를 중심으로 뭉쳐야만 살아남을 수 있다는 대의명분이 있었죠. 유비가 가진 덕으로 인해 서로 힘을 합치자는 의견일치도 있었을 겁니다.

하지만 유비가 이릉전쟁에서 패하고 죽은 뒤 촉한은 분열의 기미가 있었습니다. 유비가 사망한 다음날 남중 지역에서 반란이 발생하기도 했습니다. 그래서 유비는 죽기 직전 승상 제갈량과 상서령 이엄을 불러 융합해 잘 지내라는 유언을 남겼습니다. 결국 촉한 여러 세력의 화합은 제갈량의 몫으로 남겨집니다.

후주 유선의 치하에서 제갈량이 전권을 쥐고 국가경영을 하지만 이엄 때문에 상당한 곤란을 겪습니다. 이엄이 파서巴西 지역의 수장을 원하는 무리한 요구를 해왔기 때문인데요. 결국 오랜 인내의 시간이 흐른 뒤 제갈량은 이엄을 파직하고 귀양 보내는 것으로 익주의 권력을 확실하게 다집니다. 모두 유비의 덕이 계속 미치고 있었기 때문이라고 해야겠습니다.

천부적으로 고귀한 인물 유비

유비가 천부적으로 고귀한 인물이어서 하늘의 도움이 이루어졌다는 숙명론은 역사가 진수로부터 시작해 연의소설演義小說[중국에서, 역사적 사실에 허구적 내용을 부연하여 흥미 본위로 쓴 속체의 통속소설]에서 더욱 확장되었다. 「촉서-후주전」에는 유비의 용모가 기록되어 있다.

"유비의 양쪽 귀는 어깨까지 내려갔고 양손은 무릎까지 닿았으며 고개를 돌리면 자기 귀를 볼 수 있었다." 고귀한 인물은 생김새가 보통 사람과는 다르다는 생각에 이런 황당한 기술이 만들어졌다. 이는 진수가 태어난 촉나라에서 대대로 전해지던 이야기였을 것이다. 정밀하고 간결하게 쓰는 역사가의 춘추필법도 여기서는 통하지 않은 듯하다. 이때부터 유비를 높이려는 의도가 생겨났다. 소설에서는 이를 확장했는데 "얼굴은 준수했고 입술은 마치 연지를 칠한 것 같았다."라고 나온다. 작은 땅을 차지한 군벌 중 한 사람에서 신적 존재로 추앙받는 과정에 이르기까지 사람들은 범상치 않은 용모를 창조해 냈던 것이다.

유비는 군사 능력이 부족했나

이문열의 소설 〈삼국지〉를 읽고 삼국지 게임을 하며 자란 30~40대 남성들에게 '유비'라는 캐릭터는 성공한 지도자임에 틀림없으나 찌질하고 유약하며 군사적 능력이 부족한 인물입니다. 인간적 매력이 높기에 관우와 장비를 비롯한 여러 장수들, 제갈량을 위시한 전략가들을 포섭해 부하로 두었지만 정작 본인은 허약하기 그지없습니다. 툭하면 눈물을 흘리고 처자식을 쉽게 버리며 지력과 무력, 전략의 능력치는 수하들에 비해 떨어지는 인물로 각인되어 있습니다. 이것은 유비가 동양의 전통적 영웅이자 주인공의 모습으로 그려졌기 때문입니다.

헤라클레스나 아킬레우스로 대표되는 서양 영웅은 개인적으로 탁월한 무력을 갖고 적들을 쉽게 해치웁니다. 착하고 정의로운 우리 편을 구하기 위해 나쁜 놈들을 죽이는데 저승에도 다녀올 정도로 대단한 무공을 자랑하죠. 조직보다는 개인적 매력을 뽐내며 영광은 늘 영웅 한 사람에게 주어집니다. 포로로 잡은 여자로 인해 대장 아가멤논과 불화가 생겨 싸움에 나가려 하지 않는 아킬레우스처럼 속 좁은 영웅이기도 합니다. 자신이 참여하지 않은 전투현장에서 병사들이 죽거나 말거나 별 상관하지 않습니다.

하지만 동양의 영웅은 혼자서 폼 나게 활약하지 않습니다. 개인적 무력은 다소 떨어지지만 덕과 인품을 갖춘 군주로서 병사들을 아우르고 민중을 보살피죠. 이런 이미지는 〈초한지〉에 등장하는 고조 유방 이후 형성된 영웅의 모습이었습니다. 비록 유방의 경쟁자 항우는 개인적인 매력이 뛰어나 서양 영웅의 모습을 갖추고 있어 민중들의 사랑을 받았습니다. 하지만 결과적으로 성공하지 못했기에 군주의 모범적 대표 영웅이 될 수는 없었습니다. 이에 비해 본인 능력도 우수하고 장수들도 탁월하지만 비정한 캐릭터로 나오는 조조는 덕과 인을 겸비한 군주 유비와의 대척점에 선 간웅이었습니다.

역사 속 유비는 조조에 비해 약해 보이지만 군사적 식견이 우수하고 뛰어난 야전사령관이었습니다. 또한 동양의 최고 덕목인 인덕을 갖춘 군주였죠. 그렇지 않고서야 천하가 진동하고 수많은 군웅이 명멸하는 난세에 끝까지 살아남을 수 없었을 것입니다. 역경을 극복하고 죽을 고비를 수없이 넘기는 과정에서 인재들이 그에게 찾아왔고 많은 이들이 성공을 위해 재물과 인적자원을 제공했습니다.

동한 정권이 무너지고 세상이 진동하던 초기에는 여러 여건에서 조조에 비해 열세일 수밖에 없었습니다. 젊어서부터 낙양에서 벼슬을 했고 명성이 높았던 조조에 비해 유비는 가진 것이 없어 공손찬 등 다른 이에게 의탁하는 것부터 시작해야 했으니까요. 하지만 유비가 공손찬의 객장으로 시작해 도겸의 객장으로, 다시 여포의 객장을 거쳐 조조의 객장, 원소의 객장, 유표의 객장까지 이어질 동안 그는 적극적으로 환영받았습니다. 먹느냐 먹히느냐는 치열한 싸움이 벌어지던 당시를 상상해 본다면 그가 가진 군사적 능력이 매력적일 수밖에 없었습니다.

유비를 포함한 장수들의 면면을 보면 군사적 매력이 한없이 돋보입니다. 대장격인 유비는 한나라 황족 출신에 7척 5촌*[약 172.5cm]의 키에 손을 아래로 내리면 무릎에 닿았고 눈을 돌려 자신의 귀를 볼 수 있었습니다. 조조의 키가 7척[약 161cm]이었던 것과 비교하면 엄청나게 큰 체격이었을 것입니다. 관우와 장비의 용모는 소설에만 등장하는데, 관우의

* 척(尺)은 치[寸]의 10배이고, 엄지손가락 끝에서 가운뎃손가락 끝까지의 길이를 의미한다. 한나라 때는 23cm 정도였고, 당나라 때는 24.5cm였다. 여기서는 한나라 시대이므로 23cm를 적용했다.

키는 9척[무려 2미터가 넘는다!]이고 두 척 길이 수염을 가진 대춧빛 얼굴이었답니다. 또 장비는 8척[약 184cm]의 키에 표범의 허리, 호랑이 수염에 우레와 같은 목소리를 가졌다죠? 칼 잘 쓰기로 유명한 조운도 있었습니다. 이 정도 사람들이 모여 있으니 군벌들은 유비 집단을 충분히 객장으로 쓸 만했을 것입니다.

하지만 유비는 독자 세력을 갖고 있지 못한 객장으로서 현실적인 어려움도 있었습니다. 서주에서는 여포의 배신으로 서주성을 잃고 자신보다 열 배나 되는 원술군과 대치해야 했습니다. 여포와는 하비성을 두고 협력과 배신을 반복했죠. 형주에서는 조조의 침공에 신야성을 내놓고 퇴각하는 와중에 박망파博望坡에서 화공 전략을 써서 조조군에 큰 손해를 입혔습니다. 비록 승리보다 패배가 많았지만 명성과 세력이 컸던 조조나 실전 경험이 풍부하고 개인 무력도 뛰어났던 여포가 상대였던 점을 감안해야 합니다.

본격적으로 그의 군사적 능력이 승리로 이어진 것은 적벽대전 때부터였습니다. 흔히 적벽대전은 제갈량의 도사적 능력이나 주유의 뛰어난 작전 덕분에 승리한 것으로 알려져 있지만, 실제 화공작전에서 유비가 상당부분 활약했던 것입니다. 「촉서-제갈량전」을 보면 적벽대전 당시 주유가 이끌고 온 병력이 3만, 강하江夏의 유기가 지원해 준 병력을 합쳐 유비가 2만을 동원했다고 합니다. 다른 기록인 〈산양공재기山陽公載記〉에는 유비가 적벽에서 조조의 군선을 불태웠으며, 조조가 화용도를 지날 때 "유비가 나의 맞수다."라고 했다고도 합니다.

유비가 제대로 실력을 발휘한 것은 조조와의 한중공방전이었습니다. 그 결과 유비는 한중과 익주를 자신의 권력기반으로 삼을 수 있었습니다. 여기서 유비군은 하후연, 장합(張郃, ?~231), 서황(徐晃, ?~227) 등 30년 이상 종군한 베테랑 명장들을 격파하고 조조를 한중에서 패퇴시켰습니다. 유비는 살아생전 모든 전투에 직접 참전했기 때문에 법정이나 방통 등의 전략 지원이 있었다 해도 그의 개인적 식견도 충분히 반영되었을 것으로 봐야 합니다.

그럼에도 불구하고 유비가 군사적 능력이 부족했다고 평가되는 이유는 그의 마지막 전투였던 이릉대전에서 패배했기 때문입니다. 사람은 끝이 좋아야 하는데 유비는 그렇지 못했던 거죠. 소설에서는 유비가 관우의 죽음에 대해 원수를 갚아야 한다며 75만의 대군을 이끌고 삼협三峽을 지났다고 합니다. 이렇게 엄청난 대군을 이끌고 오나라를 공격했음에도 젊은 장수 육손의 화공을 피하지 못해 참패했습니다. 이 때문에 촉한은 더 이상 미래를 기약할 수 없는 정도로 국력이 약화되었고, 제갈량의 융중대책이 실현될 수 없었습니다.

그런데 촉한군 75만의 숫자는 지나치게 과장된 것으로 보입니다. 과거 전쟁에 동원된 병사의 숫자를 글자 그대로 믿을 수는 없는데요. 당시 촉한의 인구는 겨우 95만 정도였는데, 젊은 남자들이 군사가 된다는 것을 감안하면 75만의 병사를 동원할 수는 없는 일입니다. 〈자치통감〉에는 촉한군이 4만 명 정도였다고 나오는데요. 이 정도가 비교적 현실적 수치가 아닐까 싶습니다.

사실 이 싸움은 병력 숫자가 아니라 수군력과 전략 활용이 문제였습니다. 전투가 벌어졌던 이릉은 넓은 강과 깊은 계곡을 가진 곳이었습니다. 촉나라에서부터 강을 따라 내려와야 했던 유비에게는 불리한 지형이었습니다. 당시 유비가 산 위에 길게 이어진 진지를 구축했다는데, 아마도 수군력의 차이 때문이 아니었을까 싶습니다. 넓은 강에서 활동이 자유로운 오군에 비해 촉한군의 수군 역량이 떨어지니 산 위로 올라갔던 것 아닐까요? 젊은 장수 육손과 오나라 수군의 발빠른 이동과 탁월한 병력배치에 당했던 것이죠. 장비를 비롯한 1세대 주요 명장들이 대부분 죽었고, 늙은 유비 혼자 고군분투한 것도 패배한 이유 중 하나일 것입니다.

그렇다면 유비는 왜 다른 이들이 반대했던 이릉전투를 고집했을까요? 소설에서는 관우의 억울한 죽음을 원수 갚기 위해서였다고 이유를 밝히고 있습니다. 세상 사람들은 유비가 무리하게 실행한 이 전쟁을 유비의 가장 큰 실책이라고 보고 있는데요. 하지만 이는 유비가 가진 의로움, 또는 관우의 의리를 강조하기 위해서 만들어진 스토리가 아닐까요? 관우를 높이 칭송하기 위해 유비를 바보로 만들었던 것입니다.

실제로는 제갈량이 남은 생을 두고 북벌을 고집했던 것과 같은 이유가 아닐까요? 만약 유비가 형주를 잃은 채 익주만을 영역으로 한다면 유비는 지도자로서 명분을 잃어버리는 꼴이 될 수밖에 없습니다. 유비를 비롯한 촉한 지배층에게 익주는 그들이 오래 머물 땅이 아니었는데요. 본래 익주는 유장의 땅이었고 익주를 기반으로 하되 중원으로 나아가 천하를 차지하는 게 유비가 가진 본래 뜻이었습니다. 제갈량도 같은 생각이었습니다. 따라서 유비로서는 관우의 죽음 때문에도 그렇고 형주를 잃은 것이 상당한 정치적 부담이 되었던 것입니다. 관우가 죽은 지 2년 뒤 싸움이 시작된 것을 보면 알 수 있는데요. 관우의 죽음 때문에 감정적으로 전쟁을 벌인 게 아니라 충분히 준비하고서 싸움을 시작했으니까요.

만약 이릉대전에서 유비가 승리했다면 역사는 어떻게 전개되었을까요? 그랬다면 유비가 형주를 다시 차지하고 중원의 조비[조조는 이미 죽었음]를 공략할 수 있었을 겁니다. 유비가 죽은 뒤 제갈량은 형주로 나와 보다 수월하게 북벌을 했을지도 모릅니다. 그렇게 되면 그의 능력이 발휘되어 천하가 촉한의 차지가 되었을까요? 제갈량을 좋아했던 〈삼국지〉 마니아로서 즐거운 역사를 상상해 봅니다.

역사서

정사 삼국지(위서,오서,촉서), 진수 지음, 김원중 옮김, 휴머니스트, 2018
후한서, 범엽 지음, 진기환 역주, 명문당, 2018
사기, 본기/세가/열전, 사마천 지음, 김원중 옮김, 민음사, 2007
자치통감 7편, 사마광 지음, 권중달 옮김, 삼화, 2007

소설서

이문열 삼국지 1~10권, 모종강본 기반, 민음사, 2002
황석영 삼국지 1~10권, 나관중본 기반, 창비, 2003
김경한 삼국지 1~12권, 정사 기반, 동랑커뮤니케이션즈, 2012
올재 삼국지 1~6권, 나관중본 기반, 연변인민출판 옮김, 사단법인 올재, 2018
진순신 삼국지 1~2권, 정사기반, 진순신 지음, 신동기 옮김, 페이퍼로드, 2011

인물평전

유비평전, 장줘야오 지음, 남종진 옮김, 민음사, 2015
조조평전, 장야신 지음, 박한나 옮김, 휘닉스드림, 2011
조조 리더십 혁명, 신동준 지음, 리더북스, 2017
조조의 용병술, 장야신 지음, 스마트북스, 2012
조조의 진면목, 장윤철 편저, 스타북스, 2012
관우 영웅을 넘어 신이 된 사람, 남덕현 지음, 현자의 마을, 2014
평설 인물삼국지, 김경한 지음, 북오션, 2014

분석서

삼국지강의 1,2권, 이중텐 지음, 김성배 옮김, 김영사, 2007

지도로 읽는다 삼국지 100년 도감, 바운드 지음, 전경아 옮김, 이다미디어, 2018

조조의 결정에서 배우다, 천위안 지음, 이정은 옮김, 아이넷북스, 2016

삼국지의 계략, 기무라 노리아키 지음, 조영열 옮김, 보누스, 2013

중국을 만들고 일본을 사로잡고 조선을 뒤흔든, 이은봉 지음, 천년의 상상, 2016

개혁군주 조조 능세의 난신 제갈량, 윤태옥 지음, 위즈덤하우스, 2012

말과 황하와 장성의 중국사, 니시노 히로요시 지음, 김석희 옮김, 북북서, 2007년

삼국지 기행 길 위에서 읽는 삼국지, 허우범 지음, 지식기행, 2009

위치우위의 중화를 찾아서, 위치우위 지음, 심규호 유소영 옮김, 미래인, 2008

조조 읽는 CEO, 량룽 지음, 김윤진 지음, 국일미디어, 2005

황제들의 중국사, 사식 지음, 김영수 지음, 돌베개, 2005

박한제 교수의 중국역사기행 1,2,3, 박한제 지음, 사계절, 2003

삼국지 기행, 허우범 지음, 성안당, 2009

삼국지 경영학, 최우석 지음, 을유문화사, 2007

삼국지 상식 백가지, 서전무 지음, 정원기 옮김, 현암사, 2005

삼국지의 진실과 허구, 구청무 성쉰찬 지음, 하진이 옮김, 시그마북스, 2012

역사속 승자와 패자를 가른 한마디, 김봉국 지음, 시그니처, 2016

자기통제의 승부사 사마의, 자오위핑 지음, 박찬철 옮김, 위즈덤하우스, 2013

형세가 약해도 계책이 좋으면 이기고,
군사가 강성해도 계략이 없으면 망한다.

- 삼국지 중에서 -

**삼국지
생존법**

불확실한 오늘을 돌파하는 힘

초 판 1쇄 인쇄 | 2019년 9월 15일
초 판 1쇄 발행 | 2019년 9월 20일

지은이 | 안계환

펴낸이 | 김명숙
펴낸곳 | 나무발전소
디자인 | 이명재
교 정 | 정경임

등 록 | 2009년 5월 8일(제313-2009-98호)
주 소 | 서울시 마포구 합정동 358-3 서정빌딩 7층
이메일 | tpowerstation@hanmail.net
전 화 | 02)333-1967
팩 스 | 02)6499-1967

ISBN 979-11-86536-66-7 03320